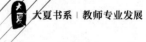

大夏书系｜教师专业发展

教师听评课
实用技巧

徐世贵 蔡淑卉

—————— 著

华东师范大学出版社

· 上海 ·

目　录

听课篇

评课篇

校本篇

专题篇

给教师找一面镜子

　　以相对小的学习投入取得相对大的学习收获，这是每位教师在专业成长中共有的期待。那么，这种学习方式有吗？有！这就是听评课。追溯名师成功的轨迹，你会惊奇地发现，他们的专业成长之路或许各有特色、方法有别，但无一例外都具有"从听评课起步"的共同特质。特级教师于漪曾说："我的特级教师是听课听出来的。"特级教师于永正也认为"不听别人的课，就上不好自己的课"。

　　"知人者智，自知者明。"教师自己上课和听他人上课，其体会是不一样的。教师自己上课，关注点往往放在学生身上，不容易意识到自身问题，也不易突破自身的模式。教师以旁观者的角色去看课，这是教师给自己找一面镜子，既可以借鉴执教者课堂教学的成功之处，又可以在别人的教训中反思、改进自我。听评课往往不是单一活动，它能拉动教研组的集体备课、说课、磨课、改课等系列研究活动。有效的听评课教研集引领、诊断、交流、激励、管理于一体，是学校最经常、最有效、最现实的校本研修。

"善观察者，可见常人所未见；不善观察者，入宝山空手而归。"听评课是一门科学和艺术，但并不是每一个参与者都能达到理想的学习效果。那么，教师怎样去听评课才能取得最大的学习效益呢？这本书可以为你指点迷津，读后会让你有眼前一亮的感觉。

本书的特点：

（1）站位高，有前瞻性。本书紧扣核心素养教育理念和2022年版新课程标准，体现新思想和新理念，高屋建瓴地指导、引领教师在听评课中通过"以课研课，以课改课"来落实新课标和新教材，助力专业成长。书中除了介绍各种听评课的方法技能和听评课的校本研修模式外，还有教师和校长特别困惑和迫切需要解决的，以"深度学习""学习指导""思维训练""教学情境设计"等真问题作为听评课的专题来研究。

（2）重创新，有系统性。目前对于听评课这门科学和艺术的研究还不够全面和深入，或者说这方面系统的图书、资料还不是很多。可贵的是，本书给我们提供了这方面的系统研究。本书共14章，分五个板块：①理念篇：包括听评课的概念与功能、立足核心素养听课观等。②听课篇：包括课堂观察、四步高效听评课法等。③评课篇：包括一节课的评析内容、原则与方法、撰写评课稿等。④校本篇：包括建立常态校本研修、磨课历练等。⑤专题篇：包括思维能力培养、学习指导研究、情境教学研究等。全书比较全面、系统地阐释了听评课的科学和艺术。

（3）接地气，有实操性。本书针对性、实操性强，接地气。本书朴实、不浮夸、不绕圈子、很务实，力图把抽象的理论通俗化、空泛的表述具体化。书中问题均来自实践，但又高于并指导实践，从根本出发，直指问题的本质。书中引入了大量鲜活的典型事例，语言朴实，通俗易懂。本书提供了一些解决实际问题的方法和思路，理论可学，技术能用，方法有效，看得懂、用得上，能给教师很好的借鉴和启迪。

世界上最公平的事就是拿努力换结果。有好书为伴，一路辛苦，一路欢歌。愿每一位教师在"听评课"教学研究之路上越走越宽广，最终让课堂成为成就师生幸福的生命场！

理念篇

　　思想是课堂的风骨，正确的教育思想是课堂教学的灵魂。教育的希望在课堂，课堂的希望在教师。有什么样的教育思想就会有什么样的教学行为。观念决定思路，思路决定出路。思想新，方法才新；观念改变，课堂才会改变。

第1章 ▶

以课研课，以课改课

——听评课的神奇功能

    课堂教学是学校办学质量的生命线。一名学生读完九年义务教育要上将近一万节课，一名小学生 90.48% 的在校时间是在课堂上度过的。课堂不仅是学生获取知识的主要渠道，也是落实核心素养、实现立德树人根本任务的主要阵地。要想落实中共中央、国务院提出的"双减"政策，提高课堂效率是"减负增效"的根本出路。

    课堂教学看似简单，却蕴含着丰富而科学的内在规律。它以何种方式呈现，以何种形式组合，以何种策略优化，既带来不同的教学效果，也带给学生不同的学习体验。好的课堂是师生共同成长的生命场，是学生成长成才的大舞台，是教师专业能力施展的主阵地，也是校长办学理政的主战场。可以说，抓住了课堂教学，就抓住了学校教育的主要矛盾和主旋律。

一、听评课的功能与概念

    条条大路通罗马，但是乘坐飞机还是比乘坐汽车快得多。虽然教师专业成长的方法、途径很多，但是总有最佳的。追溯名师教学成功的轨迹：尽管他们专业成长的途径各异，方法有别，但无一例外都有"从听评课起步"的共同之处。著名特级教师于漪说："我的特级教师是听课听出来的。"特级教师永正认为："不听别人的课，就上不好自己的课。"所以，不管学校发生怎样的变化，"听评课"，以课研课，以课改课，仍然是学校最常用、最实用、最有效、最便捷的教研方式之一。

（一）听评课的优势

教师听评课的学习优势是什么？听评课有什么重要功能呢？讲道理不如讲故事，这里我们从一位教师的专业成长故事说起。

果姝，辽宁省本溪满族自治县高级中学的一位英语教师。她原是一位名不见经传的青年教师，可是在短短的几年时间里，却迅速成为本地区备受学生爱戴、备受家长信赖、教学成绩优异的名师。她的成长秘籍是什么？在一次笔者组织的新教师培训中，请她来做报告，她向培训的教师们讲述了自己成长的故事。

我刚毕业时在县高中高一教英语，恰好陈蓓凤老师也在高一教英语。陈老师是我的老师，我念书时她教我们英语，当时我是班上的英语课代表，我感到她特别亲切。刚刚参加工作那会儿，我不会上课，当时没有人告诉我要听课，也没有人对此进行培训。于是我用大学老师教学的方式来给学生上课。第一节课，我只是将所有的单词解释一遍就完事了，因为大学老师就是这样上课的。第二节课就是读课文，再问两个问题就完事了。第三节课我就问学生哪儿不会，学生没学，也说不出哪儿不会呀，又完事了。

我那会儿觉得上课可轻松了。我们一共10个班，我教的两个班，一个考倒数第二，一个考倒数第三。我当时就不明白怎么会这样呢。上课那会儿感觉学生多高兴呀，差哪儿了呢？后来有一次有一节公开课，领导让我去上。那个时候，老教师们不爱上公开课，说"你年轻，就你来上公开课吧"，我就这样上了一节公开课。怎么上的呢？我按照自己平时上课的习惯讲讲单词，一节课下来，很多人都说，年轻人口语挺好，整堂课都用英语上课。只有陈老师说："你干什么？学生都学到什么了？你在黑板上写一个字没有？学生让你这样教就完了！赶紧去听课吧，一个倒数第二，一个倒数第三，没考倒数第一就不错了。"她说完这些话我才知道，我要拿着凳子去听课呀!

我这一听课才发现，陈老师的一节课上讲了那么多知识点，黑板上写得密密麻麻，那个时候也没有白板，就是一根粉笔。我突然间明白过来，我在课上什么也没教。

这两年我什么也没教给学生，上课除了乐呵，没有别的。从那个时候开始，我像一个学生一样老老实实去听课，把我听过的老教师上课的每个知识点都记下来。你能注意到他的上课方法吗？注意不到。你能注意到他处理教材的方法吗？注意不到。你能注意到他处理学生问题和过渡的语言吗？注意不到。我就像小学生记笔记一样全都记下来，然后一字不差地回到自己班里讲，我就这样过了两个月。后来我带的班级的成绩上来了，一个考第五，一个考第六。

我发现这招挺好使，然后把听陈老师讲课时做的笔记装了个封皮装订好，标上高一，等用完了像宝贝一样保存起来，想着等再教高一时还能用上它。后来我发现，教学中仍然会出现各种各样的问题。我在学习陈老师的教案时发现，陈老师有时讲的也不是教案上的。我问："陈老师，你在课堂上随口讲的和拓展的内容教案上也没有呀！"陈老师指着头说："在这里了。"

记得刚开始看老教师们上课游刃有余，我羡慕不已，后来就开始痴迷听课，只要有空闲就去听课。又过了两个月，我开始学着自己备课，还自费买了许多备课资料。这时备一节课能看很多资料，然后我把从别人课上听到的内容加到我的课里，而且是该加就加、该减就减，这时的我已经不像以前那样照抄照搬。那个时期，我所带班级的成绩也上来了，一个第二，一个第三。

后来，我开始关注和思考教师应该怎样处理教学环节，怎样过渡，对于那些听课的学生又该如何批评，怎样批改作业，怎样找学生谈心。当我尝试在自己的教学中改进这些问题时，我所带班级的成绩有了质的飞跃——一个第一，一个第二，超过了陈老师所带的班。我有些不好意思了，我"窃取"了陈老师的劳动果实，成绩还超过了她。我对陈老师歉意地说："陈老师，我没想到还超过了你。"陈老师说："看到我的学生超过我，我很高兴。"听她说完后，我的心里才舒服一点。

从那以后，我的教学成绩就一直排在前面。这几年，我一直没有停止听课。学校发的听课本根本就不够我用，我的听课笔记本上记得特别详细。最早听课时，我就像薅羊毛似的只从"一只羊"身上薅，即只听陈老师一个人的课，不听别的老师的课。后来我发现学校有那么多的好老师，我怎么能只听陈老师一个人呀！然后我就去其他班级听课，一开始听课只顾听知识，后来不仅能听知识，还能听方法，听问题的处理方式。如果这些都会了，你的成长就会特别快。

果老师的故事能给教师们带来什么启示呢？果老师的课堂教学能力能迅速提升固然有很多因素，如她对教育的情怀，对学生高度的负责任，对工作的一丝不苟等，但是不得不说，"听评课"这种学习方式在一定程度上助了她一臂之力。她利用这个平台和抓手，不断地去总结、反思与请教，不断地去深研课标和教材，不断地去拓展阅读和积累，最终达到以课研课、以课改课和迅速提升专业能力的目的。果老师的经历和体会让我们看到，听评课具有神奇的作用。

1. 教师成长的桥梁

为什么听评课有如此效果？ 一是具有实践性。与学校组织的理论学习、听专家报告相比，听评课以课研课、以课改课，更具生动直观性。再好的理论也需要拿到课堂上去实践和检验。专家报告高屋建瓴、旁征博引固然能对一线教师起到引领作用，但是专家并非研修活动的主体。听评课的真正研修主体是教师，教师积极主动参与，不断实践、反思、改进，体会更深刻。如果教师把听评课与磨课结合起来，作用就大了。对做课者来说，一次磨课，就是一次飞跃，就能获得一次历练和成长。压力就是动力，准备就是提高，群言就是智慧。教师身临其境，不仅兴趣盎然，获得的信息也更为全面、准确。

二是具有开放性。一线教师平时比较忙，过多关注的是具体的教学过程，普遍缺乏对教学存在问题成因的思考，也很难发现有价值的问题。听评课活动无疑为教师搭建了一个教学研究的平台，让教师可以向其他教师，尤其是向名师学习，这就相当于为自己找到一面镜子。有的教师教学效果总不理想，是因为存在"关门教书""闭门批改"的情况，即你教你的、我讲我的，各自为政，互不干涉。尽管他们每天早来晚走，工作勤勤恳恳，可是，"时间＋汗水"下的教学效果未必理想，也就在情理之中了。但听评课可弥补这方面的不足。

三是具有深刻性。教师亲自带班上课和坐在别人的教室里听他人上课，体会和收获是不一样的。教师自己上课，不容易发现问题，不容易突破自身的框架和模式。当教师以局外人的身份去观看别人的课，会有一种"旁观者清"的感觉，既可以领略别人成功的妙处，又能汲取他们失误的教训。听课后的评课尤为重要，教师交流听课的感受，能够更辩证、更全面地审视课堂。会评课，听课才有意义；会评课，才会真正上课。教师参加听课活动要会评课、会听课，更重要的是，在日常教学中能够举一反三，经常进行自我课堂教学评价。

四是具有快捷性。在听课、评课中，教师学习的不仅仅是理念，更多的是组织处理教材的方法、教学设计的方法、课堂讲授的方法、组织驾驭课堂的方法、积淀教学基本功的方法等。这就像工厂里的学徒向老师傅学习一样，现学现用，学得快且实惠。

2.教研引领的抓手

听评课往往不是单一的活动，它能推动学校或者教研组的备课、说课、磨课、研课等系列研究活动。听评课是一个载体，它是学校最经常、最有效、最现实的校本研修活动。听评课是一个抓手，它集引领、诊断、交流、激励、管理于一体，是改进课堂教学、促进教师专业成长最有效的校本研修之一。

日本著名教育家佐藤学在《静悄悄的革命》一书中写道："我花了20年时间，进过5000次课堂，方才知道，你要真正提高质量，只有敞开每间教室的大门，相互评论，不断改进。除此之外，别无他法。"推进课堂教学改革、提升教育教学质量是各地各校一致追求的目标。在推进有效课堂的过程中会暴露出一些问题，甚至不可避免地会出现新的矛盾，该怎么解决呢？课堂的问题只有到课堂中去解决。听评课专家报告不仅要讲听评课的方法与技能，还要引领教师一起去研究什么是一节好课，怎样才能上好一节课。

听评课有教学诊断功能。20世纪六七十年代，美国教育家科根和戈德哈默首先提出"临床指导"技术。他们指出，学校领导抓教师的教学有各种各样的途径，如临床指导、教师互相看课、组织教师讨论教育问题，鼓励教师学习专业书刊、函授进修、组织教学研究小组等。其中最主要的是临床指导。

所谓临床指导，是指学校管理者深入到教室中去，诊断教师教学中的问题，评估教师，帮助教师改进教学的一种具体技术。这里的"床"是指教室，"临床"是指深入到教室中去。临床指导的操作技术包括观察前活动、课堂观察、观察后材料分析与交谈三个阶段。临床指导是对教师的一种形成性评价。听评课有临床指导的性质。有的教师教学质量一直不高。为了查清原因，有针对性地去听这位教师的课，在评课时，对课做出综合分析。分析过程中，在肯定优点的基础上，重点分析问题。要对教师钻研教材、处理教材、了解学生、选择教法、教学程序设计等方面进行透视，分析产生问题的原因，最后指出具体改进意见。这是一个"诊—断—治"的过程。例如，有位青年教师很有工作热情，也踏实肯干，但令他苦恼的是，学生在他的课上要么心不在焉，要么"活跃"得让他无法控制。为此，他决定向教研组长求教。教研组长深入课堂听了他一周的课，发现症结就是他过分关注自己的教学设计，却对学情考虑得不够，缺乏激发学生学习兴趣的教学方法。于是，教研组长与他一起研究教材，针对学情确定恰当的教学目标，选择合适的教学内容，共同探索如何针对本班学情调动学生学习的积极性。经过一个阶段的"临床指导"，这位青年教师的课堂气氛开始变得活跃起来，师生关系也开始融洽。

3. 校长管理的平台

"没有水平的校长抓门房，有水平的校长抓课堂。"实践证明，领导坚持听评课能获得三种权利：一是严格教学常规的指挥权；二是指挥教学改革的主动权；三是开展教学研究的发言权。这对加强学校常规管理十分重要。

　　苏霍姆林斯基说："经验使我深信，听课和分析课——这是校长最重要的工作……经常听课的校长才真正了解学校的情况，如果偶然想起来才去听几节课，老是忙于开会和操心其他事务，使他走不进教室，不接触教师和学生，那么，校长的其他工作都失掉意义，开会等等的事，都会一钱不值。"听评课应该是学校校长和教导主任以及教师开展校本教研的常规性工作。校长只有深入课堂、聚焦课堂，才能了解师生的真实情况和学校的实际情况，才能掌握教学管理的主动权，将先进的办学理念落实到具体的教育教学中。山东省泰安市第六中学的刘建国校长对此深有体会。

　　做了十多年校长，我一直坚持到教室听评课，每年听课数160节左右，其中三分之二参与评课。所以坚持这样做，因为我坚信，听评课是校长最重要的管理方式。

　　……

　　为了让管理接地气，我们在干部队伍中开展了"三比三看一走进"活动。"三比"即比听课节数，比发现问题的个数，比管理和成绩的位数；"三看"即看问题落实的速度，看各项工作的力度，看师生员工的满意度；"一走进"即管理干部必须走进课堂，除兼课外，还必须听评课。

　　每学期开学的第一天，雷打不动的是中层干部必须抽出时间听一节课。刚开始，大家还有些抵触情绪，认为刚开学，大家都很忙，准备不充分，开学第一天有必要听课吗？慢慢地，大家认可了这种做法，因为这样做，可以让老师们自觉备好第一节课，上好第一节课，可以让大家尽快收心，将精力聚焦到教育教学上来，聚焦到学生身上。

　　……

　　校长坚持听评课，益处多多。自从有了这个意识后，无论学校工作多忙，每天我都要挤时间拿上凳子听一两节课，倘若有一天没有听课，总觉得这一天好像有些工作没干完。衷心地希望校长们抽出时间，深入课堂，这样，我们的管理不仅有面，而且有点，我们的管理不仅有着眼点、着力点，更有落脚点。

（节选自刘建国《听评课——校长最好的管理方式》，
发表于《山东教育·中学刊》2013年第36期）

4.评估考核功能

怎样评估一所学校的教学水平，怎样评估一名教师的教学水平呢？除了看考试成绩，进课堂听课是一个重要的评估手段。当前在教师评优评先、职称晋级、岗位聘用等考核工作中，除了看材料、找老师座谈外，一个重要的方法是听老师的课。所以，听评课兼具考核评估功能。

通过上面分析可以看出，听评课具有多功能性。它集管理、指导、交流、激励、协调、沟通于一体，是最直接、最具体，也是最有效的研究课堂教学的一种方法和手段。

（二）听课评课的概念

什么是听课评课？目前还没有统一的说法。笔者在2000年出版的全国第一本专门研究这门科学的书《怎样听课评课》中，采用了中小学教师中约定俗成的"听课评课"这个概念。所谓听课，是指听课者在课堂上对教学活动有目的、有计划的观察活动。所谓评课，是指评课者对课堂教学成败得失及其原因做中肯的分析或评价的活动。

后来有人提出"听课评课"这个概念不科学，应该改为"观课议课"。笔者以为，"听课评课"是广大教师在教学研究实践中已经约定俗成的概念，通俗易懂。认为"听课"只是单纯地听，不科学，只有把"听课"改成"观课"才是科学的，这种说法是对过去"听课"概念的一种误读。过去我们虽称作"听课"，但谁都懂得"听课"绝不是单纯地听，常伴随着看、问、思、记等，因为没有一位老师去听课是把眼睛捂上，只听课不看课。目前，教育部下发的各种文件中也一直采用"听课评课"的概念。如2023年5月，教育部颁发的《基础教育课程教学改革深化行动方案》中谈到加强学校教研工作采用的就是"听课评课"。

把"评课"改成"议课"是否就科学了呢？我们都清楚，评课肯定有"议课"的成分，不会只是单纯的"评课"。如果听课评课，只议不评、议而不决，这样的听课评课是没有意义的。特级教师窦桂梅提出评课要把"成绩说透，缺点不漏，方法给够"，很有道理。当下，有的听评课是教研员与学校业务领导给教师说课，因此，我们的听评课往往缺少一种坦率、诚恳的勇气，很多时候不说真话、实话。所以有价值的听评课是看准了问题，一定要明确地提出来，不能含含糊糊、一味"好、好"，无根据、无原则地唱颂歌，对缺点和不足也不应顾及面子、遮遮掩掩，要直截了当地指出，这样才有意义。

评课时要创设民主氛围和讲究方法，这在《怎样听课评课》一书的"评课原则"中说得很清楚，此处不再过多赘述。这里主要陈述评课者评课的方法策略。于永正老师说："有些问题本不复杂，可是经一些人的一次又一次'深度'的研究终于变得复杂起来，以及忘记它原本不太复杂的本来面貌，这叫作'意在近，而求诸于远''事本简，而求诸于繁'。"于永正老师谈到的这种情况在教师教研培训中也是存在的。所以，笔者以为，还是采用广大教师熟悉的"听课评课"这个概念更好一些。

不论是听课评课，还是观课议课，最关键是能听出门道、评出水平。

二、低效听评课问题分析

尽管听评课有这么多的功能，然而现实中不少学校听评课教研活动效果并不尽如人意，教师感觉收获并不大，大有"萝卜炖萝卜——于事无补"的感觉。

例如，沈阳市某中学曾对 62 名教师进行校本教研问卷调查：近 80% 的教师认为集体备课流于形式，近 60% 的教师认为教案成文是教学负担，近 40% 的教师认为备课可有可无，近 70% 的教师认为课堂效率难以提高，近 80% 的教师在课堂上的角色仍是传道者，近 90% 的教师认为领着学生大量做题是最有实效性的教学方法，近 70% 的教师在听课时关注的是授课人的缺点，只有约 10% 的教师能在听课后不断反思、对比自己的教学行为，约20% 的教师认为有听课的必要；近 80% 的教师在评课时都在尽量说好话，近 90% 的教师不清楚评课标准、完全是跟着自己的感觉进行评课，只有约10% 的教师能将评课的关注点落在学生身上，近 90% 的教师在评课时是针对别人的意见进行辩解。收回的问卷中，近 90% 的一线教师建议尽量不要让备课、听课、评课占用太多的时间，甚至建议能不搞就不搞。①

为什么有些听评课效果不佳呢？究其原因，可能与下面因素有关。

（一）缺乏专业引领

目前教师听评课效果不好，与缺乏专业引领有很大关系。

1. 缺乏章法

与备课一样，听评课是一门科学，是一门技术，更是一门艺术。有效的听评课应该呈现课的无限可能，激活更多思维。听评课必须打破低效的平行对话的局限，体现"专业引领"，给予教师真正超越他原有水平的营养。可是现在很多教师还没有很好掌握听评课的方法技能，无法准确评价课堂的优缺点，不能提出改进的意见，所以听评课教研活动收获不大。

2. 流于形式

许多教师去听课只是为了完成任务，听课笔记写得满满的，教学环节、教学内容虽有记载，却没有认真思考、仔细分析，陷入重"形"轻"神"的误区。对于听课要听什么，能学到什么，他们并没有仔细想过。相反，他们总希望拿过来就用，没能注重内在规律，没有悟到真谛，学到的只是皮毛罢了。看着别人的课很好，但用到自己班上却没有效果，转了一圈又回到原点。

3. 追赶时髦

有些老师喜"新"弃"旧"，在他们眼里，冠以"新方法""新结构""新课型"的课就是好东西，而传统的东西似乎是"落后""过时"的同义语。

① 徐世贵，徐佰刚. 有效校本研修的策划 [M]. 长春：东北师范大学出版社，2020.

于是，凡是有"新"东西的地方就门庭若市，对传统的东西就不屑一顾。

4. 迷失自我

有的教师仅把听公开课当作艺术享受，就像看一个节目，只是图个热闹、过把瘾；或者是盲目"崇拜"名师，照抄照搬，不仅名师的课没有学好，还迷失了自己。

（二）组织策划不到位

听评课教研活动组织策划不到位，会出现教师听评课"三心二意"的现象，即执教教师在台上讲，听课者在底下"开小会"，或改作业，或写教案，甚至溜走。听评课存在走形式、没有深度、散漫化、表面化、作秀化、"一刀切"、无准备、少对话、欠精细、效率低等问题，教师没有真正参与，应付差事，用心不专。

1. 准备不足，仓促应付

同行人都懂得，听评课比上课更难一些。执教者往往会提前备课，如果听评课者没有积累和准备，是评不好课的。有的教师听课前拿个听课本直奔教室，课前没有任何的准备工作，对听课的目的、任务、重点、要解决的问题不清楚，甚至对听谁的课、听什么内容也不清楚。准备不足，仓促应付，是评不好课的。

2. 目的不明，缺乏重点

目标决定努力的方向。从学校到教师，每次听评课都应该有目的性、计划性、针对性，如果能带着具体的问题和研究方向去听课，听课目的明确了，收获自然很大。如果教师听课只是为了完成学校布置的听课任务，目的不纯正，抓不住重点，那么，听课节数是完成了，但质量却不高。很多同组听课的教师并不是基于自己的需求去听课，而是迫于学校的行政考核要求，比如需要听够多少节课，或者记录多少页的听课笔记等。无聊的教师们只好坐在教室里消磨时间，或看闲书，或抄听课笔记。这会对执教教师的情绪造成不良影响，也是对执教教师的不尊重。

3. 组织松散，随心所欲

评课效果不好，与评课没有组织好也有密切关系。有些听评课，由于组织人员事先没有具体要求和管理，评课也显得盲目随意、松松垮垮。还有的评课者，在听课时三心二意、不够专心，评课时自然也就评不出实质性的内容，只能马马虎虎、应付差事。

（三）重听课轻评课

盲目听十节，不如认真评一节。只听不研，哪怕听100节名师的课，也只是浅尝辄止，对教师的帮助不大。看课是感性认识，评课是理性认识。听评课只有重听又重评，才能达到预期效果。但现在许多听评课重听轻评，听的多，评的少，听完就完事，事后也不做深入研究，这样的听评课效果自然不好。听课后缺乏评议，执教教师也没有及时同听课教师交换意见，一方面执教者心里会没底，另一方面评课的作用没有得到发挥，听评课也就失去了意义。

1. 只听不评

在学校听评课教研活动中，"只听不评"的现象屡见不鲜。统计每个教师听课节数的学校不少，但评课的却很少，所以这种听评课教研活动的效果就大打折扣。

2. 敷衍了事

有的评议者不明确评课的目的、意义，评课时又怕得罪人，怕影响执教教师晋级评优，所以评议时只讲优点不讲缺点。有的执教教师认为别人给自己的课提不足，是鸡蛋里挑骨头，一旦提出不同意见马上进行辩驳，长此以往，听他课的老师也就不会再给他提意见了。即使有的课评了，碍于情面，也只是敷衍了事，走过场罢了。

3. 平淡肤浅

有的听课者听了一节课后，看不出什么问题，笔记上没写什么，只是笼统地认为"这节课教得不错"，或者说"这堂课教得不好"。有的评课者虽提了不少意见，但多半是枝节问题，如教者板书、声音大小、教态、信息技术运用等。总之，评议平淡肤浅、泛泛而谈，触及不到关键问题。难怪有些老师感叹：这样的评议没意思。

4. 参评面窄

评议会上评的少、看的多，经常是发言者只有三五人，评议者只有三言两语，评课现场冷冷清清。为了避免冷场，组织者只好点名发言，而被点名者多是正副校长、教导主任、教研组长和个别骨干教师。由于发言面不广，且大多属于被动发言，评课时难以形成各抒己见、畅所欲言的热烈气氛。不发言不等于没有见解，这种评议往往会造成一部分人当面不讨论、背后乱议论；还有的会上"唱赞歌"，会后"乱嘀咕"，结果只会让执教者无所适从。

5. 面面俱到

评课是一门科学和艺术，有规律可循。如果不讲方法盲目地评课，效果自然就不好。如果评课面面俱到，就会抓不住重点，不仅会增加评课的难度，也会造成重复。对一节课的评议应该从整体上去分析、评价，但要有所侧重，即根据每一次的听课目的和课型，以及学科特点突出重点。但实践中有些评课容易泛泛而谈，难以突出重点。

6. 喧宾夺主

通常听评课应以刚刚上过的课为中心主题展开研课活动，一般由学校教研员主持。在民主、和谐的气氛下，先由执教教师说一说课，或者简单说一说教学设计意图，然后参与听课的教师们共同展开讨论，最后由教研员做综合性总结发言。

教研员的发言分量可以重一些，能围绕课表达自己的真知灼见，对教师也能起到引领作用，但这绝不意味着可以喧宾夺主、分散主题。有的教研员评课会不自觉摆出一副"权威"的架势，离开课堂大谈理论，如谈论行为主义理论、认知主义理论、建构主义理论、核心素养、深度学习等。这显然是不合适的，让教师有"远水不解近渴"的感觉，这会影响评课效果。

三、听评课是一门科学

为什么说听评课是一门科学呢？也许有人认为，听评课虽然很重要，但并不是很难。只要带上笔记本，走进课堂认真听、认真评就是了，有什么复杂的。其实不然。从一定意义上说，听评课比上课更难。"善观察者，可见常人所未见；不善观察者，入宝山空手而归。"执教教师课前要精心备课，精心安排课堂教学环节、师生活动，听评课要想抓住实质，发现问题，评出实效，令人心悦诚服，发挥出听评课的多个作用，也绝非易事。清华大学附属小学的窦桂梅校长在《听课、评课、写课，教学引领者必需的生活》一文中分享了她的深刻体会：

在谈到评课时，我们常有这样的感慨——有时评课人说得口干舌燥，最终的效果却是"萝卜炖萝卜——于事无补"。真正的评课应该是"专业引领"下的"萝卜炖肉"，给予老师真正超越他原有水平的营养。所以，必须打破低效的平行对话的局限，在更广阔、更宽松学术空间内，建立志同道合的"引领"关系。

于是，每一个教学干部，首先要建立一种思维方式，站在被评课人的角度想问题，不是听了就评，信口开河，而是应该想清楚，你要评课的这位老师身上最需要的是什么，你评的重点是什么。其次，在评课中要拿出自己的"绝活"。评课不能仅仅停留在用"耳"听、用"笔"记、用"嘴"说的流程中，它应该是专业上的引领与带动。让教师感觉到你的确有水平，既能有一双慧眼发现该教师教学的亮点，又能锐利指出存在的缺点，并能够准确地解剖盲点。

......

关于评课，要说的内容太多了，比如教态、内容、方法、目标等。但是对于教学中，参差多态，以不同的方式和形式出现的课，随之而来的评课却常常流于形式，有的是在设计好的表格上打个分，草草了事；有的是表扬为主，做好好先生；还有的是被动发言，敷衍了事……这些现象在我们的评课中可能很多人都碰上过。试想，如果评课只说些正确的废话，那评课还有什么意义呢？有些时候，所谓的讨好鼓励，其实是不负责任的表现。

……

我在学校，有一个特点，就是评课的时间有时比教师上课的时间还长。几年来，老师们对我的评课是喜欢的、信服的，而且在我毫不客气地指出问题时，他们都是很高兴地接受的。关键是我给老师树立了一个重要的观念，评课不仅仅是批评，更不是无谓的赞美，评课就是发现课堂问题。而且要告诉教师，"问题是我们的朋友"，评课的重要目的就是正视问题和发现不足，这，才有助于我们找到前进的方向和目标。所以说，对于评课，你有什么样的素养，就会传递什么样的评课水平，有什么样的体验，就会传递什么样的教学经验。评课时候，一定要"缺点不漏，优点说透，方法给够"，传递真实的心声、真正的水平，告诉教师怎么做还会更好，以至于心服口服接受你的观点。

窦桂梅老师的这段经历和体会启示我们，同样是听评课，但其效果大不一样。有的人能走得进课堂，评得出名堂；而有的人虽然走进课堂，却评不出精粹，效果是"萝卜炖萝卜——于事无补"，可见听评课是一门科学和艺术。

为什么说听评课比上课更难呢？听评课作为一门科学和艺术，从听到评，需要一种综合能力。这个综合能力包括六个维度，如图1-1所示。这六个维度也是听评课综合能力的要求，需要听课者平时做好积累。

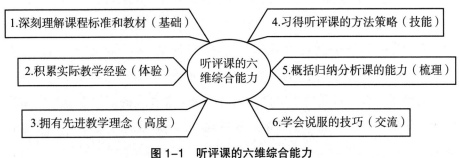

图1-1 听评课的六维综合能力

（1）深刻理解课程标准和教材。这是基础。对课标和教材一无所知的人是听不好课的。如果做不到精通，也要做到一般的了解。

（2）积累实际教学经验。"看花容易绣花难"，有课堂实际教学经验的人与没有课堂实际教学经验的人，对一节课的理解、体会是完全不一样的。有课堂实际教学经验的人会设身处地地理解执教者为什么要这样处理教材，为什么要这样设计课堂学生活动，也容易发现执教者的问题，知道这个地方为什么不应该这样做，如果自己来设计应该怎样做。所以，有课堂实际教学经验的人可能对一节课的把握更准确。

（3）拥有先进教学理念。同样来听一节课，为什么有的人高屋建瓴能看出问题，评出门道，有人却看不出问题，评课也是平平淡淡？这种差距与缺乏先进教学理念有一定的关系。所以，评课者要想评课时评出深度和高度，必须提高自己的教学理论素养。

（4）习得听评课的方法技能。"善观察者，可见常人所未见；不善观察者，入宝山空手而归。"听评课涉及课堂上如何去观察、课后如何去评课等一系列方法、策略、原则和技术，这都需要听评课者去学习、积累。

（5）概括归纳分析课的能力。评课是一门科学，有的评课者评课时善于概括归纳优缺点和建议，重点突出，有理有据，十分有条理。而有的评课者评课时缺乏条理，内容也是东拼西凑、泛泛而谈、空洞枯燥，对执教者帮助不大。

（6）学会说服的技巧。俗话说，"一句话能把人说跳，一句话能把人说笑"。评课是一种说服的艺术。说服就是求和谐、求愉快、求发展。说服是一种技巧，是一种智慧。善于说服别人，首先应善于说服自己。

综上所述，听评课确是一门科学，一门技术，也是一门艺术。何谓科学？科学是指事物内在的、本质的、规律性的反映。听评课之所以可以称为科学，是因为从"听"到"评"使它具有一定的系统性。这种系统性有自己特殊的性质，有自身质的规定性，而这些特殊性和质的规定性有其内在的规律。如果听评课者能认识和掌握这些规律，听评课就会起到事半功倍的效果。

何谓技术？技术是指已经客观化的操作方式、方法、规程、要领。所谓客观化，即从众多的行为经验和科学理论中概括出来，能供人们"复制"掌握和应用。听评课之所以称为技术，是因为从听课到评课，有一系列可供人操作运用的方法、要领和规程。每个听评课者只要熟练地掌握和运用这些方法、要领和规程，就会大大提高听评课的效能。

何谓艺术？艺术是指富有个性和创造性的方式方法。我们知道，听评课不是一种孤立的单一活动。听评课效能发挥如何，不仅仅取决于听评课者对听评课的方法、要领掌握得如何，还取决于听评课应具备的学科知识、学科基本功、教学理论以及个性特点等。因此，同样是掌握了听评课的方法要领，有的听评课者发挥一般，有的却发挥得淋漓尽致，富有创造性，这就是艺术风格的体现。

"飞瀑之下，必有深潭"，讲的是一种自然现象，即在水流湍急的瀑布往下降落的时候，下面的地面经过日积月累的冲刷，肯定会形成一个深坑，即深潭。"深潭"是"飞瀑"长年累月冲击而成的，教师听评课也一样。执着比方法更重要。听评课做得好不好，一个重要方面是看教师和校长从学到品，从品到仿，从仿到创，是不是用心去做，潜心地投入和积累。世界上最公平的事，就是拿努力换结果。只有一丝不苟，持之以恒，才能真正实现"飞瀑之下，必有深潭"。

思考题

1. 你怎样理解和看待听评课的重要作用？

2. 通过学习，你认为目前低效听评课存在哪些问题，原因是什么？

3. 听评课是一种综合能力，请具体说说它的基本要素。

第2章 ▶

让课堂教学走进核心素养时代

——基于核心素养的听评课 ①

　　历史车轮滚滚向前。进入 21 世纪，科技的发展日新月异，社会变革对人才培养提出新的挑战，中国基础教育正面临一次深刻变革。2016 年 9 月，《中国学生发展核心素养》正式颁布。2017 年，《普通高中课程方案（2017 年版）》明确表述了学科核心素养。《义务教育课程方案（2022 年版）》更是为核心素养落地、知识运用赋能。作为贯穿全学科的核心，核心素养时代已经到来。

　　思想是行为的灵魂，所以正确的教育思想是课堂教学的灵魂。观念决定思路，思路决定出路。观念不变，行为就不变；行为不变，课堂也不可能有改变。同样，我们的听评课也要适应核心素养时代带来的变化。基于核心素养的听评课，能帮助我们的课堂教学真正走进核心素养时代。

一、中国基础教育核心素养时代的到来

　　2013 年 11 月，中国共产党第十八届三中全会提出：全面贯彻党的教育方针，把"立德树人"作为教育的根本任务。2018 年 9 月 10 日，习近平总书记在全国教育大会上的讲话中指出："培养什么人，是教育的首要问题。"

---

① 特约作者：魏付坤，北京教育学院丰台分院附属学校。

面对经济全球化和信息化的时代，中国教育如何落实"立德树人"根本任务？面对诸多国家已经投入核心素养研究项目的严峻现实，中国教育培养什么样的人，才能作为社会主义建设者和接班人？

2014年3月，教育部发布了《关于全面深化课程改革落实立德树人根本任务的意见》，把"研究制订学生发展核心素养体系和学业质量标准"确定为全面深化课程改革、落实立德树人根本任务着力推进的关键领域和主要环节之一。"核心素养"概念首次出现在中国基础教育课程改革的历史上。

2016年9月13日，受教育部委托，中国学生发展核心素养研究课题组在北京师范大学发布了《中国学生发展核心素养》，公布了以"培养全面发展的人"为目标的中国学生发展核心素养总体框架。该框架包括文化基础、自主发展、社会参与三个方面，综合表现为人文底蕴、科学精神、学会学习、健康生活、责任担当、实践创新六大素养。六大素养进一步细化为18个基本要点。

《中国学生发展核心素养》的颁布，标志着核心素养的中国版本面世。

2017年底，中国颁布了《普通高中课程方案和语文等学科课程标准（2017年版）》。各学科根据自身特点凝练形成了本学科的核心素养，明确了学生学习该学科课程后应形成的正确价值观念、必备品格和关键能力，并围绕学科核心素养的落实，精选、重组教学内容，设计教学活动，提出考试评价的建议。我国基础教育开始从"知识本位"时代走向"核心素养"时代。

2019年2月，中共中央、国务院印发了《中国教育现代化2035》。该文件提出：完善教育质量标准体系，制定覆盖全学段、体现世界先进水平、符合不同层次类型教育特点的教育质量标准，明确学生发展核心素养要求。2022年3月，中国颁布了新修订的义务教育课程方案和语文等16个学科的课程标准。自此，中国基础教育全面进入"核心素养"时代。

教育部教材局局长田慧生在《义务教育课程方案和课程标准（2022年版）》的新闻发布会上说："此次修订，全面落实培养担当民族复兴大任时代新人的要求，结合义务教育性质及课程定位，将党的教育方针具体细化为本课程应着力培养的学生核心素养，体现正确价值观、必备品格和关键能力的培养要求。"北京师范大学教育学院郭华教授对于"核心素养"有这样的表述："'让核心素养落地'，是本次课程标准修订的工作重点。核心素养导向，既是课程标准研制工作的主线，也是课程标准文本的主旋律。"

"素养与知识不同，是知识、技能、态度的超越和统整，是人在真实情景中做出某种行为的能力或素质。当前世界范围内的核心素养热潮，实质上是教育质量的升级运动，国民的核心素养决定一个国家的核心竞争力与国际地位。课程建设以核心素养为导向，是推进我国社会现代化和人的现代化的需要，也是贯彻党的教育方针、落实立德树人根本任务的具体体现。"国家督学、国家开放大学校长、北京师范大学基础教育质量协同创新中心首席专家褚宏启说。

核心素养培养如何落实到日常的课程教学中，如何发挥教学活动的育人价值以培育、发展学生的核心素养呢？毫无疑问，教师作为教学活动的"主力军"，是第一实践群体。因此，认真学习新课标，在实际教学中践行新课标的理念，是摆在每一位教师面前的重要任务。

二、树立核心素养听评课观

"核心素养"是一种理念和教学思想。如何让这种理念和思想在教学实践中得到贯彻和落实，需要广大教育工作者在各种教学实践中不断去探索和研究，通过听评课来实施和渗透就是一种很好的方法和途径。教师首先应该深度理解"核心素养"的教学思想，从而树立立足核心素养的听评课观。

树立立足核心素养的听评课观，需要深度解构核心素养和传统教学的内在联系与冲突，找到两者之间的对接点，从而正确实施基于核心素养的课堂教学。

（一）解构核心素养和传统教学的内在联系与冲突

1. 核心素养是素质教育目标的升级

核心素养是在中国课程改革的教育目标经历了"双基"（即基础知识、

基本技能）、"三维目标"后的第三个阶段。

"双基"是学科本位与知识本位的突出反映。"双基"对教学内容、知识点的具体要求与难度都做了明确清晰的界定，强调教学的传承性和接受性。教学中，学生学习以书本知识为中心，教学过程以课堂为中心，课堂教学以教师为中心。学习方式以理解、记忆、训练为主。教学效果追求准确性、绝对性。"双基"教学是应试教育在课堂教学中的体现。

"三维目标"的知识与技能、过程与方法、情感态度与价值观分别对应着学生学会、会学、乐学，是学生完整学习的体现。"三维目标"秉承的是建构主义理论，强调知识的主观性、情境性、相对性和开放性，不要求唯一正确的答案；强调学习是学生自己建构知识的过程，学习方式表现为自主学习、合作学习和探究学习。"三维目标"是素质教育在课堂教学中的落实，它突破了"双基"的局限，走向了知识、能力、态度共同发展的正确方向，这是新课程改革的突出成绩。但是，课程改革中存在的突出问题则是三维目标的虚化：基本知识和基本技能被弱化，过程和方法出现了游离现象，情感态度与价值观出现了"贴标签"现象。①

2022 年版的义务教育课程标准中，核心素养是灵魂，是课程培养有理想、有本领、有担当的一代新人的行动统领。课程目标从重视"双基"到落实"三维"，再到"素养导向"，体现了课程从知识时代向素养时代的重大转型，实现了从关注学科发展到着眼学生发展这一育人理念的重大变革。

2. 核心素养关注的是课程（学科）的育人价值

学生发展核心素养，主要是指学生应具备的、能够适应终身发展和社会发展需要的必备品格和关键能力。

因此，核心素养指向的是必备品格和关键能力。品格是一个人做人的根基，是幸福人生的基石；能力则是一个人做事的根基，是成功人生的基石。品格和能力即是德和才。司马光说："才者，德之资也；德者，才之帅也。"

---

① 余文森. 新课程教学改革的成绩与问题反思［J］. 课程·教材·教法，2005，25（5）：3-9.

一个真正的人必须是德与才的和谐统一。德才兼备一直是中国培养人才、选拔人才、任用人才的原则，所以学生发展核心素养即是对国家教育目标精练的概括，也是在为德才兼备的中国人"画像"。同样，学科核心素养刻画的是具有本学科独特作用和功能的人才形象。

具体来讲，"人文底蕴、科学精神、学会学习、健康生活"是学生终身发展的基础；"实践创新"主要是指动手意识和能力，并在实践中有改进、创新的意识和精神；"责任担当"则是要求培养的人才必须有家国情怀、使命感以及社会担当。可以说，《中国学生发展核心素养》中的六大核心素养既涵盖了个人的学习、生活到终身发展，科学研究到生命关注，以及品格修养到责任担当等方面，也渗透和折射出国家和社会未来发展对人才的要求标准。

故而，核心素养让教育不仅关注学生当前的学习成果，更注重对未来生活适应能力的培养；不是关注知识的积累，而是侧重思维能力和品质的培养。它着眼学生的终身发展，是国家关于教育和人才培养的着眼点、出发点和落脚点。

3. 学生发展核心素养与学科核心素养的关系

学科核心素养是学生发展核心素养的重要组成部分，是学生发展核心素养在学科课程中的融入，是学生发展核心素养在学科中的具体化，是学科育人价值的集中体现，是学生学习该学科后的期望成就。所以，学科核心素养的总和不等于学生发展核心素养。学科核心素养对于学科本身是重要的、关键的，但对于学生整体发展并不是关键的核心素养。例如，"数学建模"是应用数学解决实际问题的基本手段，也是推动数学发展的动力，可以作为数学学科的核心素养之一，但对于学生的一般发展来说，它并非关键能力。

学科核心素养依靠学科课程得以实现，学科课程是实现学生发展核心素养的重要载体，因此，学科教学同时承担着发展学科核心素养和学生发展核心素养的任务。

4.学科核心素养的结构

学科核心素养把学科课程和教学引向人的核心素养，而不是学科本身，实际上就是对学科和教学方向的规定。学科知识与学科活动是学科核心素养的两大基础。学科知识是学科核心素养形成的物质载体，学科活动是学科核心素养形成的实施路径。^① 各学科核心素养的结构见图 2-1 至图 2-8。

图 2-1　语文学科核心素养结构

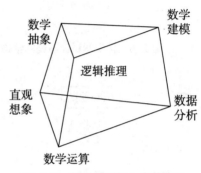

图 2-2　数学学科核心素养结构

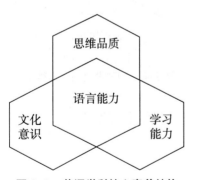

图 2-3　英语学科核心素养结构

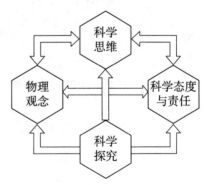

图 2-4　物理学科核心素养结构

① 余文森. 论学科核心素养形成的机制 [J]. 课程·教材·教法, 2018, 38（1）: 4-11.

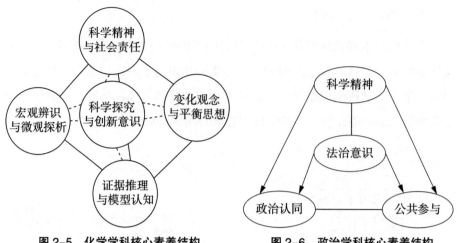

图 2-5 化学学科核心素养结构

图 2-6 政治学科核心素养结构

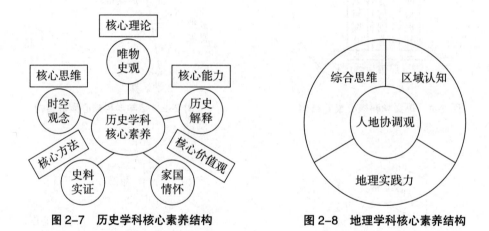

图 2-7 历史学科核心素养结构

图 2-8 地理学科核心素养结构

（二）以生为本的学科育人——核心素养时代的深度备课诉求

1. 关注人——精准定位核心素养

树立基于核心素养的听评课观，起点是教学目标的设置。教学目标是教学设计和实施的指挥棒。培养、发展核心素养的课堂教学目标应该精准定位核心素养。精准定位的原则是"以学定教"。"以学定教"的标准是：学生的课堂学习获得是有价值的、有用的，是促进核心素养发展的，而不是应试教育所关注的知识获得、考试考查的学习获得。

学科教学的育人价值往往具有内隐性。备课之初，教师应该以学科核心素养为依据，结合教学内容的认知逻辑，深入挖掘教材的育人价值。一方面，教师需要仔细研读相关指导文件，如核心素养框架、学科课程标准及其解读文本，吃透核心素养和学科核心素养的本义，特别是要把握住体现学科本质特征的知识、能力和品格；另一方面，教师需要具备整体的课程观，了解某一阶段学生（学科）核心素养发展的脉络，能够准确定位每堂课的教学内容在学生（学科）核心素养发展中所起的作用，析取出主要的教学目标，并将其作为课堂教学设计和实施的重心。

当前，我国基础教育的课堂教学目标以"三维目标"为中介来培养学生的核心素养，优质的课堂教学以实现"三维目标"来促进学生核心素养的发展。这就要求教学目标紧紧围绕实现"三维目标"和促进学生核心素养发展而设定。定位于核心素养的"三维目标"的重心和评价标准，不是学科知识的掌握与理解，而是知识背后所蕴含的价值观、精神品质，是以思考为核心的创新能力和批判思维。

以义务教育阶段"方程"的教学为例，其教学目标主要是使学生领会方程的思想，即用数学的语言表达含有未知数的事物间的等量关系，特别是要抓住学习方程培养学生数学建模能力这一数学素养的核心要素。但是，在教学实践中，往往有教师纠结于一些名词术语的教学，如什么是方程，什么是解方程，什么是方程的解，苦思冥想"$x = 1$"是不是方程，致使师生的精力耗散在细枝末节的知识点上，教学重心偏离，错失发展学生核心素养的良机。正确的做法是，教学目标应紧扣方程的思想和数学建模素养，创设多样化的情境，引导学生寻找情境中的等量关系，学会列出方程进行关系表达，让学生体会运用方程解决问题带来的思维便捷，不断加深对方程思想的理解，提高运用方程建立数学模型的能力，从而发展学生的数学建模素养。

2. 彰显人——实效落实核心素养

2022 年版的义务教育课程标准在"课程内容"的设置上做了很多调整。例如，在课程内容理解上，以学习为中心，不仅包括教什么、学什么的内容问题，还包括怎么教、怎么学的过程方式问题，以及为什么教、为什么学的目的价值问题，甚至还有教得怎么样、学得怎么样的结果水平问题。这种复合型的课程内容观，突出习得知识的学习方式和运用知识的能力与价值，打破死记硬背、题海战术等知识技能训练魔咒，克服高分低能、价值观缺失等乱象。

"学生为主体、教师为主导"的教学原则一直是一线教师所倡导的教学理念，核心素养时代，这一理念更是得以加强与贯彻。教师精心设计学习活动，学生通过完成学习任务获得知识和解决问题的能力，亲历实践、探究、体验、反思、合作、交流等深度学习的过程，才能有效发展核心素养。

（1）分享与激励：营造民主、和谐的教学环境。

环境造人，环境育人。课堂上的教师不是自上而下的给予者，而是与学生一起探索的分享者、激励者。分享学生尚未获得的知识与经验，激励学生学习潜能的释放，尊重、信任与爱护是课堂学习环境的和谐因子，民主、和谐的课堂氛围极大地激发了学生学习的主动性、积极性、创造性。

（2）开放与赋权：调动学生的课堂参与意识。

核心素养时代的课堂是一个开放的课堂。开放的课堂不追求答案的唯一性，不追求绝对的正确性，追求的是师生互动的智慧碰撞，追求的是学生在课堂这个舞台上的尽情表演和活力四射。这样的课堂效果需要赋予学生充分的课堂权利。

①要让学生享有参与权。教师在备课时要为学生提供典型的、完整的感性材料，并留下充足的时间让学生在操作、实验、计算、推理、想象中，去发现问题、发现规律。

②要让学生享有讨论权。讨论是激发学生探索热情的有效手段，它有利于师生之间、学生之间的情感沟通和信息交流，可以培养学生的合作意识。

③要让学生享有质疑权。教师要营造敢于质疑的氛围，鼓励学生大胆质疑，教给学生质疑的方法，引导全体学生积极参与。

④要让学生享有反驳权。在教育中培养学生的创新能力和创新精神，教师必须打破因循守旧的教学形式，鼓励学生敢闯、敢冒尖、敢标新立异。

（3）活动与情境：提高学生课堂参与质量。

心理学家皮亚杰认为，"个体的认识起源于活动，活动在个人智力和认识发展中起着重要作用。个体只有投身于各种活动之中，其主体性才能得到良好发展。""核心素养"不是直接由教师教出来的，而是在问题情境中借助问题解决的实践培育起来的。比如，语文的阅读能力和写作能力不是靠语文教师教出来的，而是在阅读实践与写作实践中培育起来的。因此，与其直接训练思维能力与社会能力之类的素养与能力，不如优先设计有助于自发地产生思维与沟通互动的课题及其情境。①

故而，在备课过程中，教师要设置大量的情境化活动，一方面给学生提供参与学习的机会，另一方面让学生的亲身经历与学科知识建立联系，真正体验到知识的应用价值和隐含着的文化精神。教师是活动的组织者和指导者，要通过观察、思考、讨论等教学形式，引导学生积极参与知识形成、发展的全过程，促使学生眼、耳、鼻、舌等多种感官并用，在活动中积累丰富的、典型的感性材料，建立清晰的表象，更好地进行比较、分析、概括等思维活动，让学生的价值观、情感、人生态度建立起来。

3. 培养人——高质发展核心素养

核心素养时代所处的 21 世纪，是知识爆炸的时代，人类的知识每时每刻都在迅猛增长，学生的学习负担也随之增加。为减负提质，我们必须在研究"学"的基础上探索"教"，以提高教学效率。教学效率是指教学效果与时间和精力投入的比。我们需要进一步思考如何优化教学过程，利用有限的时间和精力最大限度地促进学生在三维目标和核心素养上获得又好又快的发展。

（1）既见树木又见森林：整合实施单元教学。

核心素养的落实需要一线教师在"核心素养—课程标准（学科素养 / 跨学科素养）—单元设计—学习评价"这一连串环环相扣的链环中聚焦核心素

---

① 钟启泉. 基于核心素养的课程发展：挑战与课题［J］. 全球教育展望，2016，45（1）：3–25.

养开展教学活动，亦即需要围绕学校教育应当做、能够做的，思考学校课程所要保障的"学力"内涵，同时思考学校课程应有怎样的整体结构。①

整体化学习是对一个事物先有整体上的结构认识，再认识事物各个具体的部分，然后再找到部分与部分之间的关系，形成对事物的完整认识。也就是说，学习者的学习和认知是基于"先见森林，后见树木"的路径实现的，而不是"先见树木，后见森林"的路径实现的。现实中的教学往往是碎片化的方式，让学生学习许多碎片化的知识，反复进行一些碎片化的训练，也就是强化知识点的学习，而不是让学生先把握事物的整体结构，再进行部分学习和研究，这样学生很难建立知识之间的联系，只见树木不见森林，不可能形成核心素养。这就要求教师对教材进行系统的整合，采取单元式教学方式，实现知识的横纵向联系，让学生"既见树木，又见森林"。人们又习惯称知识横向整合联系的单元为小单元，称知识纵向整合联系的单元为大单元。小单元一般为一册教材的一个单元，大单元则是主题式的，需要教师有一个整体的大知识观，由这个大的知识观产生大的教学观。教师要根据学生的认知能力和知识自身的逻辑规律，不断挖掘和整合教材，按照一系列的主题进行教学，让学生认识到知识模块与模块之间的内在关系，并形成大的知识模块，从见树木到见小森林，再到见大森林。

（2）引领激发深度学习：打造高阶思维活动。

美国教育学家克罗韦尔指出："教育面临的最大挑战，不是技术，不是资源，不是责任感，而是去发现新的思维方法。"这也意味着，只要时代的巨轮在向前滚动，我们的思维和行动就要紧紧跟随，才能有更多、更新的创造。生命是一种开放性、生成性的存在，人的思维也应该具有开放性、生成性的特点。这是人的能力不断发展的内在机制。思维一旦模式化、格式化，就不可能有创新，能力发展也就停止了。所以，要积极倡导有高阶思维的深度教学。没有高水平的思维参与和投入，知识学习就永远只能停留在知识表层，而不能深入知识内涵，获得知识的价值和意义。

① 钟启泉. 基于核心素养的课程发展：挑战与课题［J］. 全球教育展望，2016，45（1）：3-25.

优质高效课堂教学遵循高效率的学习观，强调根据学生认知规律设计、开展教学，在教学中注重激发并维持学生兴趣，引导学生主动学习，通过对话、批判和反思等活动，建立新旧知识之间的联系，通达对事物本质和原理的理解。教师可以有意识地在教学设计中增加思维方法的学习与指导，显化知识学习中的思维活动。以语文为例，读懂文字的意思只是阅读的起点，而理解作者的写作意图和这篇文章的社会价值则是阅读的终点，此时学生获得的是思维方面的突破，改变的是写作的眼光和格局。教师引导学生超越表层进入知识的逻辑形式和意义领域，学习的意义就成了学会思维、学会做人，游目骋怀之间，思维得到了发展。

例如，在教学提问环节，教师可以适当增加推理性问题和创造性问题的比重，促进学生深入思考并表达想法；也可以适当增加一些辩论或口头论述的活动，引导学生将自己的思维过程展示出来，在不同观点的交锋中逐步发展高阶思维能力。

下面以高中物理"匀变速直线运动的位移与时间的关系"教学为例。本课的教学目标是知道并理解匀变速直线运动的位移与 $v-t$ 图线下围成的矩形面积的对应关系，使学生感受利用极限思想解决物理问题的科学思维方法。本课教师的备课重点不应该放在最后的公式上，而应当关注学生极限思维的培养。因此，教师在进行本课深度备课的过程中，应当将学生科学思维发展特点作为首要因素，给予学生更多交流、思考的空间，让学生在教师的引导下体会极限思想，理解并运用极限思想。

（3）关注实现学科育人价值：学科融合育人思想。

以2022年版义务教育语文的课标为例，它给出的"核心素养"之于高中阶段的"核心素养"，在内容排序上发生了变化，在表述上也有不同。同样是文化方面的目标，高中课标强调的是"文化传承与理解"，2022年版课标定位于"文化自信"，并位居四大核心素养之首。作为要重点培养的学生核心素养，"文化自信"更加凸显了"为谁培养人，培养什么人"这一重要问题，彰显国家意志，育人宗旨更为明晰，是党和国家教育方针在语文课程中的具体体现。

价值观是一个人心灵的风向标。一个人首先应该对什么是有价值的，什么是有意义的、好的、对的，什么东西是值得追求的、坚守的、效仿的有正确的、基本的认识和判断，才能找到"立身之道"。立德树人，学生才不会迷失方向，学习才能找到正确动力，学识才能够为国家所用。

在极度物质化的时代，如何捍卫情怀与梦想呢？结合学科进行价值的引领是最好的途径。站在语文课堂上，带领学生学习那些承载着追梦者的故事、品味那些圆梦者的思想智慧的时候，我们会知道自己的使命——点燃这个时代孩子心里的那团火。看到鲁迅弃医从文、钱学森选择专业的故事，孩子们会懂得个人追求与民族命运的关联；看到邓稼先、黄旭华等人隐姓埋名潜心研究，孩子们会明白"奉献"的艰难；看到袁隆平的研究成果解决了亿万人吃饭问题、屠呦呦的研究成果拯救了亿万人生命的故事，孩子们会明白"读书"的价值。往小处说，追求梦想也许是个人追求的不离不弃；往大处说，个人的梦想和中华民族的命运生死相依！教育，就是为了给孩子们的心里输送这个民族精神脊梁里的"钙"——树立正确价值观，才能让学识为国家民族的伟大复兴所用。

培养学生的美好品德和树立正确的价值观，能帮学生获得把握人生的重要尺度。心中有尺度，行为有分寸。

关注人——精准定位核心素养、彰显人——实效落实核心素养、培养人——高质发展核心素养，三者环环相扣，具有逐渐上升的内在逻辑。

综上所述，核心素养不仅仅是对学生发展提出的具体要求，更是对教师教育教学提出的具体指导。我们不难得出核心素养时代听评课观的内涵：以立德树人为根本任务，坚持以生为本的学科育人原则，注重情境教学、单元教学，打造高阶思维活动等教学方式方法，使得教学具有学科内在逻辑，符合时代需求与学生学习规律，将知识与能力、过程与方法、情感态度与价值观有机整合，以促进学生深度学习，培育、发展学生的核心素养。

由此可见，教师核心素养理念、格局不同，听评课的高度、深度也会不同。对待核心素养新时代的听评课，教师一定要注重提升自身学养：有深厚的学科学术素养，拥有完善的知识体系、系统的能力结构，熟悉学科发展史，了解学科研究成果，熟谙学科教学规律，洞悉当下学科教学现状和学科教师的教学水平。这才真正有可能"走得进课堂""评得出名堂"。

思考题

1. 为什么说中国基础教育核心素养时代已经到来？

2. 你认为应该怎样树立核心素养时代的听评课观？

3. 你怎样理解"以生为本"的学科育人核心素养教育思想？

第 3 章 ▸

面向未来教育，培养学生高阶思维能力

——听评课与深度学习研究 [①]

在听评课中为什么要高度重视对"深度学习"的研究呢？清华大学附属中学的王殿军校长曾举了一个例子，给我们很深的思考："在工作中，我们也有所体会，有些人态度特别认真，干什么事都井井有条、踏踏实实，但他总是什么新想法也没有，而且基本是在一个水平上重复，遇到新的问题就束手无策了。我思考的原因是，他一直没有把高阶思维能力培养起来。在他参加工作之前，没有人去培养和激发他的批判性思维、反思能力、决策能力、创新能力，以至于他走向工作岗位后，这些能力也很难再得到发展。他就只能机械、重复地做一些简单的工作。"

世界各国的教育教学，都开始对学生思维能力的培养进行全面的关注和重视。我国 2022 年版的义务教育课程标准明确提出各学科要开展大单元教学，以大概念、大观念、大任务来整合教学内容，关注知识深度学习、高阶思维，注重素养的达成。深度学习源于对知识的深度理解，以有效培养学生的高阶思维和核心素养。在课堂教学实践中，我们可以通过听评课引导教师在教学中采取适切的教学策略，实现深度学习，为学生拓宽学习渠道，发展他们的高阶思维，培养其必备品格和关键能力。

---

① 特约作者：王迪，北京市朝阳区教育科学研究院；里亚平，中国科学院附属实验学校。

一、深度学习的概念与功能

知之深，爱之切。能不能做好深度学习的研究，前提是对它的理解和掌握有多少。

（一）深度学习的概念

什么是深度学习？目前的说法不一。这里认为：相较于传统的课堂教学模式，深度学习是指"在教师引领下，学生围绕着具有挑战性的学习主题，全身心积极参与、体验成功、获得发展的有意义的学习过程"[①]。它是相对于浅层学习而言的，是指学生在教师的引导下，根据自己的学习兴趣和需求，在理解的基础上，主动批判性地学习新的思想和知识，运用多样化的学习策略深度加工知识信息，构建多学科知识、多渠道信息、新旧知识信息等之间的联系，建立个人知识体系并有效迁移应用到真实情境中以解决复杂问题的学习。

布卢姆教学目标分类理论的二维分类框架中，把教学目标分成知识维度和认知维度，其中知识维度涉及事实性知识、概念性知识、程序性知识、元认识知识，包括记忆、理解、应用、分析、评价、创造六个层级（图3-1）。

深度学习的目标之一就是让学生在深层次学习的过程中不仅掌握所学的知识，还要能够了解知识的内涵与本质，培育创新意识和能力，丰富自身理论知识体系，并将所学知识转化为解决真实问题的能力，提升学生综合素养。基于布卢姆教学目标分类理论，教师在引导学生进行深度学习时，要更多地思考所设计的教学目标是否合理、学生是否拥有自主反思的能力，能否从认知、动作技能与情感三个层次开展深度学习活动。可见，深度学习要求学生进行理解性的学习、深层次的信息加工、批判性的高阶思维形成、主动的知识建构和知识转化、有效的知识迁移及真实问题的解决。

[①] 郭华. 深度学习及其意义 [J]. 课程·教材·教法，2016，38（11）：25-32.

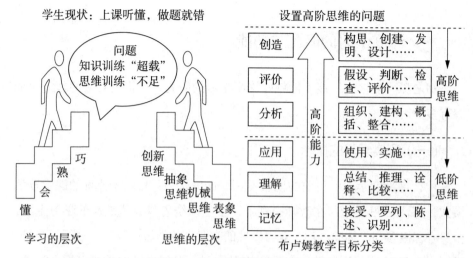

图 3-1　布卢姆教学目标分类理论

20 世纪 50 年代中期，国外就开始了对深度学习的研究。从学习过程和学习结果视角分析，瑞典学者弗伦斯·马顿和罗杰·萨尔乔运用深度学习法进行了对比实验研究。1976 年，二人联合发表了《学习的本质区别：结果和过程》一文，按照学习者获得与处理信息方式，将学习者分为深度水平加工者和浅层水平加工者，并对深度学习与浅层学习的概念内涵、具体表现进行分析。我国对深度学习的研究开始较晚。2005 年，黎加厚教授等人在《促进学生深度学习》一文中首次提出深度学习的概念，指出深度学习是在理解的基础上，学习者批判性地学习新思想和新知识，将它们和原有的认知结构融合起来，将众多的思想相互关联，把已有的知识迁移到新的情境中去，做出决策并解决问题。之后，学界对深度学习的研究日益增多。

随着基础教育改革的逐渐深入，培养学生高阶思维、关键能力和必备品格的教育理念得到教师的普遍认可。在课程教学时，教师不断转变观念，坚持以学生为中心，避免"填鸭式""满堂灌"情况的出现，努力帮助学生做好自我管理，养成良好的学习习惯，拥有独立思考的时间和空间，锻炼学习能力，提升高阶思维水平，达成深度学习目的。

（二）深度学习研究的意义

1. 从人才培养的高度看

王殿军校长认为：我们要发展教育，不能只看到成绩，还要看到问题。问题是什么？我们人才培养的质量和水平还有待提高，尤其是顶尖的人才、具有国际竞争力的人才，培养得不够多、不够快、不够高、不够好，虽然平均水平在增高，但是没有特别顶尖的，具有国际竞争力的、能在多个学科和领域处于世界引领水平的、能成为领军人物的学科领域人才还不多。要改变这种局面，只有一个做法，就是要对现在制约人才培养的关键地方进行改革。

我国基础教育特别重视知识，这是必要的。但我们更要注重提高学生的思维品质，注重培养学生的创新能力和创新意识。

身处信息化时代，随着互联网、物联网、人工智能和大数据等信息技术在教育领域的持续应用和深化发展，师生的思维方式和教与学的方式发生了较大的变化。在"互联网＋教育"的时代，师生需要更好地发展思维和建构意义，从低阶思维走向高阶思维，才能实现对知识内容更深层次的理解。今天的教师不仅可以向学生灌输信息，更注重于发展学生的能力，帮助学生建立自己的思维框架。

2. 从中考、高考的改革看

我国的课程改革目标从落实"双基"发展到"三维目标"，再到如今的"学生发展核心素养"的新时代，教师面临的最大挑战是：如何从关注学科知识点的落实转到学科素养的养成，如何从关注教师"教会什么"转到关注学生"学会什么"。可以说，现在的"指挥棒"正在"悄悄地变脸"，师生们需要正确应对目前中考、高考命题方向、内容、形式发生的重大变化，也就是说，落实核心素养，高考和中考已经在行动。《教育部关于加强初中学业水平考试命题工作的意见》指出："减少机械记忆试题和客观试题比例，提高探究性、开发性、综合性试题比例，积极探索跨学科命题。拓宽试题材料选择范围，丰富材料类型""增强情境创设的真实性、典型性和适切性，提高试题情境设计水平"。这都意味着学生的学习要从浅层次走向深层次，才有可能适应新时期考试改革的需要。

3. 从学生自身成长发展看

深度学习理念强调，教师在教学过程中要充分遵循"以生为本"的教育理念，发挥学生的主体作用。教师只是学生学习的引导者，而非替代者，要让学生能够全程、全员、全方位、全身心地投入对知识的理解、感悟与体验中来，透过文本感悟其背后蕴藏的本质内涵，让学习真正"活"起来、"动"起来，发展学生的高阶思维，助力学生成长。

二、深度学习的基本特征

在落实深度学习理念的过程中，教师要确保在教学过程中体现活动与体验、联想与结构、本质与变式、迁移与应用、价值与评价五个特征。

（一）活动与体验：以学生为中心

郭华教授指出，活动与体验是深度学习的核心特征，回答的是深度学习的运行机制问题。活动是指以学生为主体的主动活动，而非生理活动或受他人支配的肢体活动；体验是指学生在活动中生发的内心体验。活动与体验相伴相生。由此可见，这一特征强调教师在常规教学活动中要始终以学生为中心，基于促进学生发展的视角，制订教学计划、设计教学目标、开展教学活动。

基于深度学习理念的教学活动，打破了教师在课堂上的垄断地位，鼓励学生自主提问，进行自主思考和探究，让深度学习在活动和体验中发生。同时，它强调学生的学习不是孤立的，而是需要教师给予正确的指引，并且鼓励学生积极提问。这是学生自主学习能力提升的先决条件和关键力量。此外，教师所设计的活动和提供的体验要具有一定的挑战性，难度设置要适度，既不能过低，也不能过高，而是要尽力帮助学生达成学习目标，提高学生的思维能力，让深度学习真正发生。

（二）联想与结构：实现意义的建构

联想与结构，一方面指学生学习方式的样态，另一方面指这种学习方式所处理的学习内容，即学习对象。学生进入课堂学习，或多或少都带有已有知识和经验，这时就需要教师多设计一些唤醒或改造学生旧有经验的活动（即联想），同时将学生的已有经验融入当前课堂，并进一步深化与提升（即结构）。

这表明，深度学习更加注重对意义的建构，通过联想和结构，让学生的个人经验和其准备要学习的新知发生关系。在深度学习中，学生的学习主要是借助以往的知识和经验来猜测文本的内涵，期望透过现象看到本质，基于此形成新的知识结构体系。之后，学生运用他们已有的知识和经验，基于当前学习的内容，不断地思考、质疑、验证和建构，逐渐地将已有经验融入所学新知，完成真正意义上的建构。

（三）本质与变式：发展高阶思维，培育核心素养

此特征主要是回应怎样处理学习内容才能让学生抓住知识的本质并进行知识的迁移这个问题。正如郭华教授所说，发生深度学习的学生能够抓住教学内容的本质属性，全面把握知识的内在联系，并能够由本质推出若干变式。

在深度学习理念的指导下，在教师的支持和帮助下，学生可以更好地认识与理解知识的本质，掌握各知识间存在的内在关联，进而举一反三，形成不同的变式。在这一过程中，学生可以不断地将已有经验和所学新知结合起来，完善自身已有的知识体系，建构各知识间的意义联结，持续发展高阶思维能力，增强推理能力、判断意识和批判性思维，培养关键能力和必备品格。

可见，基于深度学习理念，教师在教学活动中不应单纯地讲授知识，而是让学生通过自主学习和教师讲授，理解文本蕴含的本质要求，掌握可生成

的变式，不断提高自身的推理能力、判断意识和批判性思维水平，培育核心素养。

（四）迁移与应用：模拟社会实践

迁移与应用主要解决知识向学生个体经验转化的问题，也就是说，教师要引导学生将已有的知识和经验进行迁移、应用，通过模拟社会实践活动，培养学生的综合能力和创新意识，提升综合实践能力。

深度学习理念强调，学生在学习过程中一定要学会迁移和应用，能够在知识学习的过程中理解文本意义，深挖知识本质，掌握其精髓。因此，在深度学习中，教师要引导学生完成"学了什么"转变为"怎么学"，并构建适切的教学方式，让学生认识到所学内容和能力、素养、心理之间的密切关联，并非仅仅是对知识的讲授。

（五）价值与评价：助力学生成长

郭华教授指出，价值与评价回答的是教学的终极目的与意义的问题，即教学是培养人的社会活动，要以人的成长为旨归。在深度学习过程中，教师的教和学生的学都内蕴着一定的价值和评价，能够助力学生形成正确的价值观、人生观和世界观，发展核心素养，提升高阶思维。

在深度学习中，教师更为倡导学生发展自主思考、积极质疑与进行批判思维的能力，并引导学生自觉构建和完善已有的知识框架，并在自主思考中深入思考人生的意义，并非单一地接受教师所叙述的观点。因此，基于深度学习理念的指导，教师在教学过程中需要在文本知识学习的过程中引导学生树立科学的价值观念，并在问题探究和解决的过程中培育核心素养和高阶思维能力。

三、对深度学习的辩证思考

当一种新的课改思潮来到时，固然需要一种改革的情怀、热情和激情，但课程改革毕竟是一个复杂的工作，它也需要一个长期探究的过程，不能盲目跟从，身为一线的实践者，更要多些理性。同理，对深度学习，我们也需要辩证性地来思考。

（一）充分认识深度学习的复杂性和长期性

深度学习本身有一定的复杂性，目前许多教育工作者对其还是有点陌生，教师需要边学习边渗透，循序渐进地进行。因此，需要先对教师加强学习培训，然后再推进，最好是在一些地区先试点，让骨干教师先行，取得经验后再推广。这样可以避免脱离实际，避免"水土不服"。

（二）应该处理好继承和创新的关系

莫被传统禁锢思想，不为时尚放弃本质。教学改革切忌"全盘照搬"和"推倒重来"，拒绝变革和"拿来主义"同样是"课堂大敌"。把握先进教学理念精髓，发掘现有教学实践智慧，二者有机结合，相得益彰，方可发挥出教改的"生产力"。在培养学生高阶思维的时候，教师要处理好创新与继承的关系。

（三）培养高阶思维，并非不需要低阶思维

高阶思维和低阶思维并不存在好坏之分，这就像上台阶，不上底部的台阶就到不了顶部。思维的高低与其复杂度、深度和难度有关。我们的思维一定是从低阶到高阶，没有低阶也就没有高阶，低阶思维一定是高阶思维发展的基础。

因此，教学中也需要注意三种倾向。一是重"难"轻"得"。教师不能一味地追求知识难度，而忽略学生学习的坡度，这样学生很难在课堂上获得很好的学习效果，还可能因为遭受挫折而产生消极情绪。二是重"高"轻"低"。一些教师并没有很好地处理思维发展的循序渐进，片面地理解深度学习和高阶思维的本质，导致过于关注学生高阶思维的发展，而忽视学生低阶思维对高阶思维发展的影响，忽略学生对基础知识的学习，也难以真正促进

学生高阶思维的发展。三是重"学"轻"教"。一些教师认为深度学习应该是学生自主学习，课堂上完全放手，实际上，这样的深度学习因缺失教师的有效引导而显得形式化、表面化、简单、重复，学生的学习也容易低效、无效。

四、深度学习的实施与评析

深度学习是一种学习方式，关键在于改变教学理念和教学方式。王殿军校长说："我们要在课堂教学中下功夫，也要在日常学习生活中、探究学习项目中下功夫。关注这个事情的时候，并不是要单独搞一套，而是把这件事和日常的教育教学融在一起，不失时机地去'借题发挥'，把学生的高阶思维能力培养起来。"

在当前"双减"的政策下，我们不仅要减负增质，更要关注高效课堂。对于深度学习在课堂上的渗透，要从有意、有机、有序、有效几个方面来评析。所谓有意，就是把深度学习与知识教学放在同一教学目标上加以落实。所谓有机，就是把深度学习有机地渗透在知识载体中，贯穿教学的全过程。在分析教师课堂上的深度学习是否到位时，不仅要看教师是否有意识地引入深度学习的内容，还要看训练内容的处理是否得当。所谓有序，是从各年级、各单元、各课时训练目标的达成形成系列，既不能零打碎敲，也不能坡度太陡，要先易后难，循序渐进，构成体系，形成整体。所谓有效，是指训练到位，见成效，不图形式。

（一）掌握学情，精准设计教学目标，选择教学内容

教学目标是教学活动的重要依据和灵魂，对整个教学过程起着决定性的作用，能够引导教师教和学生学的具体方向。深度学习的实施与评析不仅要看教学目标把握是否精准，更要看教学目标的确定是否体现了深度学习理念。深度备课是深度学习的基础，没有深度备课，哪有深度学习？课堂学习的深度依赖于教师课前备课的深度，如果教师连起码的教学任务都很难完

成，更不用说促进学生的深度学习了。好的课堂需要教师的精心备课作为支撑。因此，指向"深度学习"的"深度备课"是促使深度学习真正落地的关键。

俞静红老师和刘仲夏老师在《以"深度备课"推动"深度学习"——以统编历史教材七年级〈秦末农民大起义〉教学为例》一文中写道：

教学目标的高度，决定着教学设计的质量，更影响着课堂教学的深度和广度。因此，教师在备课时应立足"记忆、理解"低阶思维基础，将高阶思维的发展作为课堂教学的主要导向，重点关注学生在课堂中"分析、评价、创造"等高阶思维的培养与提升。

《义务教育历史课程标准（2011年版）》中对《秦末农民大起义》一课的要求是知道秦的暴政和陈胜、吴广起义的因果关系，知道秦朝的灭亡和西汉的建立。笔者根据课标，按照发展高阶思维的导向，将本课的教学目标设定如下——

《秦末农民大起义》的教学目标

课标要求	教学目标	学习方式
知道秦的暴政与陈胜、吴广起义的因果关系；知道秦朝的灭亡和西汉的建立。	通过情景再现，学生能列举秦朝暴政的主要表现。	深度学习
	学生能记忆陈胜、吴广起义的相关史实（包括时间、地点、人物）。	浅层学习
	通过问题探究和合作学习，学生能有条理地分析出其核心原因，在学习中能体悟陈胜、吴广的首创精神。	深度学习
	学生能说出项羽、刘邦起义中的重大事件和秦朝的灭亡。	浅层学习
	通过不同项目的比较，学生能概括出秦朝灭亡前后项羽、刘邦领导战争的不同之处，并能运用史料佐证其性质的前后变化。	深度学习
	学生能在结合文学常识的基础上，通过成语分析出楚汉之争中刘邦胜利的若干原因，并在此基础上树立重视人才使用、关注人心向背的历史价值观。	深度学习

如上所述，凡是涉及历史基础知识的教学目标，例如，时间、人物、地

点等通过浅层学习完全可以达成，而原因、结论、认识等都是需要深度学习才能达成的目标。在这个过程中，情景再现、材料分析锻炼了学生的分析、比较、概括能力，在此基础上形成了历史思维和历史认识，发展了学生的高阶思维。

从俞静红和刘仲夏两位老师的备课体会中可以看出，只有教师备课备出深度，即教学目标的确定是重学生思维，学生才能走向深度学习。如果教师备课备不出这样的深度，学生的学习只能停留在浅层学习上。

我们再看一个具体案例。

基于真实情境发展高阶思维的教学设计与实践：物质的分离与提纯

——以"水的净化"为例

1.教学内容背景

"水的净化"是《义务教育化学课程标准（2011年版）》中"身边的化学物质"模块下的重要内容，是"化学与社会发展"模块中重要的关注对象。人教版九年级化学教材，主要围绕水中不溶性杂质的去除展开对过滤原理、过滤操作、过滤材料替代的探究。"物质的分离与提纯"是研究物质组成、结构、性质、变化、制备及其应用的基础操作。学生对"物质的分离与提纯"的认识随初、高中相关主题知识（工业制氧、水的净化、粗盐提纯、海带提碘等）的学习逐渐完善。以往教学中更多注重学生在常见净水方法上的学习理解，忽略了净水方法综合实践应用及其所承载系统"物质的分离与提纯"思路的呈现与培养。

2.学情背景

（1）已有基础：根据生活经验，学生知道天然水中有杂质和细菌，知道生活中的过滤和蒸馏。

（2）学习障碍：不了解自来水厂净水方法、原理及净水方法的综合使用。

（3）重点及发展阶段：认识沉淀、过滤、吸附、蒸馏等常见净水方法，认识水的净化设计原理、依据，形成物质分离提纯的思路方法。

（4）难点：理解过滤实质，形成物质分离与提纯的初步思路。

（本案例由中国科学院附属实验学校里亚平老师

和北京市朝阳区教育研究中心附属学校张淑贤老师提供）

高阶思维是指发生在较高认知水平层次上的心智活动或较高层次的认知能力。布卢姆将认知能力分为记忆、理解、应用、分析、评价、创造六个层级。依据思维水平的高低，可将认知能力分为"低阶思维"（记忆、理解和应用）、"高阶思维"（分析、评价和创造）。结合化学学科的核心素养，高阶思维的能力表现概括起来主要有五个方面：概括关联类、解释说明类、推断预测类、设计验证类、分析评价类。上述案例期望通过真实情境的创设，使学生自主突破重难点，发展高阶思维的同时，落实学科素养发展。掌握学情后，教师通过分析教学内容与教学目标，明确各概念、技能和要点之间的逻辑关系，将相关或者相似的知识组合起来，形成有意义的教学单元，将其呈现给学生，让学生在学习新课之前就对所学内容有较为清晰的认识。此时，教师可以将教学内容划分成不同专题形式，在提供要学习的知识的同时，给出相关的案例，并给出学习目标、学习建议，让学生明确自己今后要努力的方向，以及要达成的预期效果，实现深度学习目标。

在此案例中，课后教师对学生进行关于水的净化常见方法进行检测，过滤、吸附、蒸馏方法与应用的正确率分别为91.6%、100%、100%，学生基本掌握常见的净水方法，初步形成以水为中心的物质分离提纯结构化知识。为进一步帮助学生拓展迁移物质分离结构化知识，在课堂中设置陌生情境复杂问题解决任务——设计粗盐提纯方案，结果显示班级同学中，70.8%的同学能进行复杂情境分析，利用泥沙不溶于水、盐可溶于水的性质，通过溶解、过滤实现粗盐中难溶性杂质去除，基本能够迁移拓展物质分离提纯结构化知识。其中12.8%的同学能结合情境，思考到粗盐为固态，需先进行溶解，再过滤，得到滤液中有水，而不是盐，进而想到通过蒸发除去过程中引入的水。具备结合情境同时不引入新物质的物质分离提纯思路。

（二）创设有效情境，营造积极的学习文化

1. 创设有效的学习情境

促进课堂深度学习，创设真实教学情境至关重要，知识来源于人们的社会实践，是对客观事物及其运用、发展规律的体现。学生在学习知识的时候，不仅要了解这些知识是什么，还要透过表象看到其蕴含的本质，让知识运用"活"起来，进行有意义的学习。教师在教学过程中创设教学情境就是为了让学生了解认知过程中的形象与抽象、实际与理论、感性与理性、新知与旧知之间的关系，并解决它们之间存在的冲突与矛盾。

下面是一个与创设有效学习情境相关的教学案例。

美国的一节历史课

一天上课，教师达塔宣布："由于教学经费紧张，本来是免费提供的课堂用纸，今后5美分一张。现在，大家拿钱来领纸，准备小测验。"教室里一片喧哗，孩子纷纷攘攘："这不公平，为什么事先不通知我们？""为什么要5美分一张，商店里卖的不是这价钱啊？""我的钱买了纸就不够午饭了，怎么办？""怎么别的教师不收我们的钱？"看着学生的各种表情和沮丧、吃惊、生气的情绪，老师一再说："对不起，可我不得不这样办。"

孩子们持续不安。教师坚持要收钱才能发纸测验。一些平时的乖学生无可奈何地拿出零用钱，取了纸。接着又有一些垂头丧气的孩子表示"我会还钱"后，也领了纸。领纸后，教师发了试题，学生们闷头作答，只见最后一题写道："关于花钱买纸的事，不是真的，请你写出你当时的感受。"

从案例中可以看到，这节课教师的设计意图是：让学生体验一种心情——当英国议会决定向殖民地强行征收"印花税"时人们的心情。由于这位教师设计了让学生体验促感悟的教法，因而取得了理想的教学效果。从这个教学案例中可以看出，学生对有些问题的理解，尤其是教学目标中有关"情感、态度、价值观"方面的内容，单靠教师的讲授是无法实现的，而通

过创设教学情境让学生去参与、经历和体验，就会收到良好的效果。所以，听评课看执教者是不是实施深度学习，其教学效果如何，有时需要通过考察教师真实教学情境的创设。

学生学习，其实就是将要学习的新知和已有的知识、经验进行联结。在此过程中，教师要通过多种方式，根据所掌握的学情，有针对性地提供精准的教学内容，激活学生已有的知识体系，在旧知和新知之间搭建桥梁，让学生在深度理解旧知的基础上掌握新知，思维获得深度提升。

下面仍以"水的净化"为例，其具体教学过程如下。

1.创设真实情境，提出高水平问题

课程初始创设真实复杂情境：同学们是否有户外生存的经历？如果你长期在户外生存，必备的生命物资有什么？学生必然想到水，然而像长期户外生存，无法携带足够的水。户外能找到的常见的水源有哪些呢？找到的自然界中的水能直接饮用吗？学生根据生活常识判断不能直接饮用，从而引出本节课探究的主题——水的净化。

学生通过观察发现生命吸管能将浑浊、发绿的水净化为无色、透明的水（图1），从而对其产生很大的兴趣。这一真实情境使学生产生认知需求，引发学生高水平思考，推测生命吸管中具备除去不溶性物质、可溶性色素、细菌作用的材料。这时教师展示生命吸管材料，学生通过观察，预测部分材料作用；通过自主实验，探究并验证生命吸管材料的作用，如图2。

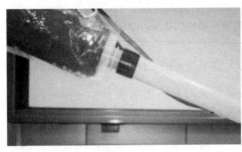

图1　生命吸管的净水作用

图2　活性炭与 PP 棉作用的探究

学生在发现问题、解决问题的过程中，自主将已有知识与新信息整合，学习新知的同时，发展了高阶思维并落实了核心素养。教师需进行关键性点拨，组织生生互动，在提供资料、实验原理（如滤膜过滤原理、活性炭吸附原理等）、实验仪器等方面予以支持。

2. 开展高阶思维活动，发展高阶思维能力

依据教学目标，本课例创设的真实情境，课堂中设计并开展的有利于"概括关联""解释说明""推理预测""设计验证""分析评价""系统探究"等高阶思维发展的活动，都使学生对常见净水方法、原理等知识进行了高水平的建构，梳理了物质分离提纯的思路，并进行高水平迁移。这在促进学生高阶思维发展的同时，也发展了化学学科核心素养，具体见图3。

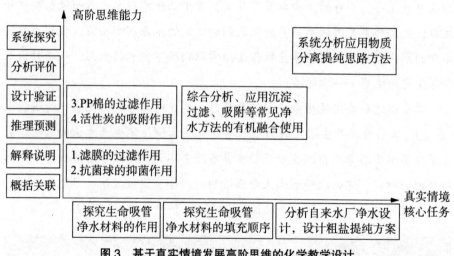

图3　基于真实情境发展高阶思维的化学教学设计

在这一案例中，学生通过探究真实情境中的水的净化，形成物质分离提纯结构化知识，并将此结构化知识迁移到新的真实情境任务——粗盐提纯方案设计。在粗盐提纯方案设计任务中，全班 70.8% 的同学能利用分离提纯结构化知识进行复杂情境分析，利用泥沙不溶于水、盐可溶于水的性质，通过溶解、过滤实现粗盐中难溶性杂质去除，初步具备物质分离提纯的思路。

在高阶思维培养的过程中，不能忽略低阶思维的培养，课堂上要留白，给学生思考和理解、记忆的时间。课前要充分了解学生认知障碍及知识障碍，教师创设积极、安全的学习环境，形成师生、生生之间的良好关系，让师生交流随时随地发生，也让有限的课堂教学被无限地扩张与延伸，避免无力的感情（厌烦、冷漠或超然）对学生学习的影响，让学生在后续的学习中全身心地投入，保持最佳学习状态。

2. 重视问题链的设置

问题链是教师基于所设计的教学目标，以学生已有的知识与经验为基础，对学生在学习过程中将要产生和或许会产生的问题，根据课程标准要求，将教学内容转化成逻辑结构清晰、存在一定体系的众多教学问题，并将这些问题按照一定的关系形成有明确主题、清晰层次、既相互独立又彼此管理的一连串问题。在教学过程中，问题链在学生构建完整的知识体系方面发挥着重要的导向作用，能够助力学生理解与掌握相关知识，发展和提升自身的高阶思维能力，进而提高学习成效。

重视指导学生自己发现问题、提出问题很重要。课堂上鼓励学生质疑、提问，就是让学生经历"无疑—有疑—无疑"的过程。

课堂上，教师运用问题链推进教学活动的开展，有助于以问题任务的方式点燃学生的思考，防止问题过于零散而影响学生集中精力进行思考，进而开展基于主要问题导向的活动，让学生集中力量解决主要问题，更好地落实教学目标，培养学生的高阶思维。

那么，什么样的问题链才是有意义和有价值的呢？首先，设计的问题链要有一定的教学情境，不仅真实，还要贴近学生实际生活，可以激发学生的思考探究力。其次，主题聚焦，目标指向较为多元，注重培育学生的多元核心素养，形成学习方案，自主推进方案落实，形成一定的情感态度与价值观。再次，符合学生认知发展规律，落在学生的"最近发展区"，还能让学生"跳一跳便可摘到桃子"，完成从起跑、起跳到跳得更高的学习过程。最后，所设计的问题与要达成的目标存在一致性，让学生基于已有学习经验进行反思，形成高阶思维品质，促进核心素养发展。

从深度学习发生的角度来看，学生的学习应该是学有所思、学思并进。在不断学习和持续思考的过程中，学生不断深化对知识的认识和理解，从而内化于心、外化于行。同时，深度学习也是在充分挖掘学生主观能动性的基础上，让他们有所深思与感悟。

（三）深度加工知识，对学生学习进行评价

课堂上，教师要引导学生对已掌握的知识进行深加工，通过巩固、转换和内化等方式，将所获得的原始信息加工成完整的、有意义的知识。这时，学生不仅能阐述、解释知识，还能进行知识的有效应用和迁移，并将其运用到真实情境中解决实际问题，培养解决问题的能力，达成深度学习目标。

教师要在课堂上总结学生的基本学习情况，对学生出现的常见问题进行汇总、分析，讲解较为复杂的问题；还可让学生进行小组合作学习，并让每个小组选派一名代表展示本组作品，讲解其设计理念、思路和具体创作活动。在互动交流环节，教师要让学生积极发表自己的观点，并对其发言进行鼓励和指导。此时，教师要控制互动过程，调节互动气氛，并对小组作品与学习表现进行总结，给出具有指导意义的评价。

评价和反馈在任何教学中都是必不可少的环节。评价贯穿整个学习过程，通过采用多元评价方式，如教师评价、同伴评价、自我评价等方式，适时地给予学生反馈，可以不断修正、精细加工，促进他们更深入地学习。

在《深度学习的 7 种有力策略》一书中，作者把一些有助于实现和促进深度学习的策略放到深度学习的过程中，形成了名叫"深度学习路线"（Deeper Learning Cycle，DELC）的深度学习过程模式，包括设计标准与课程、预评估、营造积极的学习文化、预备与激活先前知识、获取新知识、深度加工知识、学习评价。深度学习基于其批判性、知识建构、面向问题解决等特点，逐渐得到我国教育工作者的关注与支持。深度学习追求的是教学的教育性，改进的是学科教学的育人功能。教师要聚焦学科本质，分析学习任务，确定深度学习主题；依据学生的发展，明确深度学习目标；依据学习目

标和关键问题，设计深度学习活动；针对学习活动，设计课堂持续性评价。坚持基于深度学习相关理论的教学设计和课堂实施过程，必将促进学生加深对学科重要概念的理解，提高学生发现和解决问题的能力，促进学生学科思维能力的养成，使学生成为优秀的学习者。

古希腊学者普罗塔戈说："头脑不是一个要被填满的容器，而是一把需要被点燃的火把。"教师的教学就是要融合日常教育教学活动，点燃孩子们的思维能力，培养他们解决实际生活中的问题的能力，努力发展灵活的高阶思维能力，从而创造更加美好的未来世界。

思考题

1. 深度学习的内涵是什么？具体特点有哪些？

2. 为什么要提倡深度学习？深度学习与高阶思维的关系是什么？

3. 结合本学科 2022 年版的义务教育课程标准，谈谈如何在课堂上实施深度学习？具体策略有哪些？

听
课
篇

"善观察者，可见常人所未见；不善观察者，入宝山空手而归。"听课是一门课堂观察的艺术，善听课才能评好课。听课如读书，需多听、精听、专听。"听"出执教者的智慧，"听"出自己的得失，实现教学的共同成长。

第 4 章

边听，边品，边仿，边创

——四步高效听评课法

如果追溯优秀教师成功的轨迹，你会惊奇地发现，他们的专业成长之路或许各有特色、方法有别，但无一例外均具有"从听评课起步"的共同特质。但是并不是每个教师都能在听评课中获得最大的学习效益。那么，教师怎样更有效地在听评课中有所收获呢？其中一种方法是"四步高效听评课法"。

四步高效听评课法包括四个环节：第一步，听课，博采众长；第二步，品课，消化吸收；第三步，仿课，尝试实践；第四步，创课，生成自己。

以上四个环节可以理解为听评课的四个步骤，或者说是教师在听评课中实现专业成长的四个阶段。当然，教师在实际听评课中，这四步不会分得那么清楚，更多的是相互融合，螺旋提能。

一、听课，博采众长

四步高效听评课法的第一步是听课。这是博众人之长而补己所短的过程，如同学习书法欲"出格"必先"入格"一样。教师课堂教学水平的提高、教学风格的凸显，也要经历从"入格"到"出格"这样一个过程。

（一）听课不在多，而在精

有些教师认为，只要听课就一定有收获，于是本着多多益善，不管什么课，只要有机会就去听。其实不然，听课应该有所选择。光听不思，对课的认识流于表面；缺乏引导，无法体会优课精髓；听得过泛、不加判断地吸收，容易迷失自我，对自己的提高反而是一种干扰。欣赏水平不等同于实践水平，尤其是对进入成熟期或者风格形成期的教师，绝不可没有计划地听课。我们要寻找和自己的教学气质相契合的课，细细地听，从模仿开始，慢慢地走向创造。所以，科学听课要有选择。听得多，不如听得精；听得精，不如听得对；听得对，不如听得专。听适合自己风格的课，听对自己有帮助的课。

（二）听课不是看热闹，而在于思内涵

老话说，外行看热闹，内行看门道。听课不是看电影、听戏，这些大多是出于欣赏的心态。如果用欣赏的心态去听课，提升的也只是观课水平，不一定是上课水平。听课的关键是研课、品课，需要把别人的经验内化。听课时要透过上课教师的课堂设计、师生活动，深入课堂的内部，即主要通过教师的外在教学形式去分析、发现教学设计背后的教学思想及其教学风格。如果听课不听内涵，只是看热闹，便很容易迷失自己。

听课不能简单流于褒贬，用简单的摇头和点头评价一堂课是不虚心的表现，也是不科学的。一位老师说：我刚参加工作时听过一位田老师的课，连续听了几次都觉得平淡无奇、索然无味。后来听其他几位老师的课，再和自己的课比较，才发现田老师的长处在于落在实处。他常用的教学语言是"再读一遍""复述一下""到黑板上来（写）"。这些重复性、强化性的教学活动，恰恰是我最欠缺的，我以为学生听一遍就会了，殊不知这样做其实是忽略了学情，违背了记忆的基本规律，学生掌握情况自然也就不佳。"行有不得，反求诸己。"这次听课经历也促使我反省自己，我听课时真的听出门道了吗？

每一位教师都有自己的教学理念、教学特色，有自己的长处和创意，听课时，尤其要关注教师的课堂机制、课堂细节。一问一答皆有学问，一招一式各有奥妙，这些往往是书本上学不到的。

（三）听课也需要做好准备

很多青年教师听课学习热情很高，但又常常觉得"老虎吃天，无从下口"。我们建议教师们不能头脑空空地进教室，不妨做点准备，如提前熟悉课标、教材，围绕教学设计的六个方面（教学思想、目标确定、教材处理、学科素养的落实、问题设计的梯度、教学流程设计）预设一些问题，带着问题听课，与课堂对话，一定会擦出智慧的火花。比如，有位老师上《詹天佑》，因为课文内容多，结果课上得支离破碎。课后反思，总觉得学生并没有在课堂上接受詹天佑这个人的伟大。那么，这种长课文该怎么教呢？后来他带着这个问题去寻课听。执教者为了把这篇长课文处理成一个整体，创设了一个情境，让学生给詹天佑布置一个纪念馆，把他的事迹陈列在里面。通过这个设计，学生全面感受了詹天佑的了不起。因为准备充分且有针对性，所以他的收获颇丰。

（四）听自己的课

老师，你听过自己的课吗？听自己的课是一种什么感觉呢？对自己有哪些帮助呢？下面是华应龙老师的一段经历，希望能对教师有一些启发。

记得那是 1984 年，我师范毕业后不久的一次课上，两名学生突然争吵起来。原来，他们在统计我说"好"字的次数上发生了争执：一位画"正"字记了 38 个，另一位默数已经到 41。

……

学生的争吵，引发我深思：怎样才能提高自己的课堂教学质量呢？联想到苏霍姆林斯基课课有录音资料，我决定请录音机进课堂，听听自己的课，然后自己分析，请他人指教，来个教后琢磨，苦练课堂教学基本功。

30 多年来，我坚持听自己的课。开始，借学校的大个录音机，用单面 30 分钟的录音磁带，课中还要停下来翻磁带；后来，买到单面 60 分钟的录音磁带，课上不用暂停了；再后来，借学校的录像机，用像砖块一样的录像带；再再后来，自己买到小个录像机，录像带都不需要；现在，自己的手机架在教室后面就行，更方便了。

……

30多年来，我自认为有价值的教学录音剪辑已灌满了整整12盘磁带和3箱光盘。

当我从一名乡村教师，成长为在全国有一定影响的特级教师的时候，我总要由衷地感谢那台伴我多年的录音机。

（节选自华应龙《年轻教师不妨听听自己的课》）

听评自己的课的作用有以下几点：

（1）自省领悟：课堂教学复杂，教学中出现的问题有些需要别人来指出，有些自己看课更容易发现。华应龙老师在《年轻教师不妨听听自己的课》中写道："第一次听自己课时，十分惊讶：'我讲课的声音怎么那么难听？''学生的妙答，我怎么竟然无动于衷？一些手势多余，过道里来回走动等，怎么有这么多的毛病啊！平时在课堂上感觉良好，现在看到的全是缺点。'"

（2）留足面子：偷偷改，减少被指导、被挑剔、被指责的次数。听自己的课需要一种勇气，如果一位老师能把自己的一节课认真看完，这位老师一定是很优秀了。

（3）助力反思：教师在课堂上上课，关注点往往放在学生的表现上，对于教学设计的问题、师生互动中存在的问题或者自身语言、教态方面的问题，往往浑然不自知。看自己的课，可以发现我们在课堂上没有意识到的问题，有助于更好地课后反思与改进。所以教师听自己的课就是最好的反思，教师成长就从听自己的课开始。把自己的课录下来，听自己的课，研究自己的课。这会助推教师快速成长。

（五）采取多种形式听课

听课不局限于到课堂、到现场，如果一个人真想学习，方法、途径有很多。大数据时代，名特优教师的观摩课、公开课录像、视频多如牛毛，只要愿意学、愿意看，足够他或她学习的。比如，从网上搜索视频观看，观看特级教师的优秀课例光盘，从网上搜集名师的课堂教学实录、教学设计、教学反思、名师评课记录，参与朋友圈课例研讨等，还可以下载下来反复观看与揣摩。听课，博采众长的方法途径有很多，而且有时比直接听课的效果更好。一位教师对此谈了自己的体会：

作为农村小学教师，一没余钱，二没机会，虽然无缘与名师面对面，但是网络却为我们搭建了亲近名师的桥梁。我先后在"教育论坛"中搜索并下载了许多名师的课堂设计、教学实录、教后感和教学录像等，再定下每天读其中两篇或看教学录像一节的任务。在和名师不断"对话"的过程中，我领略着他们异彩纷呈的教学艺术；我体验着简单语文、深度语文、诗意语文、对话语文等流派各鸣佳音的教学理念；我学习着导入、提问、点拨、结课等环节独树一帜的教学策略……饥渴的我一点一滴地吸取着名师的"真经"，是名师一步一步引领着我走向博大、智慧和成熟。

二、品课，消化吸收

牛之所以长得膘肥体壮，是因为它们有反刍功能。所谓反刍，是指偶蹄类的某些动物把粗粗咀嚼后咽下去的食物再反回到嘴里细细咀嚼，然后再咽下。因为植物纤维比较难消化，反刍动物采食一般比较匆忙，特别是粗饲料，大部分未经充分咀嚼就吞咽进入瘤胃，只有在反刍过程中，才能充分吸收食物的养分，从而保证自己的生存与生长。

教师品课，不妨学习动物的"反刍"行为。为什么许多教师听了很多课，收获却不大？究其原因，恰恰是"反刍"这个环节出了问题。如果把教师听课获取的信息比作牛吃进胃里的草，那么在听课过程中获取到的信息属于囫囵吞枣，并没有很好地被消化、吸收，只有通过"反刍"行为——研课、品课，才会有收获。

听一节好课是一种享受，评好一节课同样是一种享受，只有会听又会评，才能品味到好课的滋味。优质的评课，不是对执教者评头品足，而是打破低效的平行对话之局限，发现课堂的无限可能，并从中汲取自己所需的营养。细细地品味，才能真正品出学科味道，品出教师的教学智慧，品出学生的灵动思维，品出课堂生成文化，才能将一堂课中汲取的营养补充到自己的"血液"中。

那么，教师怎样研课和品课呢？建议做到四个结合。

（一）听课与问课结合

教师对一节课的品评，实际上在听课时就开始了。要想及时理解消化，应该把听课与问课结合起来，即且听且思，主动问课。青年教师听课容易出现两个极端：一个是自视甚高，一无所获；另一个是盲目模仿，迷失自我。为了取得良好的听课效果，要善于向执教者"问课"，学习名师，应该放低身段，不懂就问。"善问者能过高山，不问者迷于平原。"问课包括"课前问""课中问""课后问"。"课前问"，即寻找机会与执教教师交流：这节课的设计意图、这节课的教学重难点、备这节课时遇到的困难、如何依据学情选择教学内容、课堂容量等。有机会的话，课前可以看看执教教师的教案，自己对课堂也做些预设。"课中问"，即向身边学生询问，关注学生的学习状态；问一起听课的教师，主要是围绕疑问，即听课中没有搞清楚的问题。"课后问"，即可以询问自己"课前""课中"的疑问，也可以分享自己听课后的心得，在交流中碰撞、融合。总之，听课一定要千方百计地获取自己所需要的有价值的信息。

（二）听评课与课后反思结合

教师听课后，不能一听了之，要精心揣摩、消化吸收，对所听之课的课堂实况进行反复琢磨。思考的办法有很多，如翻听课记录、与执教教师交谈、将几节"互相牵连"的课做一番比较、写一篇"听课心得"、将他人执教的内容直接用到自己的班上试一试效果等。在分析总结或试教他人的课时，不是简单地复制，而要注意比较、研究，取长补短。每个教师在长期的教学活动中都可以形成独特的教学风格，不同的教师会有不同的教法，不同的学情会有不同的教学选择。听课的教师要通过比较、研究，准确地评价各种教学方法的长处和短处，并结合自己的教学实际，吸收他人的有益经验，改进自己的教学。钟全发老师对此深有体会：

我把公开课当书读。在我的眼里，能上公开课的几乎都是能人。公开课是教师综合素质集中亮相的考场：写得一手漂亮的粉笔字，能说标准的普通话，有在众目睽睽之下镇定自若之功等。这些都是我的软肋。所以，以前一谈到公开课，我就有"爱之深，恨之切"的感觉。为此，我无奈过、困惑过，但最终我做出了选择：善待公开课，亲近公开课，把公开课当书读。

把公开课当书读，首先是要选"好书"。作为乡下教师，我们几乎没有机会亲临公开课的现场。于是，我就在一些教育网站上搜索名师的公开课来读，这使我受益匪浅。

把公开课当书读，必须眼、手、脑并用，边读、边记、边研究——记下名师精彩的教学片段，记下自己的体会和收获，记下尚需研究的问题。现在，我已形成习惯，研读了好的公开课以后，总会自觉自愿地写出一篇心得。每年，我都有十多篇这类文章发表于一些教育报刊上。可以说，读"公开课"这本书，使我收获了很多，并获得了巨大的精神享受。

（节选自重庆市石柱县河嘴小学校长钟发全
《心平气和地看待公开课》）

（三）听评课与对照自己结合

不擅长朗读的教师，就用不了于永正老师"一读到底"的导读设计，因为没有范读的功力与点拨的机智；语感弱的老师，就用不了贾志敏老师"边听边改"的评改绝招，因为压根听不出学生的语病……这就是有些教师听了名师的课，却学不像、用不了的原因之一。

所以要把听别人的课与自己的课结合起来做对照，找差距。别人做得好，好在什么地方；自己做得差，差在哪里。在听评课的对照上，可多方面、多角度来考虑，如看教材处理，别人是怎样组织处理的、有什么特色、这样做有什么好处、自己有什么差距。再如，在教学过程上有什么可取之处；课堂导入、情境创设等为什么要这样设计；如果自己来设计，该怎样设计。另外，对板书、教学语言、课件制作、教学激情、小组合作学习等方面，都要互相对照，反省自己。

反省对照包括正反两个方面，既包括学习别人的长处，也包括从别人的失误中汲取教训。教学是不完美的艺术，也就给未来留下无限可能。即使每次听的课不是名教师的，也一定是"家常课"居多；即便是名教师的课，也不可能十全十美，难免有疏漏。所以，学习别人不等于盲从别人、迷失自己。在听课的对照中，也要注意发现别人的失误，从别人的疏漏中汲取教训，从而避免自己犯类似的问题。

（四）听评课与阅读课例结合

有效品课需要课上课下，上勾下连，即听课要与广泛阅读课例结合，这是因为有一些重点章节、经典篇目经常会被选用上示范课。听课后，还可以从网上搜索更多课例，在"同课异构"的比较中进一步开阔视野，激活思维，寻找异同，撷取精华；或写一篇"听课心得"，将执教教师的教学过程还原为教学设计，并写下自己的学习体会，列出要点。

尽管听课较其他教研形式方便一些，但也有其局限性。比如，集体教研活动次数有限，看同事的课需要打招呼和选择合适的机会，特别是身处偏远山区的教师，很难有机会看到名师的优秀课。那么，遇到这些问题该怎么办呢？有两个办法：一是看优秀课例的光碟；二是阅读发表在教育刊物或优秀教师、特级教师专著中的教学设计等。这样就把听现场课和看静态的课结合起来，会取得很好的学习效果。

有时听课，会发现自己的想法和他人有争议。比如，一些公开课，专家评定为优秀课，教师却觉得一般；教师评价为好课，学生却感到乏味。究其原因，是因为专家做全面评价、总结；教师做侧面评价，看重教学效果；学生通过课是否有趣来评价。发现有争议很正常，重要的是自己能从中有所收获，因为学习是为了应用，即把有价值的经验吸纳成自己的东西，运用在自己的课堂上，这是听评课的最终目的。

三、仿课，尝试实践

听课、品课之后就是仿课，尝试实践，这一环节十分重要，因为学习成效要靠内化为自己的教学行为来检验。仿课是把别人的教学设计、教学策略加以实践、运用的过程。要走"学—仿—创"之路，模仿是一种重要的学习方式。

模仿不是一件丢人的事，对于教师而言，模仿是成长的开始。模仿是人类与动物最简单、最快捷、最有效的学习方式。古往今来，从模仿起步，成名成家的例子不胜枚举。学写书法，从描红、临帖起步；吟诗作词，从做对填词开始；习武练技，从模仿师傅的一招一式开始。可以毫不夸张地说，模仿存在于生活中的方方面面。

观看名特优教师的课后，把名特优教师的课堂实录、教学设计拿来，熟烂于心后放到自己任教的班级里去教授。尤其是处于起步阶段的年轻教师，在反复观看名师录像或阅读课堂实录后，借助名师的设计，到自己的班级里试着上上看。这种"试着上上看"，其实是另一种形式的"同课同构"。从学不像，到慢慢越学越像，这就是进步。这种"模仿"对提升教师教学技术的作用还是很大的。教师在学习名师经验的路上，不能简单地满足于"依葫芦画瓢"，教学是师生生成的艺术，课堂是师生互动共生的命运体，因此模仿也可以根据班情、学情有所选择。对于名家的课还可以分类进行整理，在反复学习的基础上尝试举一反三，达到学一课管一类的效果。

著名特级教师王崧舟说，他是在观看教育名家于永正老师等前辈的录像课中成长起来的。他看名特优教师的录像课，有一招叫"情境填空法"，也就是在观看录像、视频的过程中，经常按暂停键。比如，当名特优教师提出问题请学生回答时，他会暂停一下，想一想，如果是自己，会怎么处理这一环节。然后，再看名特优教师是怎么处理的，两相对照。这样做能更好地领会名特优教师的一招一式、一言一行的意蕴。

教师仿课，蕴含了别人的教学理念、教学规律、教学方法，是对自己的一种"浸润"，因此要注意思考辨别——适合自己的，吸收保留；不适合自己的，便丢掉舍弃。教师要扬自己所长，避自己所短，将个人的特长自然地融入其中。因此，教师要寻找和自己的教学气质和风格相契合的名特优教师来模仿，在锁定目标后，便可细细地听，一遍一遍地研究，从模仿开始，慢慢走向创造。当然，对于已经进入成熟期或者教学风格已形成的教师，绝不可盲目模仿别人的课。

四、创课，生成自己

四步高效听评课法的最后一步是创课，生成自己。教师听评课后，如果没有从仿到创，生成创造，就毫无意义。借鉴他山之石固然可以攻玉，但只有通过灵活变化，个性生成适合自己的教学风格，才是最终目的。听别人的课，最终目的不是迷失自己，而是找到自己，成就自己。学习名师，不能仅限于模仿，关键要内化，创新成长自己。俗话说，师傅领进门，修行在个人。拜师求艺，不能代替一个人自主的成长。路可以由别人来指点，但最终还是要靠自己来走。知识方法可以传授，但能力不是讲出来的，不是机械套用出来的，而是实践中逐渐锻炼提高出来的。想要走得远，必须寻找适合自己的路。

福安市实验小学的陈智文老师在《磨出属于自己的课》一文中，写了自己的经历与感悟：

我们常说"文如其人""字如其人""诗如其人"，意谓文章、书法和诗词等艺术作品能反映其作者的个性。其实，在课堂教学中，不同的教师呈现的课堂感觉往往大相径庭。就拿几位名师来说，于永正老师的质朴风趣、王崧舟老师的沉稳儒雅、窦桂梅老师的激情洒脱，为我们展现出风格独具的课堂。我也曾尝试着把窦桂梅老师的"激情洒脱"运用到自己的课堂上，一厢情愿"狂轰滥炸"的结果却是启而不发；我也曾模仿王崧舟老师，精心"克隆"他执教的《长相思》一课的设计，却与王老师演绎的诗意课堂相去甚远……我们或许可以模仿优秀的教学设计，可以模仿甚至盗用别人的课件，但永远无法模仿他们课堂上的灵性与感觉。作为一名教师，最重要的是在把握教材与学生特点的同时，恰到好处地融合自己的个性特点，从而创造出具有独特魅力的课堂风格。

陈老师在兼收并蓄地听课中慢慢找到了自己。细细想来，我们的听课之道，其实和传统的学徒跟师傅学艺是相似的——专注于一个或几个师傅，夯实基础，慢慢地，方可"转益多师"。切不可基础未夯实，就想"博采众长"。

在听评课中，要从听到品，从品到仿，从仿到创。坚持"听—品—仿—创"正是许多教师获得成功的重要因素之一。这四步中最难的莫过于"从仿到创"。郑板桥曾学石涛画兰竹，他说："十分学七要抛三，各有灵苗各自探。"为什么？郑板桥解释说："学一半，撇一半，未尝全学，非不欲全，实不能全，亦不必全也。"一个人有一个人的个性，名家有他的成就，但也有他的局限。学习是为了超过他，一味地模仿，一辈子没有出息。正如齐白石所言："学我者生，似我者死。"张祖庆老师之所以能在短短几年从一个名不见经传的普通教师成为全国知名特级教师，其中一个原因就是他采用了"听—品—仿—创"的有效听评课方法，且真正实现了从仿到创。

有这样一个故事，有人曾问三个砌砖工人："你们在做什么？"第一个工人说："砌砖。"第二个工人说："我正在赚工资。"第三个工人说："我正在建造世界上最富特色的房子。"简短的回答，使每个人的工作态度跃然纸上：第一个工人是为工作而工作，第二个工人是为赚钱而工作，第三个工人则是为创造目标而工作。据说到了后来，前两人一生都是普普通通的砌砖工人，而第三个工人则成了有名的建筑师。为什么第三个工人能成为有名的建筑师呢？一个重要原因就是，他有强烈的研究意识，而另外两位工人缺乏这种意识。同样，听评课教师有没有研究意识，抱什么心态，其最终结果也会大相径庭。

思考题

1. 你怎样理解四步高效听评课法？四步高效听评课法之间是一种怎样的关系？

2. 有效实施四步高效听评课法的第一步"听课，博采众长"，应该掌握哪些基本原理和要领？

3. 有效实施四步高效听评课法的第三步"仿课，尝试实践"，应该掌握哪些基本原理和要领？

第5章 ▸

看、听、思、问、测有机结合

——听课的课堂观察

听课是评课的基础。课听得有质量才能评得精彩，即先有观察后有思考。如果听课漫不经心，对一节课的认识浮于表面，还谈什么评好课呢？所以有效的听评课，首先是听好课。窦桂梅老师说："听课怎样发挥它应有的作用，而不是流于形式？我发现制约听课效率和效果的，主要有以下几个原因：一是只做旁观者，不做主动参与者。没有从思想上参与到教学活动中，不是有'备'而听，而是作为一个局外人，听课就仿佛看一场与自己并不相关的演出。二是只做盲从者，而不做引路人。把听课当作一种任务，没有一个明确的目的。实际上，听课本身就是一种教学研究，只有确定自己的研究方向，听课者才能让自己深入问题的核心，并努力解决问题。三是只做批评家，不做审美者，更不做帮助者。问题提了一堆，却不给出解决问题的方法。"

窦桂梅老师的经验启示我们，有效听评课的实现，听课者首先应该要做一个主动参与者，而非旁观者。做主动参与者就要做好细致、全面的课堂观察，即做到有目的、有准备、有计划，避免听课的盲目性和随意性。

听课是教师走进课堂看课，需要进行有目的的课堂观察。课堂观察是指听课者有目的、有准备、有计划，或者有时需要适当借助课堂观察量表或视听辅助工具来对一节课进行观察。课堂观察有明确的观察目的与对象，课堂上任何一个教学环节都可以成为观察点，观察过程中应尽可能地把眼看、耳听、脑思、口问、堂测、手写有机结合起来。从看课到课堂观察，对听课者提出了更高要求。

教师听课是一件很常规的事情，经常是在随意中进行，不可能做到每节课都进行专业的课堂观察。但即使在随意中听课，也应该尽力做到有目的、有准备、有计划的观察。

一、课堂观察的准备

很多教师认同听评课对专业发展有价值，但对于如何有效听评课却未必重视。许多教师匆匆忙忙带上笔记本，走进课堂听课当属常态。罗曼·罗兰曾说："应当细心地观察，为的是理解；应当努力地理解，为的是行动。"听评课虽不需要像上课那样精心策划、严密组织，但要听出特点，抓住实质，评出水平，令人心悦诚服，发挥出听评课的多项功能，并非易事。

众所周知，要上好课，首先应该备好课。同理，要听评好课，也要有准备。要做出有效的课堂观察，一定要有所准备。听课前不准备、听课中不记录、听课后不思考，就像天天回家爬楼梯，爬了一辈子也不知道有几级。所以，听课者要做学习者、参与者、组织者，而不是旁观者。要提高听评课的质量，首先应该做好听课前的准备。

那么，教师听课应做好哪些方面的准备呢？

（一）摆正听课角色

走进课堂听课，校长、教导主任、教研员、教师，每个人有不同的角度，其听课的出发点、目的、要求也不一样。但总体上，听评课的目的应是一改、二促、三提，即改进教学实践；促进学生发展，促进教师专业成长；提出问题讨论，提高教学质量，提升教学境界。也就是说，听评课的重点不应放在衡量区分一节课的优劣，而是帮助教师改进教学实践。

特级教师刘可钦说：当我们去听课的时候，是抱着一种评论的心态，还是学习的心态，还是帮助老师的心态？我觉得后两个多一些要好。来听课，一方面，是从课堂上生成的东西中去寻找灵感，这是学习；另一方面，还要抱着帮助老师获得专业成长的心态，而不是以衡量课的好坏为目的，这一定要加以淡化。因此，当校长、教导主任去听课评课，不妨站在教师的角度去思考，思考教师这样设计安排的原因、可取性与不足；教研员去听课评课，应以学习者和研究者的身份参与其中更为妥当；作为普通教师，更易产生共鸣，抱着"他山之石，可以攻玉"的想法会有更多的收获。

总体上，学校领导参与听评课应该坚持"三读、二研、一反思、四心态"。"三读"，即读教材和评课标准、读教师、读学生。"二研"，即研究课堂存在的共性问题、突出问题，研究提高教师课堂教学水平的关键问题、根本问题。"一反思"，即反思学校教学研究与管理中的策略问题、方向问题。在此基础上听课评课，校长等领导才有真正的发言权，评课才有说服力。"四心态"，即学习的心态、研究的心态、负责的态度和激励的心态（激励的心态不是无奈的应付，而是研究契机）。

（二）平时积累准备

要实现课堂有效观察，一定要注重平时的听评课积累。除了经常参与听评课外，平时要多研读课程标准、教材，多翻阅课堂教学实录，阅读课后教学反思、名师教学点评。细节在于观察，成功源于积累。有了大量资料和经验积累，对教师做课堂观察必然大有助益。

特级教师余映潮提到积累与写作时，谈到以下体会，对广大教师不无启发。

（1）留心：教学之时，生活之中，时时留心，触动思绪，形成话题。

（2）积累：勤于思考，勤于阅读，勤于笔记，勤于研讨，勤于动笔。

（3）关注：关注前沿新动向，关注教学新讨论，关注名人新观点，关注杂志新栏目。

（4）创新：新在独创的内容，新在独特的视角，新在独有的深度，新在独特的表达。

（三）听课背景准备

每次听评课前，听课者对执教教师的了解十分重要。比如，听课教师在全面了解执教教师背景后，能更好地观教、察学；对执教教师的个人情况了解越多，越容易产生共鸣，对执教教师的设计意图、教学智慧能够做更深入的理解，也能提出更中肯的意见。如果是外校来一所学校听课，听课前，该校可以对执教教师做一些简介，比如，可以设计一张名片，包括执教教师的教龄、学历、职称，践行的教育理念，实施的课堂模式，课型的实验时间，执教班级的学业状况、学习风格、文化氛围、班改策略，本节课观摩目的、侧重点等，最好能提供一份教案等。

（四）听课方式准备

要使听评课有实效，不流于形式，就要明确听评课的目的、任务，选择最佳的听课方式。依据听课的目的、任务，一般有以下几种听课方式：随堂听课（推门课）；先打招呼，再听课；先集体备课，再听课；重点反复听课（跟踪）；指定内容听课；分层次指导听课；教改实验性观摩听课等。这应该根据学校教研活动的情况，以及自己的听课需要来选择。

（五）临场观察准备

教师听课前需提前准备好教材、记录量表、听课反思记录卡。执教教师要备课，听课教师也应备课。不管内容熟悉与否，听课教师在听课前最好能认真浏览教学内容，做好听课前的了解工作，比如，可以提前把握教学内容重难点、对教学设计做些思考、对所听班级学情有所了解等。这样既便于听课时有的放矢、重点突出，又便于听课后取长补短、比较提高。特别是跨学科听课，更应该熟悉教材，否则听课时将不知所云，收获甚微。如果课前能做到读懂课标、读懂教材、读懂习题、读懂自己、读懂学生就更好了。

听课者能带着问题进行课堂观察效果最好：确定观察的主题，如观察课堂提问、对话行为或其他主题；关注一些非教学语言因素，如教态、板书、活动形式等；关注学生在课堂上的学习状态；关注课外教学资源的运用；关注评课与课题研究。也可以给自己一个任务，如每次听课必须发现一个亮点、找出一处失误等。

二、课堂观察的内容

（一）把握整体，综合观察

对于如何从整体和宏观方面综合来观察一节课，现在很多专家和一线教师有很多研究成果。我们主张从六个维度整体课堂观察的内容。

（1）观察教学思想——看教学理念是不是先进（灵魂）。

（2）观察教学目标——看是不是适切教材学情（方向）。（这里包括对教学目标达成效果的观察，即兼顾观察当堂课的教学效果。）

（3）观察教学内容——看教材处理是不是恰当（载体）。

（4）观察课堂结构——看流程是不是合理有序（框架）。

（5）观察方法手段——看方法选择是不是得当（措施）。

（6）观察教学素养——看是不是有潜质和特点（风格）。

这些内容有专门的章节分析，这里不再赘述。

（二）围绕专题，重点观察

课堂观察可以是把握整体综合观察，也可以围绕主题，重点观察。

与整体综合观察不同的是，这种听课观察需要根据预先设计好的问题，进行有针对性的课堂观察，即听课者带着某一问题，抓住关键和重点进行课堂观察。这比面面俱到、四面出击的课堂观察效果更好。

浙江省嵊州市逸夫小学的傅建科老师在《学生发言权的观察与理解》一文中提到的做法就很值得借鉴。

自然界的生态往往是"弱肉强食"，如果我们的课堂生态也是如此，后进生就基本变成了"弱势群体"，优秀生中的一部分因为抢夺了大多数的课堂发言权，成了"强权小团体"。

通过最近的听课、学习和反思，我认识到良好的课堂生态应该是后进生有更多倾听、思考的时间和权利，他们被更多鼓励、推动着；优秀生应该有更多组织、串联的机会，他们的课堂发言权应该有限度、有挑战。

我非常认同"少即是多""慢即是快"的观点。因为求"快"，教师才往往期待优秀生能够把"标准答案"得出来，课堂发言权才渐渐沦落为优秀生的"专利"；因为求"快"，优秀生才有更强烈的表达欲望，因为他们往往听不到其他同学课堂发言的可取之处；因为求"快"，后进生也越来越不愿意思考。因此，要营造良好的课堂生态，我们必须放弃"赶路"的念头，从"慢下来"开始。

我曾作为课堂观察员观察了周叶萍老师呈现的统编小学语文六年级上册第八单元——人物鲁迅的相关作品导读，以及《少年闰土》一课。我所在的学习小组由小梦、小邱等四名学生组成。小梦非常热情主动，语文成绩优异，是学校写作社团成员，也是周老师课后分享中讲到的近期重点关注的学生之一。我在课堂上观察的便是我身边的学生小邱。

当周老师带领学生进入第二个学习板块，布置学习单第二部分第1题后，大家进入了约8分钟的自学和小组交流。

我观察的学生小邱在自学的前四五分钟里，找到了诸如"联系课文第18自然段看出，因为'我'小时候未见过，所以从插图中的'我'一脸好奇""文中少年闰土讲述的事情后面有多处省略号中看出，闰土说的还有许多新鲜事""从闰土介绍雪地捕鸟一段话最后的'你也去'中，感受到闰土很乐于和'我'分享这些快乐"等多达几处的相关文字。我想："小邱能在短短几分钟内给出这么多批注，也算得上一名学霸吧。"

可是在接下来的三四分钟的小组交流中，小邱第二个发言才说到一小点时，遭到了与第一位同学一样的境遇——小梦说："好的，下一位同学还有吗？"接着，小梦就接过话语权，开始滔滔不绝地说她的学习所得。虽然小梦所说的整体上更加深入和独到，但从这一刻开始，小邱就几乎在充当一个"听客"和"记录者"。在接下来长达 23 分钟的全班交流中，小邱也没有再得到一次发言机会。

直到课堂进入最后的学习板块，小邱才有机会在这堂课中唯一一次拿起话筒发表了自己的见解。这也再一次证实了我的想法——小邱是一个优秀的学习者，只不过她没有从小梦手中"抢"过来更多的发言权。

观察同组学生学习的其他几位教师也关注到了类似的现象，我们在课后的议课中一致认为，小梦虽是班级中的"顶级学霸"，但她在全班交流中起到了一个串联者，在小组里也充当了一个"压制者"，造成了"以一压三"的后果。

结合 10 月 19 日在越城区群贤小学观梁春萍老师与她所带的五（4）班学生一起呈现的统编小学语文五年级上册《鸟的天堂》的一课，与之后听梁老师《分离与联系——基于学习共同体的课堂深度学习探索》的观点报告中的一些做法，我觉得梁老师的一些做法能较大程度解决这个问题，即"当组内的学生学习能力差异太大时，教师要制约能力特别强的学生，给他们提出更高的要求，把简单的留给其他学生"。

我在班内也进行了几次尝试，我和有两名学习困难的学生的两个小组约定，小组代表的发言任务要留给学习困难的两个同学，其他同学只负责补充。出人意料的是，这两名学生的发言做到了前所未有的丰富和全面。我想，这不仅是因为他们知道自己要代表小组发言而做到了认真倾听、记录小组内其他同学的发言，也是对自己深入理解、融合组内同学意见，根据发言需要组织语言表达的全新尝试。通过这样的练习，他们会发现原来自己也可以成为那样的发言者。

而小梦之所以会随意打断小组同学的发言，说明在她心中，同学的发言需求显然没有自己要表达来得重要。同样，我班内两个学习困难的学生之所以能超常发挥，也是因为小组内其他同学发自内心的帮助和理解。这还需要教师做好榜样示范，真正做到心中有每一个学生。备课中除了备学习内容和学习途径设计，更要备学生：蹲下来了解学生起点，静下心思考要提供给学生什么样的内容和支架，教师之间深入探讨适合自己班级学生的深度学习议题。

只有"慢下来"，课堂发言权才能回归每一个学生；只有"慢"下来，优秀生才能真正有机会好好倾听其他同学的发言，体会到别人发言中有借鉴意义的观点；只有"慢"下来，后进生才不至于成为"被动接受者"，才有机会重新回到自己学习的"跑道"上。

傅建科老师的做法给了我们很好的启示——带着问题进行课堂观察为教师的专业发展提供了一条很好的途径。傅老师围绕"学生发言权的观察与理解"这一主题进行课堂研究，对课堂现象进行深入分析，并在此基础上积极改变自己的教学行为，使教师的提问关注了学生个体差异，实现了全体学生的共同发展，也将教学进一步指向"有效"，实现"有效"。

（三）剖析自身，自我观察

课堂观察还可以把自己的课作为观察内容，即把自己的课录制下来，进行自我观察。这种精细剖析自身教学的听评课方法，对教师课堂教学能力的提高特别有效。而当下信息技术的快速发展，也给教师课堂自我观察带来极大方便。教师这种敢于直面自己的问题、乐于寻找解决问题的途径、勤于在"疼痛"中不断改进的经历，一定会促使教学向更高一层迈进。这便是做好剖析自身、自我观察的听评课活动。

三、课堂观察方法

教师在多年的听课活动中肯定都积累了一定的听课经验，即掌握了一定的课堂观察方法。这些方法和经验是宝贵的。为了帮助教师更好地总结与提升自己的听课经验，这里对课堂观察的基本方法提出一些建议。

（一）建立课堂观察合作体

面对复杂的课堂教学问题，仅凭教师个体的力量难以胜任，需要群体的智慧参与。在学校常规听评课教研活动中，可以尝试建立教师合作观察共同体。教研组或备课组可以将观察的目标和重点分配给多位教师，每个观察者负责其中一项任务；也可以把观察者分成几个小组，每个小组负责一项或几项观察指标，由大家合作完成对一个课堂的观察活动。这样的课堂观察，能够规范有序地开展课堂观察活动，有利于更全面、客观地审视课堂，同时通过对话、倾听、讨论等交流方式，形成积极合作的学校教研文化。

（二）依据观察目的确定观察主题

根据观察目的与作用，课堂观察可分为诊断性观察、提炼性观察和专题性观察。诊断性观察重在帮助教师发现问题，针对课堂中出现的一些现象和问题进行分析判断，得出结论，给出教学建议。提炼性观察重在通过观察，帮助教师提炼出课堂教学的风格和特色。专题性观察则是指为了研究某一个或某些具体问题而进行的指向明确的课堂观察，也可称为主题式观察。

（三）恰当选择观察侧重点

1. 关注教学目标与重难点

无论什么学科、学段，衡量一堂课是否有效的重要指标是教学目标达成度和教学重难点的落实。听课者不妨问问自己：这节课的教学目标应该是什么？这节课的教学内容选择什么？教材有什么特点？这节课的重点在哪里，难点是什么？笔者的体会是，在不熟悉教材的情况下，要会边听课，边拿过学生的书用最快的速度了解本课教学内容、任务，厘清教学思路，揣摩教学目标与教学重难点。

2. 关注"教"和"学"两个观察角度

在课堂观察中，无论是观察教师的教，还是观察学生的学，都很重要。

教师教学可以从教学环节、问题设计、知识指导、教学机智等角度观察，学生学习可以关注准备、倾听、互动、自主、达成等方面。但笔者认为，无论是哪个方面，教学的起点和归宿都是为了促进学生的发展，因此课堂观察更应注重学生的学习，要以学生的学来检验教师的教，改进教师的教。对于学生的学，可以重点进行五个观察：观察学生的参与面、观察学生的参与状态、观察学生的学习方式、观察学生的参与时间、观察学生的参与效果。也可以观察学生的起点与生长、问题与解决、学习的需求与满足等。例如，课堂中，有多少学生经历了训练？这些孩子在课堂中的表现与他们的原有基础有什么关系？教学设计与学生的学习需要是否匹配？如果不匹配，是高了还是低了？应做何调整？……总之，教有过程，学有经历，双线并进，评教适当让位于评学，可能是评课更需要的视角。

3. 关注整体、细节与特点

对一节课的把握既要关注整体，还要关注细节。整体可以是宏观的、概括的，细节应该是细致的、具体的。关注细节包括本课教学亮点和教师教学中明显的失误与遗憾之处。教学亮点即能体现教师在本课的教材处理、教学设计、问题提出、课堂评价、小组学习、教学风格等方面师生最精彩的细节。以往听课，教师往往更关注的是执教教师设计的教学环节，记录执教教师教学活动过程，而对其教学过程中互动的细节却关注甚少。

无论是关注整体、细节，还是特点，听课者都要注意抓执教教师的特点和风格，每次听课都力求敏锐地透视课堂，发现隐含在教学现象背后的思想与观念。听课要找到课感，这就像学音乐的人要有乐感、学美术的人要有美感、学语文的人要有语感一样。何谓课感？课感即课的协调感，是执教者对教学现场的一种直觉，一种当下的把握，一种敏锐而别出心裁的驾驭。在教学过程中，对于那些突如其来的偶发事件，执教者能不假思索地、迅速地、果断地做出反应，而且这种反应是高效的、巧妙的，这就是课感。此外，还有课的节奏感、课的情味感、课的层次感、课的风趣感、课的风格感等。

4.关注课的背后教学思想

课堂不仅要观察教师的教和学生的学的行为，更要通过关注课堂上教与学的行为表现来分析教师的教学思想与教学主张，看是前卫的还是陈旧的。这样更容易准确把握一节课。

（四）观察中伴随着分析

透过课堂现象追寻课堂本质是有效观察的关键。听课者要力求敏锐地透视课堂，发现隐含在现象背后的思想与观念，如热闹却无实效的课堂背后的原因是什么，从"假繁荣"到"真课堂"转变的契机在哪里。有校长反映学校里有一些老师上过很多观摩课，获得过一些课堂教学大奖，工作也勤奋，但教学成绩却不尽如人意。听课者深入课堂分析，可能会得出以下原因：讲的内容肤浅，复述多，个人创造性少；问题设计思维含量低，不能激发学生积极探索；活动设计形象化，很多是多余的或不恰当等。

例如，怎样才算训练思维？听课者不能简单地看课堂上是否有问答环节，也不能简单地看举手人数的多少，而是要看学生的课堂思维状态。比如，如果教师刚提出问题，全班都举手，这算启发思维很成功吗？这很可能是教者提的问题过于简单了。相反，一个问题提出来后，开始无人举手，但看得出来学生在思考，几秒钟后，有的孩子脸上露出了有所领悟的表情，举起手来，渐渐地，举手的人多了起来，这才是一种最佳的教学效果。同样，在有的课上，教师提的问题，学生一答一个准，而且语句流畅，这是成功吗？这种现象可能存在三个原因：一是事先准备好的，不真实；二是发言的都是好学生；三是内容要求偏低了。这三种情况都不会使学生有较大的收获。一节好课，应该能看出学生是怎样从不懂到懂、从不会到会、从不熟练到比较熟练的过程。在课堂上，学生答错了，答得不完整，答得结结巴巴，这是正常现象。正因为这样，学生才要学习。教师的作用就是在学生答错时能加以引导，答得不完整时能加以启发。所以，听课一定要注意看实际效果，看学生怎么学，看教师怎样教学生学。听课教师在课堂上要真正对所听之课做出正确的判断，必须是看、听、想结合起来，并借助新课程理念做出分析。

（五）运用综合观察方法

综合观察法就是听课者要边看、边听、边思、边问、边测、边记。有效的课堂观察不能单凭眼睛看、耳朵听，应借助照相机、录音笔、手机等工具，最好提前研究观察维度，设计相关观察量表。同时，教师不妨创新听课、评课研讨卡：一是现场听课反思记录卡，二是听课察学交流记录卡。

现场听课反思记录卡包括课例导读、教材版本、单元概述、教材内容概述、该类教材教学现状及存在的问题，以及执教教师研究取向、欲解决的问题、创新点等。

听课过程中是单项观察还是综合观察，应该根据自己的实际需要确定听课的重点。听课者的课堂听课日志应该包含对执教教师所观察角度方面的评价；对执教教师上课情况进行客观公正的评价，优缺点并重。

下面是伴随看、听、思、问的观察案例。

教师甲：这堂语文课，教师上得好，课堂气氛活跃，学生参与度也高。作为语文教学，在诗的朗读方面，形式多样，有教师的领读、学生的个体读、学生的群体读；从诗的讲解方面，教师也做了较为细腻的释读。从学生参与的活动看，发言的人数约占二分之一……（总结：基本是以肯定的口吻做了评价。）

教师乙：在基本认可教师的上课状态后，提出见到教室黑板右侧有学校制定的班级管理条约。其中，内容有：凡损坏教室的门窗玻璃则罚人民币××元，凡在教室的课桌上随意刻写则罚人民币××元，同学间发生争吵不听劝阻的罚人民币××元。学生的教育不可以用罚款来替代，学校的学生管理方式和教育有问题，应向学校指出。

课后当我问及学生"这是上第几课时"的时候，学生回答："此课已是第三遍了。"再问："这堂公开课为何选在你们班上？"学生回答："我们班是年级里的重点班啊。"（总结：显然，课的真实性、客观性有问题；学校设"重点班"是否为事实，也有待进一步查验。）

教师丙：除对教师的上课状态做评价外，补充提出：在听课时，坐在后排，发现教室的后黑板上贴了张年级统考奖状，内容是本班在上月度参加学校联合统考中获得该年级段第二名。班级后门处设置了饮水机，从学生那里得知，每月每生需要交一定费用，才能使用。

质疑：组织学校间的统考，不符合国家关于"减轻学生过重课业负担"的相关文件规定；饮水机使用收费与学生已交的学杂费间有重复收费之嫌疑。

教师丁：课堂教学中有一片段，即自由诗中有这样的叙述："白云啊，你是多么地自由、自在，和着春风在蓝天中惬意地飘荡……"有学生在释读时，发表了感慨：白云啊，你的自由，真让我们羡慕，每周五天的学校学习生活已经够辛苦的了，双休日只是想多睡一会儿，又被父母叫醒，一早起来去参加校外补课。执教教师听了这番感慨后的回应为："父母也是为你好，请坐下。"我觉得教师这样的教学处理欠妥，这是"二期课改"三维目标落实、学生情感态度与价值观教育的极好契机，教师忽略了。从当时的学生表情判断，孩子挺失落的；从学校倡导"快乐课堂"的教学理念看，课堂反应显得不得力。

上面这个课堂观察有看、有听、有思、有问，运用了综合观察的方法。但是这里没有"测"。所谓测，就是当堂来测查教学效果，如出一组题或一张试卷来测定教学效果。

（六）注重课后多重对话

课堂是一个复杂的教学空间，其中有教师的教学活动、学生的学习活动、课程的呈现过程以及师生之间互动构建的课堂文化。无论哪一方面出了问题，都会影响教学质量。教学又是一门缺憾的艺术，在生成的课堂上总会出现一些值得反思研究的问题。这些问题首先是真实的问题，是执教过程中发生的问题，因此听课后的访谈十分重要。一是注重对学生的课后访谈，倾听来自学生的声音，以学生的视角评价教师的课堂教学，以学论教。没有学生就没有课堂，没有对学生的尊重就没有焕发生命活力的课。二是注重与执教教师的对话。教师的对话可以聚焦本节课值得研究的问题，是若干小问题中的核心问题，同时也是能够研究的问题，是执教者和观察者的能力与水平足以驾驭的问题。大家在思考中互相交流，发现和提出更好的方法与观点，都成为智慧的分享者与奉献者。每位执教教师在教学实践中有许多印象深刻的故事，有自己独特的感受、收获与困惑。对话式的评课集中了全体评课教师的思想和智慧，是对评课教学资源的共享。

（七）定量观察与定性观察相结合

为了更好地把握执教者课堂的实质，需要有的放矢地对课堂教学进行评价。有时听课者也可对课堂上的一些师生活动进行定量统计和测量。

（1）计算教学环节的时间分配。看教学环节时间分配和衔接是否恰当，看有无前紧后松（前面时间短，教学密度大；后面时间多，内容松散）的现象，看讲与练的时间搭配是否合理等。

（2）计算教师活动与学生活动的时间分配。看是否与教学目的、要求一致，有无教师占用时间过多、学生活动时间过少的现象。

（3）计算学生个人活动时间与集体活动时间的分配。看学生个人活动、小组活动和全班活动的时间分配是否合理，有无集体活动过多，学生个人自学、独立思考、独立完成作业的时间太少的现象。

（4）计算优困生的活动时间。看优困生的活动时间分配是否合理，有无优等生占用时间过多、学困生占用时间太少的现象。

（5）计算非教学时间。看教师在课堂上有无脱离教学内容、做别的事情、浪费宝贵的课堂教学时间的现象。

表5-1和表5-2是两个量表示例。

表 5-1　课堂观察量表示例一：学生参与课堂程度

学　校		年　级		人　数		执教教师	
学　科		课　题			课　型		
听课教师			时　间				

观察项目	课堂情况记录	分析与建议
课前准备了什么？有多少学生做了准备？		
怎样准备的（指导/独立/合作）？学优生、学困生的准备习惯怎样？		
任务完成得怎样（数量/深度/正确率）？		
有多少学生倾听老师的讲课？倾听多少时间？		
有多少学生倾听同学的发言？能复述或用自己的话表达同学的发言吗？		
有哪些互动/合作行为？有哪些行为直接针对目标的达成？		
参与提问/回答的人数、时间、对象、过程、结果怎样？		
参与小组讨论的人数、时间、对象、过程、结果怎样？		
互动/合作习惯怎样？出现了怎样的情感行为？		
学生参与度如何？		
语言输出质量如何？		

表 5-2 课堂观察量表示例二：教师提问记录

观察内容		次　数
教师提问类型	常规管理性问题	
	记忆性问题	
	推理性问题	
	创造性问题	
	批判性问题	
挑选回答问题方式	提问前，先点名	
	提问后，让学生齐答	
	提问后，叫举手者答	
	提问后，叫未举手者答	
	提问后，改问其他同学	
教师理答方式	打断学生回答，或自己代答	
	对学生回答不理睬，或消极批评	
	重复自己的问题或学生的答案	
	对学生的回答予以鼓励、称赞	
	鼓励学生提出问题	
学生回答类型	无回答	
	机械性判断是否	
	认知记忆性回答	
	推理性回答	
	创造性评价回答	
停顿	提问后没有停顿	
	提问后停顿过长	
	提问后适当停顿 3~5 秒	
	学生答不出，耐心等几秒	

当然，听课并不是定量评价越细越好。常态听课不可能做到过细和缜密的观察。有人认为课堂听课如改成课堂观察，而后制订细致缜密的观察计划或者制作定量观察量表，课堂听课就会取得意想不到的效果。一些专家的研究和学校尝试证明，事情并不像有些人想象的那么简单。首先，课堂教学的复杂性很难做到十分精密的观察；其次，教师和学校领导以教学工作为主，他们不可能拿出更多时间去做专门的研究；最后，做过细致和缜密的观察，未必一定是科学的。

四、怎样做听课记录

无论什么情况下的听课，做听课记录对课堂观察十分重要。与其说是听课记录，不如说是课堂观察记录。这对现场整理思路、消化理解课堂内容很重要，对日后评课和学习也十分重要。因为在听课过程中，教师一般很难全面、完整地总结课堂，从中获得启示，往往是在对课例的回顾和审视中，通过对记录进行梳理和再造，才能较完整地获得事件的启示和意义，从中收获智慧。听课应详尽记录课堂的教学过程，也记下自己的主观感受和零星评析。

写好听课记录包括两部分：教学实录和教学评点。体现在记录本上：左边是实录，右边是评点。

在做教学实录时，因为时间的限制，听课者不可能对授课内容做全面的记录，此时可以将课堂的亮点进行清楚、全面的记录。比如，执教教师的精彩课堂导入（新旧知识的衔接、讲故事、引用示例或开门见山等）、重点知识讲解时执教教师的方法和技巧、难点突破时执教教师的策略和措施，特别是在教授重点知识时执教教师的处理技巧等。同时，也要有学生"学"方面的记录。比如，注重学生在课堂学习时对活动的参与程度，学生对教师讲解的知识信息的反馈情况，教师提出相关问题、学生对教学问题设计的精彩回答等，重点关注学生的学习效果。

（一）课堂实录内容

（1）听课年、月、日，学科、班级、执教者、课题、第几课时等。

（2）教学过程，包括教学环节、教学内容和教学方法（多以记板书为主）。

（3）各个教学环节的时间安排。

（4）学生活动情况。

（5）教学效果。

课堂实录记到什么程度，要根据每次听课的目的和教学内容来确定，通常有下面三种形式：

（1）简录，简要记录教学步骤、方法、板书等。

（2）详录，比较详细地把教学步骤都记下来。

（3）纪实，把教师开始讲课、师生活动，直到下课都记录下来。

（二）课堂评点

课堂点评包括听课者对本节课教学优缺点的初步分析与评估，以及提出的建议。

写教学点评可以采取两种形式：一是间评，把师生双边活动后所产生的反馈、感应随时记录下来。二是总评，将间评综合分析后所形成的意见或建议记在记录本上（有的记录本专设有意见栏），待课后与执教者互相交流，取长补短。表5-3便是一个听课记录表的示例。

表5-3　听课记录表

一年一班	语文	第1课时	教者：栾旭	评课人：刘恒贺
课题：四个太阳				
听课记录： 一、创设情境 猜谜语，导入新课，引导学生依题质疑。			分析意见： 1.课前交流谈话轻松自然，沟通了情感 （因为借班上课，这个环节很有必要）。	

一年一班	语文	第1课时	教者：栾旭	评课人：刘恒贺
二、阅读识字 1. 自读圈画生字——与生字第一次见面。 2. 交流反馈——学生自主识字。 3. 指名朗读——读准字音，读通读顺。 三、诵读感悟 1. 导读第一段（夏）：读一读，这段写的是什么季节？有什么特点？小作者的愿望是什么？怎么读出来？ 2. 助读第二段（秋）：重点指导长句子"金黄的……香甜"的停顿。拓展：怎么邀请的？ 3. 放读描写春、冬两季的段落。 4. 整体理解，回应课前提出的问题。 四、背诵拓展 1. 你喜欢哪种颜色的太阳，能背诵下来吗？ 2. 小朋友，你有什么愿望？想画点什么？			2. 谜语紧扣主题，创设了语言情境，暗示了质疑的方法。 3. 识字方法多，做动作识字"挂"、意会识字"甜"、组词识字"伙伴"等方法符合汉字规律，但要优化呈现方式。 4. 读顺这一环节时间尚显不足，久之将影响朗读质量的提高。 5. "怎么邀请的？"这一拓展点选择不当，游离课文的主题，建议舍去。 6. 背诵拓展点选择得好，具有语言运用、拓展想象和渗透价值观三重功能。	
总结	优点： 1. 教学民主、和谐，教师角色把握准确，表现出"三实"（朴实、真实、扎实）。 2. 将三维目标有机地融合在一起；教学以学生为主体，结构清晰，张弛也有度。 3. 注重读。读的层次：识字读—理解读—拓展读；音—顺—情；导读—助读—放读。读的方式：自由读、范读、比赛读、做动作、师生对读…… 建议： 1. 识字还需加强。识字是一年级教学的重点，改善自主识字呈现方式，在生活中识字。 2. 适量引入评读。评读也是导读的一种形式，有层次地导，有目的地评。				

  这里需要提出来的是，在做听课记录时，许多人偏于记课堂实录，而不做评点，甚至相当一部分人记录的内容便是教者板书的内容，成了执教者的"板书"。这种听课记录的价值不太大。好的听课记录应是实录与记录思考、评点兼顾。

  听课记录要抓重点，对内容要有选择，不宜"有言必录"，落在纸上的文字要精练，言简意赅。课型不同，课的结构也会不同，为了简便迅速，有时可用符号做标志和提示。记录时，如果有想写的内容但来不及写，可以留空白位置，待空闲时再补遗。

课堂评点要以定性描述为主，从教学目标确定与达成，教学内容、教学方法和手段的选择与效果，教学结构安排，学生参与情况和学习效果等方面评点得失优劣，既要有观点，又要有依据，要体现这节课的"质"。为了突出重点，一般不做面面俱到的评价，而是选择比较有意义的、有典型性的方面进行点评。评价还要从建议的角度，指出可供选择的改进做法。

课堂观察简单吗？简单。课堂观察复杂吗？复杂。这样一个既简单又复杂的事务，为什么有人做得好，有人却做不好呢？这里除了本章前面讲的方法技术层面的内容外，更重要的是心态问题。海尔集团创始人张瑞敏说："坚持把简单的事情做好，就是不简单！坚持把平凡的事情做好，就是不平凡！所谓成功，就是简单事情坚持做，重复做，用心做，在平凡中做出不平凡的坚持！"这话同样适用于教师听评课的课堂观察。复杂的事情简单做，是专家；简单的事情复杂做，是行家；重复的事情用心做，是赢家。不管做什么事情，哪怕再小、再不起眼、再不需要技巧与能力，也要恒久地做到位、做扎实，最后一定能成为赢家。

思考题

1. 通过本章学习，结合自己的听课经验体会，谈谈有效课堂观察应该做哪些准备工作？

2. 通过本章学习，结合自己的听课经验体会，谈谈听课中有哪些有效的观察方法？

3. 请撰写一份听课中做课堂观察的案例。（可以是整体的，也可以是片段的。）

评课篇

盲目听十节，不如认真评一节，听评课最忌浅尝辄止。学识与真诚同在，方法与智慧共存。评课是技术，但也需要艺术。如果说授课是"画龙"之作，评课的过程就是"点睛"之笔。深度评课既能让执教者看到亮点、不足和改进方向，又能让评析者在碰撞交流中受益匪浅。

第6章 ▶

怎样评析一节课

——评课内容的讨论

我们千万次地问：什么样的课算是一节好课，一节好课的标准是什么？但似乎没有统一答案。笔者认为与三个因素有关：一是衡量好课没有绝对统一的标准，因学科、学段、课型、学情、地域的不同而存在差异；二是听评课者的知识底蕴、教学素养不同，所任学科和教学经历不同，眼光也会产生差异；三是目前课改仍存在一些困局，模式很多，说法繁杂，这很容易让教师们迷茫。因此，对于好课的判断，仁者见仁，智者见智，也就不足为奇了。

既然听评课是一门科学和艺术，它就一定有规律可循。我们应该找到其内在的规律，避免教师们在眼花缭乱的理论和说法中迷失方向，帮助教师们在学习、借鉴他人经验的基础上建立起自己的好课标准。

怎样评析一节课？首先应该考虑以下几个问题。

第一，创新中要继承。对优秀课堂标准的研究，正确的做法应该是在总结吸纳传统优秀教学经验的基础上进行创新，把传统和现代两种教学思想结合起来，尤其不能为了刻意追求创新而彻底否定传统有价值的教学方法。我们需要除去浮躁，回归本源，要充分认识到教育观念的更新和教学策略的变换并不意味着割断历史，不只是做简单的相互替换，必须从历史的、辩证的角度，处理好传承与创新的关系。

第二，立足常态课研究。虽然我们研究的好课往往高于常态课，但它也一定是扎根于常态课。有些好课标准确实"高大上"，很全面、很创新，虽然科学了、全面了，但与日常课会脱节，有时教师在实际教学中无法操作。所以，好课研究应该立足常态课，且高于常态课。符合教学规律且接地气的好课标准才能真正给教师以启发，助力课堂教学质量的提升。

第三，要有自己的坚守。对于好课，教师一方面要有开放、包容的心态，学习研究不同流派、不同风格的课堂；另一方面，也要有自己的内心坚守，在领悟专家观点、名家课堂的同时学习，但不盲从，不迷失在人云亦云的"旋涡"中。这就要处理好共性与个性的关系。所谓共性，即落实了课标要求，遵循了教学规律，体现了国家的要求与学校的文化；所谓个性，即体现了学科的特点与个体的特点。每一节课的教学内容不同，教学对象不同，重点、难点也不同，呈现的方式自然千变万化。如果完全以专家的标准面面俱到地去要求、衡量它，很难做到，也有失公允。

怎样看待一节好课？好课虽然没有一个统一的特征或标准，但应该有一个基本的、一般的特征或标准。下面是一些专家的看法，可供老师们参考。

◆ 课型分为四种，包括深入浅出型（轻负高效）、深入深出型（重负高效）、浅入浅出型（轻负低效）、浅入深出型（重负低效），其中深入浅出型的课是好课。（顾明远）

◆ 教得有效，学得愉快，考得满意。（崔允漷）

◆ 一堂好课的标准：有意义的课——扎实的课，有效率的课——充实的课，有生成性的课——丰实的课，常态下的课——平实的课，有待完善的课——真实的课。（叶澜）

◆ 三个层面六个度的新课堂评价标准：第一个层面是教师层面，包括亲和度和整合度；第二层面是学生层面，包括参与度和练习度；第三个层面是师生互动的层面，包括自由度和拓展度。（朱永新）

◆ 一堂好课的基本特征：趣、实、活。（邱学华）

◆ 一堂好课的基本要素至少有三点：有效、开心、主动。（刘良华）

◆ 我以为"大道至简"，语文课必须返璞归真，体现一种"简约之美"，正所谓"简简单单教语文，扎扎实实促发展"。

（1）教学目标简明：一堂课彻底解决一两个学生切实需要解决的问题，真正给学生留下点东西，比浮光掠影、蜻蜓点水、隔靴搔痒的教学要有效得多。

（2）教学内容简约：课堂教学的时间是个常数，是有限的，学生的学习精力也是有限的。因此，选择学习的内容，特别是关乎学生终身受用的"核心知识"，就显得尤为重要。课堂，也不需要把什么都讲透了，留下点悬念和空间，就是给学生自由和发展。

（3）教学环节简化：语文学习本身是一件简单的、快活的事情。我们没有必要设计那么多的学习环节，没有必要设置那么多的学习障碍（问题）和陷阱让学生去钻，没有必要搞得这么复杂、这么玄、这么深奥。

（4）教学方法简便：简单意味着可以学习，是学生经过努力可以达到的。简便的方法、简捷的思路是为学生所喜欢、所乐意接受的。这样的方法是真正能为人所用的有效的方法。

（5）教学用语简要：课堂中除却一切不必要的繁文缛节，省去不必要的言说，就如同秋天的天空一样明净，让人有一种心旷神怡的感觉。简单的课堂，其独特的神韵就在于此！其实，简单是一种教学中的大气度、大智慧！它来源于对学生真切的、真诚的、真实的爱，来源于教师丰厚的修养和教学艺术，来源于对教学生活的发现和深刻的认识！（薛法根）

◆ 我觉得一堂好的语文课得有"三味"。第一味是"语文味"。一堂好的语文课，首先得有"语文味"。语文味越浓，课就越好。语文课的最大问题，不是怎么教的问题，而是教什么的问题。第二味是"人情味"。一堂好的语文课，必须得有"人情味"。这里的"人情味"有三层意味：一是指语文课要有情趣；二是指语文课要注重情感熏陶、价值引领；三是指语文课要以人为本，充满人文关怀。第三味是"书卷味"。一堂好的语文课，最好还能有点"书卷味"。当然，这是我的一种个人偏好，或者说是我的一种风格追求。（王崧舟）

综上所述，好课的标准是立足学科又超越学科、立足今天又超越今天的，是帮助学生面向未来的课。我们要有实事求是的态度和脚踏实地的精神，既要考虑它的高度和深度，还要考虑它的通俗性、可行性；既要考虑它的宽度和整体性，也要考虑细节。

我们认为，体现一节课本质属性的是思想、目标、内容、流程、方法、素养六个基本要素：看教学思想——教学理念先进（灵魂），看教学目标——符合教材学情（方向），看教学内容——组织处理恰当（载体），看教学流程——结构合理有序（框架），看教学方法——选择运用得当（措施），看教学素养——体现个人教学特点（风格）。而这六个基本要素也是一节好课的六个维度和主要特征。

基教学于此，评课可以把这六个基本要素（角度）作为评课标准和依据，来评析、研究一节好课。那么，教师怎样运用这六个基本要素来评析一节课呢？

一、看教学思想——教学理念先进（灵魂）

思想是课堂教学的风骨。一节好课首先要看教学中体现出的教师的教学理念，即教师对教学活动的看法和持有的基本态度与观念。教学理念有理论层面、操作层面和学科层面之分。有什么样的教学理念，就有什么样的教学行为。先进的教学理念首先源于学习，2022 年版的义务教育课程标准中"核心素养"的提出，是课程育人观念的重大变革，也推动着育人方式的重大变革。它需要教师站在"培养什么人、怎样培养人、为谁培养人"的高度，加强课程研究与实践，着力于学生核心素养的培养。

评析要点有以下几方面。

（一）发展为本

随着我国义务教育的全面普及，教育需求从"有学上"转向"上好学"。当今世界科技进步日新月异，儿童青少年的成长环境发生较大变化，也对人才培养提出了新挑战。要彻底打破死记硬背、题海战术等知识技能训练的魔咒，克服高分低能、价值观缺失等乱象，改变要从每一节课开始，理想的课堂一定是教知识的同时，也教方法、思维、心态，关注学生核心素养的培养。一流教师教人，二流教师教书。尽管素质教育被提了很多年，然而手里拿着习题集讲课的教师仍屡见不鲜，学生困于题海中仍难脱身。这样的课堂教学，也许可以让学生得高分，但算不上是好课。"刷题"扼杀了学生对学习的兴趣，用它替代教学是一种教育异化和退化。

特级教师吴正宪说：自己从事小学教师工作追求的是让学生在愉悦和谐的环境中，积极主动、全面发展（"愉悦和谐"是基础，"积极主动"是核心，"全面发展"是目的）。先进的教学思想一定会立足使学生不仅长知识，而且长智慧，不仅学文化，而且会做人；立足使学生真正成为有理想、有道德、有文化、有纪律，具有较高素质，能适应21世纪需要的合格人才。

一个人智力上的成就，很大程度上依赖于性格的伟大。德不立，行不远。欲让学生成才，先教学生做人，教书育人，立德树人是教育发展的基石，是教育的根本方向和使命。

（二）为学而教

从"教的课堂"走向"学的课堂"，这是新课标的要求，也是培养学生核心素养的必然需要。如何把"知识转化为素养"呢？新课标给出的答案是"实践育人"。学科实践要突出两点：一是知识情境化；二是学习实践化，立足于真实问题的解决。从"教的课堂"走向"学的课堂"，这是时代的需要。评课也应从学生"学"的角度来审视课堂、考察课堂，以学生的学来检验教师的教，以学生的学来评价、改进教师的教。以学定教、以学评教，那么教学目标的确定、教学策略和教学手段的选择，均应指向学生的"学"，为学生"学得愉快、学有所获"而教。

好课不看教师"表演"，要看学生"表情"，即关注学生的情绪度、参与度、思维度、效果度。理想的课堂是教不越位，学要到位。理想课堂上，老师也是学生，学生也是老师。角色根据需要不断转换，从"官教兵"到"兵教兵"，再到"兵教官"，真正实现"教学相长"。

以学定教的课堂，教师要做到"五不教"：凡是学生自己能看懂的，教师不教；凡是学生自己能学会的，教师不教；凡是学生自己能探索出结论的，教师不教；凡是学生自己能做的，教师不教；凡是学生自己能说的，教师不教。教师要做真正的引导者、策划者、合作者、服务者、开发者。

（三）激情活力

动人心者，莫先乎情。情不深则无以惊心而动魄。浓厚的兴趣是激发学生学习热情的强大动力。一节好课，一定充满生机与活力，有一种和谐愉悦的氛围在弥漫。特级教师曾军良认为：目前我们的课堂最缺的是情趣、生机、活力、激情、对生命的敬重，最缺的是学习的精气神，最缺的是一种推动学生生机盎然地去学习的力量，如果中国的课堂能够找回这种力量，将是教育莫大的功德。

课堂既是一种生命的相遇，也是一种精神的相遇，让对话成为习惯，让灵魂拥有温度。和谐民主、生态课堂的营造，一是教师要相信与尊重学生，能蹲下来与学生平等交流，使对话与合作成为常态，让学生充满自信；二是教师要创设轻松、和谐、安全的课堂氛围，让课堂上出现更多的无拘无束的"笑声、掌声、质疑声和辩论声"。佐藤学在《静悄悄的革命》一书中提出要建立"润泽"的课堂。他认为，在这样的课堂中，教师和学生都不受束缚，大家安心地、轻松自如地构筑着人与人之间的关系，每个人的存在也能够得到大家自觉的尊重。

（四）经历体验

新课标提出学科实践，它是一种以"身体参与和亲身经历"为表现形式、以"体验和感悟"为内在特征的学习活动。体验比记忆更重要。新课标提出，学生学习知识要"了解、理解、应用"，重视学生"经历了什么""感受了什么""体会了什么"。理想课堂是强调教师的"三个转化"：一是把教学目标转化为学生学习的核心任务，二是把核心任务转化为学生的学习活动，三是把学习活动转化为学生的学习力。学生是课堂的主人，教学既要强调学生的行为参与，还要关注学生的情感参与，做到手动、口动（行为的参与）、脑动（思维的参与）、心动、情动（学生情感上的参与）。

下面是两个关于"平均数"的教学设计。

教学设计一：

在经过"出示例题—分析条件问题—引导列式计算—总结规律"后，得到总数÷份数＝平均数。规律总结出来以后，学生开始反复地、机械地在一个平台上进行训练。训练题目是书上有什么就做什么，给什么就练什么，这样的一节课下来，学生对数量关系式"总数÷份数＝平均数"掌握得非常熟练，解题正确率也很高。

教学设计二（吴正宪老师的教学设计）：

设计分四个环节。第一环节：创设情境，提出问题（以拍球游戏活动导入：甲队、乙队各派出三人），制造矛盾（乙队输，吴老师加入乙队，造成比赛不公平）。第二环节：解决问题，探求新知（这种情况能不能比赛？有什么办法变不公平为公平？感受平均数产生的需要，探索求平均数的方法，沟通平均数与生活的联系）。第三环节：联系实际，拓展应用。第四环节：总结评价，布置作业。

上面两个教学设计有什么不同？很显然，教学设计二很好地践行了发展为本、为学而教的教学思想。两个教学设计目标着眼点不同：第一个教学设计关注的是知识点，是结果，是让学生会审题、会解题、会考试。第二个教学设计着眼于让学生在创设的生活情境中体验、感受平均数的产生，理解平均数的本质意义，关注的是学习过程。学生思维的触角在教师精心设计的情境活动中不断延伸，即使碰壁也能马上回头寻找新的思路。孩子们在活动体验中深刻地理解了平均数，而掌握解题的策略是在这一学习过程中水到渠成的。学生的理解并非教师给予的，而是靠自己发现、总结出来的，这对于学生情感态度与价值观的培养是大有裨益的。

教学设计二以问题为主线，以活动为载体，以体验为收获，以情趣为动力，践行了设计者的教学思想——学生乐学、爱学、善学、会学，教师乐教、爱教、善教、会教。这样的课堂会带给师生最大的成功和快乐。

（五）思维训练

思接千载，视通万里。思维是学生智力发展的核心，也是创新人才成长的关键。特级教师张富说："作为一名教师，只教学生读书，不教学生思维，书是教不好的。作为一名学生，只会读书，不会思维，书也就无法读好。"教师要高度重视学生的思维训练，让学生从低阶思维走向高阶思维。例如，历史课上学习清政府签订的《马关条约》，教师的提问不能只问什么时间、什么事情、什么内容等，而要基于素养立意设问，如《马关条约》签署以后，清政府被迫允许外国人在中国投资办厂，改革开放以后，中国也允许外国人来投资办厂，这两者有什么不同？这样设问不仅让学生识记历史知识，更主要的是让学生结合唯物史观、时空观念、史料实证、历史解释、家国情怀等进行综合思考。

思维训练的评析主要包括四个方面。（1）看训练意识：有意（有训练内容和目标）、有机（训练渗透于教学之中）、有序（先易后难，循序渐进）、有效（见成效，不图形式）；（2）看训练过程：导入、新课、训练、结课等全过程；（3）看训练方法；（4）看培养习惯。

综上所述，要评好一节课，可以从发展为本、为学而教、激情活力、经历体验、思维训练等方面对教学思想进行评价（见表6-1）。

表6-1　教学思想评价量表

评价维度	观察记录					
	优秀（20分）	良好（15分）	一般（10分）	待改进（5分）	未观察到（0分）	分数合计
发展为本（20分）						

评价维度	观察记录					
	优秀 （20分）	良好 （15分）	一般 （10分）	待改进 （5分）	未观察到 （0分）	分数 合计
为学而教 （20分）						
激情活力 （20分）						
经历体验 （20分）						
思维训练 （20分）						
备注						

二、看教学目标——符合教材学情（方向）

教学目标是教学的出发点和归宿，在教学过程中起着定向的作用。教学目标对课时内容的选择、课堂教学活动的安排具有导向功能，指向为什么教、教什么更好、教到什么程度。教学目标的制定是教学设计的第一步，整个课堂教学过程均要围绕教学目标的实现而设计。在整个教学过程中，教学目标不仅是教师教学的指南，也是学生学习的指南，可以说是教学的灵魂。教学目标的确定是教学的核心，精准确定教学目标是实现精准教学的关键。对教学目标的考察，一是看教学目标的确定，二是看教学目标的达成。

评析要点有以下几方面。

（一）逆向设计

教学设计有两种思路：一种是始于教学内容的顺向思考，另一种是基于课程标准的逆向思考。基于新课标的要求，倡导逆向教学设计，强调评价设计先于教学实施，即先把学生的学习结果定位好。教学过程伴随评价过程。"教—学—评"的一致性是实施课程标准之后提出的新思路。它的主要程序是，教师先将"课程标准"转换成"教学目标"，并据此设计与教学目标相匹配的评价，然后再设计教学活动。

逆向设计是：确定学习结果—评量学习结果—制订学习计划。比如，有一节课的课题是"压强"，授课教师在课前推送了三项任务：（1）观看名师微课；（2）完成自主学习检测；（3）在讨论区完成话题的讨论。这似乎是智慧课堂课前推送常见的三种形式，这位教师就在看似寻常中完成了不寻常的任务设计。为什么？第一，从教师的介绍中，我们了解到，这节课的内容是压力的概念以及支持力、重力的区别，这些都是学习压强的必备知识，明晰这些知识能够更好地理解压强的概念，为这节课的学习奠定基础。第二，自主学习检测也是根据微课的内容设计的，尤其是课上的讲评，教师只选取了其中一道典型问题进行剖析追问，具有很强的针对性。第三，讨论区的话题，素材来自上节课的活动，问题则是驱动引导学生由现象产生问题，进而猜想，自然衔接到本节课的内容，实现了思维的导引。这三个任务实则也兼有教学评价的功能：学生是否认真观看了微课？通过微课的学习掌握了哪些知识，还有哪些漏洞？是否认真观察了实验现象？由此可以提出什么问题？这个问题又带来怎样的猜想？评价镶嵌在学习任务中，也帮助教师了解了学情，并针对学情设计本节课的教学目标。

（二）取舍合理

评价教学目标合理与否，还要看教学目标是否适切教材和学情。当前教学目标存在的问题是：目标确定太高（够不着）、目标确定太多（完不成）、目标确定太死（无差异）、目标确定太散（不整合）。所以，看一节课是优还是劣，要看教学目标是否适切教材，与学情是否契合。教学目标设定一定要指向学情分析，即明确学生的学习起点"在哪里""要到哪里去"；一堂课的教学效益不在于设定的目标有多少，而在于学生实际的收获有多少。只有目标精要了、单纯了，课堂上学生才可能在这"深入解决"的过程中真正获得有用的知识和方法，真正获得真切而独特的学习体验和认识。教学目标不能过多、过难、脱离实际、面面俱到，更不能"种了别人的田，荒了自己的地"。

比如，特级教师宁鸿彬执教《从百草园到三味书屋》一课时，考虑到本课的一个特点是：第1段虽短，但容量大；第2段写百草园夏日，写法精妙；第3~6段写美女蛇的故事；第7~8段写捕鸟方法及乐趣；第9段写三味书屋，意在与百草园对比。故让学生重点学习前两段，其余各段从略处理。他从阅读、说话、写作等能力训练着眼，确定教学目标，取舍合理，主次分明，重点突出。

（三）具体明确

教学目标的表述一定要具体明确、操作性强，而不是含糊不清。特别要注意，目标的话语表达要清楚、明白、简洁、准确，防止模式化或程式化。教学目标的行为动词须是具体的而不能是抽象的。所谓具体，是指这一动词所对应的行为或动作是可观察的。如"知道""理解""掌握""欣赏"等抽象动词，由于含义较广，每个人均可从不同角度进行理解，给以后的教学评价带来困难。教师设计时，应该尽量描述具体的教学目标，便于落实到位。例如，《范进中举》一课的教学目标，在"知识与能力"方面，一位教师是这样设计的：通过学习课文，了解人物描写的特点；通过品读文段，揣摩语言，在理解的基础上，进行人物改写。该目标太笼统，无法操作，将其修改后，为：（1）通过阅读课文，能画出文中描写人物语言、动作、神态、行为的段落和词句；（2）在自主品读和揣摩词句的基础上，能运用人物写作知识对文中其他一些关键人物进行改写。修改之后，教学目标指向明确，学生的行为可观察、可检测。

（四）差异分层

教学目标可以分类分层表述，这样不仅能清楚地梳理课堂教学目标的主要内容，克服目标含糊的缺点，同时也兼顾了学生的个体差异。于漪老师说："我当年自己试着起码设计三种不同层次的问题，有的问题面向大多数孩子，但一定要让确实最困难的孩子也有一个问题能够回答出来，让他对自己有信心，有满足感。""有些人说排骨好吃，但是你要看到你喂的孩子还没长牙。应该面对不同的孩子因材施教，该吃奶的吃奶，该吃饭的吃饭，该吃排骨的吃排骨。"

通常教学目标可以设计三个层次：基础性目标——要求全部学生达到的目标，拓展性目标——要求 80% 以上中下等学生达到的目标，挑战性目标——面向 5%~10% 学有余力、基础较好的学生设计的目标。教学目标编制要有弹性，既做统一要求，又有区别对待，基本方式是"上不封顶，下要保底"，做法是对不同层次的学生，心中有不同水平的教学目标。

（五）检测评价

评析检测评价，主要看两个方面：一是目标的设定，二是目标的达成。教学目标评析，要考察教学目标设定的可检测性，即达成评价。通常，教学目标的检测是通过检测学生学习目标来完成的。所以编制的教学目标应转化为学习目标。学习目标应具有一定的可检测性，学习步骤都指向不同层级的目标，学生明白目标的同时，也知道如何检测目标是否实现。达成评价：能证明学生通过哪些证据（如小测验、考试、问答题、观察、作业）证明自己达到了预期的目标。

教学目标转化为学习目标。目标不要太多，原则上 2~3 条便可；目标要体现知识、方法、思维、素养等多个维度。每条尽量用"行为主体＋行为条件＋行为动词＋行为结果"来书写，表述中不能使用模糊不清的目标行为动词，比如"了解""掌握"，因为学习目标的行为主体是学生，他们很难界定到什么程度才算是"了解""掌握"，要使用"我能说出""我能辨认、复述、识别、背诵、回忆、选出、举例"等句式，尽量使目标描述具体，便于落实到位。

怎样判定一节课的教学效率？主要考察一节课教学目标（学习目标）的达成度。

考察教学目标的达成情况有四个维度：课堂的氛围、学生的表现、活动的效果、学习的收获。课堂上，学生面部表情是一张"晴雨表"：一节课上学生究竟学到了什么？能力提高了多少？感受到学习、成长的快乐和幸福了吗？好课的重要标准是看学生的收获。学习真正发生了，有实际收获，就是好课。观察学习的成效还要看学生学习的可持续性，即学生学完本课对后续知识学习的期待度。一节好课应该是学生听了还想听、不愿意下的课，这样的课堂，他们往往经历了困难，解决了问题，完成了任务，成功的喜悦才会如此强烈。

综上所述，要评好一节课，可以从逆向设计、取舍合理、具体明确、差异分层、检测评价等方面对教学目标进行评价（见表6-2）。

表6-2　教学目标评价量表

评价维度	观察记录					
	优秀 （20分）	良好 （15分）	一般 （10分）	待改进 （5分）	未观察到 （0分）	分数合计
逆向设计 （20分）						
取舍合理 （20分）						
具体明确 （20分）						
差异分层 （20分）						
检测评价 （20分）						
备注						

三、看教学内容——组织处理恰当（载体）

教材内容≠教学内容，用教材教而不是教教材应是每一位教师的共识。叶圣陶先生说："教材只能作为授课的依据，要教得好，使学生受到实益，还得靠教师的善于应用。"尽管不同版本的教材都是许多专家呕心沥血制作而成，但这绝不意味着教师可以照本宣科。教学是一个再创造的过程，从课本到课堂有一个教师个性化选择教材内容、落实教学内容的过程。要想让课堂教学更有效，教师要善于对教学内容进行优化整合和重组，即围绕选好内容抓手和选准方法抓手，让教学内容比教材内容更优、更高、更有意义。

教师要善于对教学内容进行优化整合和重组，即围绕教学目标选好内容抓手，选准方法抓手，教师组织处理教材，优化教学内容应该完成四个转化：（1）把教材内容转化为教学内容。（2）把教学目标转化为学习目标。（3）把学习内容转化为知识问题化。（4）把知识问题转化为学习活动。

评析要点如下。

（一）单元整合

《义务教育课程方案（2022年版）》指出："探索大单元教学，积极开展主题化、项目式学习等综合性教学活动，促进学生举一反三、融会贯通，加强知识间的内在关联，促进知识结构化。"这里的"大单元教学"和通常说的单元整体教学有共通之处。所谓大单元，是指基于学科核心素养和课程标准要求，根据学生认知规律和基本学情，对教材进行整合处理，以主题为线索，以任务为驱动，以情境为依托，形成贯通学习情境、学习任务、学习活动和学习评价整体联系的最小的教学单位。

单元整合就是要瞻前顾后，关键是处理好全册、单元、课时备课的关系。全册备课要弄清教材体例，全面把握教材内容，准确理解编写意图，透彻理解教材的内在联系、纵横关系及广度深度，在此基础上确定教学目的和要求。

单元整合要立足一章或者一个知识单元的内容，对单元教材资源进行深度挖掘，提取出单元教学的核心价值，在此基础上，根据本班学情，确定基于学生"最近发展区"与本单元发展学科核心素养切实需要的教学目标、内容，对原有教材章节编排组合与教学结构、次序可以进行个性调整，创造性地进行整体教学。单元创新教学设计思路见图6-1。

图 6-1　单元创新教学设计思路

　　课时备课是根据单元明确的教学目的、任务、要求、重点、难点、疑点及其相应的教学方法，进一步从每节课的实际出发，认真研究和解决单元备课各项计划的具体落实，课时安排要合理。

　　教材离学生越近，发挥作用越好。过去，教科书是学生的世界，现在，世界是学生的教科书，教学应该贴近学生、贴近生活。教学内容离学生生活越近，越利于学生对知识的理解与运用。无论什么版本的教材，由于受地域和学生实际的限制，以及文本教材本身的局限，不可能同时适应不同地域的学生。所以，教师使用时不宜照本宣科，应根据需要做必要的调整。例如，一位教师依据文体特点对九年级上册第二单元、第五单元进行了单元整合教学设计，具体如下。

　　单元课时安排：共 12 课时。

　　（1）通过教读课文，学习文体知识。（3 课时）

　　（2）认识多种议论性文章样式。（2 课时）

　　（3）"1+X"教学：

　　①快速抓取作者观点（《不完满才是人生》《在义与利之外》《纯真与练达》《莫言的清醒》）。（1 课时）

　　②如何用论据证明观点（《谈骨气》《生命的力量》《成熟的稻谷会弯腰》《摆渡自己》《人的高贵在于灵魂》《有一种辉映叫相信》）。（2 课时）

　　③有层次地论证（《养成写日记的习惯》《注意力，"好钢用在刀刃上"》《有一种精神叫专一》《积淀，成就人生的高度》）。（1 课时）

　　（4）主题演讲。（1 课时）

　　（5）年级辩论比赛。（2 课时）

　　从上述教学设计中可以看到，执教者在充分领会统编教材 3+X 的编写意图的基础上，对教材内容进行了重组，引入了更多的阅读内容，共同支撑单元教学目标的达成。

考察教材处理体现：薄—厚—薄。从薄到厚，再从厚到薄。第一个"薄"，即吃透教材。厚，即广开视野。收集与本课教材有关的资料，优选教学资源。第二个"薄"，即梳理整合。根据教师自己和班级学生的实际情况进行取舍扬弃。通常教师处理教材体现三个阶段：有它没我（有教材没有教师），有它有我（有教材，有教师），有我没它（有教师，没教材），即教师既要尊重教材，吃透教师，同时还要跳出教材，有教师对教材独特的处理，从而使教学内容体现"三精"——内容精要、方法精巧、语言精炼，"两适"——适度、适量。

教材处理与教学设计不能把学生的学习兴趣、情绪、信心等问题搁置起来，死盯着效率、效果。事实上，不关注、不激发学生情感，不顾及、不调动学生兴趣的教学绝对是低效的，甚至是无效的、负效的。要感动学生，先感动教师，"好课"的教学内容一定是学生既"爱吃"，又有"营养"。处理教材的一种有效方法就是活化教材，设法让静止的、抽象的、死板的教学内容活动起来，从而增强教学的感染力和吸引力。

（二）依据学情

评析教学内容还要看教师依据学情"以学定教，顺学而导"，是不是将教学目标转化为学习目标。依据学情选择教学内容，就必须研究"这一班"的学生，要理性地、有理由地判断，将教学内容选择的区间确定在学生的"已知点"上，定位在学生"能力发展区"的模糊处和空白处。这样选择的教学内容对于学生而言才是有意义的，其意义在于：完成这些内容的学习过程，是学生巩固自己已知的过程，是学生澄清自己模糊的过程，也是学生探究未知最终获得新知的过程。这样的阅读才是有效的阅读，这样的课堂才是高效的课堂。下面以《奇妙的克隆》为例进行说明。

作为一篇说明类课文，许多教师选择的教学内容仅仅停留在说明对象、说明方法、说明顺序等"是什么"所涉及的一些内容上，这些内容尽管也是说明类课文"类特点"的部分呈现，但对很多学生而言是无趣、无味、无用的，是很多学生通过自主学习就完全可以"已知"的，这样的教学充其量只是"学生知道的继续让学生知道一遍"而已。如果从学生实际出发来选择教学内容，《奇妙的克隆》课文教学应该定调在学生的"已知"之上，超出这篇课文"类特点"能力层面。有位教师在学生充分预习并已知学生学习状况的前提下，将这篇课文的教学内容确定为"深度领会本文的逻辑顺序"，然后用四个主问题构成课堂教学内容。第一个问题：四个小标题将课文分为四节，这四节的位置及排序合理吗？第二个问题："克隆鲫鱼出世前后"和"克隆羊多利"两节能不能换位置呢？第三个问题："克隆羊多利"这一节为什么单独成一节，而不是与"克隆鲫鱼出世前后"合并为一节？第四个问题："克隆技术造福人类"一节中五个段落的顺序是否合理？这种教学核心的选择和主问题的设计，既符合《奇妙的克隆》这篇课文的个性，又合乎学生学习这篇课文"已知什么""可知什么"的实际。学生完成这样一个课堂学习的过程，在逻辑顺序这个问题上应该说是澄清了模糊，获得了新知，思维能力一定会得到提高和发展。

（三）无疑生疑

教师组织处理教材的另一项重要任务是把知识问题化，让教材无疑处须教有疑。问题是教学的心脏，是教学的源头，问题的背后是人的好奇心。课堂教学中，学生遇到问题才会有兴趣，才会有想了解"真相"的欲望。但并不是随随便便把教材内容呈现出来，就能让学生产生强烈的学习兴趣与探索的愿望，获得深刻的感悟。只有那些能够激发学生强烈学习需要与兴趣的教学内容，只有那些能够带给学生以挑战，让他们获得积极的深层次体验，能给学生足够自主空间、足够活动机会的教学活动，才能使课堂充满激情与活力。所以，学习为本的课堂，中间的桥梁是"问题化学习"，教师对教材进行"二次开发"，把教材转化为学材，多以问题式呈现方式给学生。知识问题化要关注主问题的设计。主问题是相对课堂上随意连问、简单追问和习惯性碎问而言的，它是指课文研读教学中能"牵一发而动全身"的重要问题。

（四）谋划活动

教师处理教材第四个任务就是谋划活动，即把课堂问题转化为学习活动。核心素养的提出，是课程育人观念的重大变革，也推动着课程内容与育人方式的重大变革。课程内容的变化，带来教与学的变革。新课标倡导做中学、用中学、创中学，追求课程内容、学生生活、实践之间的融通。依托教学内容设置高质量的学习活动是有效教学的必然路径。

例如，义务教育阶段的语文课程内容主要以"学习任务群"组织与呈现。学习任务群，让课程内容不再是静态的教材及教材所呈现的知识系统，而是动态的、在学习材料基础上进行设计的系列学习活动。

下面是特级教师王崧舟基于单元整体设计学习任务群的案例。

注重单元整合，多维认识人物
——鲁迅单元（六年级）

活动一：畅聊鲁迅，激发兴趣——设置情境，明确目标（案例中的小标题）

设计了一节导读课，明确这个单元的学习目标，学习单元字词，读通、读顺难读的句子，交流对鲁迅的粗浅印象。

在单元教学前，老师给学生们做了一个关于认识鲁迅的讲座，拉近鲁迅和学生的距离，激发学生对鲁迅的兴趣，让学生对人物先有个粗略的认识。

活动二：群文阅读，丰富认识——多维了解，整合练笔（案例中的小标题）

教学前，读一读《从百草园到三味书屋》《父亲的病》《藤野先生》这三篇文章，不认识的字、不理解的地方跳过去，对鲁迅先生有一个粗浅的认识即可。（任务前置）

安排两节课了解他人对鲁迅的评价，学习内容是《有的人》《我的伯父鲁迅先生》，在课堂练习的时候阅读《一面》，写下对鲁迅的新的看法。

再通过阅读鲁迅的作品，了解他的童年、少年、青年时光。教学《少年闰土》，结合《故乡》原文，让学生对当时的社会和鲁迅对现实的不满有一些认识。阅读《风筝》，了解鲁迅的少年时光，了解他作为兄长的无奈和遗憾。教学《好的故事》，了解他的青年时光，了解他对美好事物的追求和向往。

活动三：关联生活，表达创作——授之以渔，了解人物（案例中的小标题）

（下略）

王崧舟老师的这组教学活动的设计，体现了单元整体设计，完成了学习任务群的活动谋划。其思路清晰、层次分明，任务驱动环环相扣，这既能激发学生的学习兴趣，也有助于让学生在活动中经历和体验，培养核心素养。

综上所述，要评好一节课，可以从单元整合、依据学情、无疑生疑、谋化活动等方面对教学内容进行评价（见表6-3）。

表6-3　教学内容评价量表

评析维度	观察记录					
	优秀（25分）	良好（20分）	一般（15分）	待改进（10分）	未观察到（0分）	分数合计
单元整合（25分）						
依据学情（25分）						
无疑生疑（25分）						
谋化活动（25分）						
备注						

四、看教学流程——结构合理有序（框架）

教学流程通常指一节课的课堂结构和教学环节设计。课堂结构是指课的组成部分及各个部分之间的联系、顺序和时间分配。评析一节课是不是好课，除了前面提到的三个方面外，还要看教学过程，包括必要的教学环节、层次清晰、过程流畅、课堂容量适当、时间分配合理等。

物质的结构方式不同，其特性会截然不同。比如，同是碳元素，其分子采取平面结构方式排列，即成石墨；采取立体网状结构方式排列，则成坚硬无比的金刚石。同样，不同的教学结构，也会带来不同的教学效果。

评析要点如下。

（一）环节建构

教学环节清晰明了是我们在课堂教学评价中常常使用的一句话。清晰明了是指教学环节的指向性明确，具体来说，就是教学的每一步，教师都明白自己要教什么。教学首先是科学，课堂设置的教学环节应是一条环环相扣的链，谁前谁后，应该有一定的逻辑。多年来，笔者一直致力于对名师和名校课堂结构与流程的研究，试图找到课堂教学流程结构中最本质的东西，为此总结提炼出"导、学、练、测、结、拓"六字要素。

1. 导：目标定向激情导入

一台好戏演好序幕，一篇新闻写好导语，一部乐章奏好序曲，先声夺人，才能激发人的兴趣，吸引人的注意力。同理，新奇多趣、引人入胜的课堂导入，能把学生带进一个跃跃欲试、美不胜收的学习天地里。

什么是导入？导入是指教师在一个新的教学内容或教学活动开始时，引导学生进入学习境界的语言艺术与行为方式。通常课堂导入有两个重要目的：一是引起学生兴趣，二是切入教学内容。

例如，特级教师王君在执教《老王》一课时的导入是这样设计的：

同学们，王老师是个热爱生命的人。我经常对我的朋友和学生们说，日子要像鲜花，一朵一朵地绽放。但是同学们，生命有时候很遗憾，很无奈，很艰辛，不仅不是鲜花，甚至连草都不是，就像被人任意践踏的尘土，就如今天我们学习的《老王》。老王的生命状态是什么样的呢？我们先读课文中的这个句子，预备，齐！

这个导入简洁、快速，达到了导入的两个目的，就是有效的导入。

2.学：学导并用，问题探究

这个环节因课而宜，多数情况下活动环节如下：

（1）学生借助问题或者导学案先自主学习。（教师的自学指导要做到四明确：明确时间、明确内容、明确方法、明确要求。）

（2）学生带着问题在小组交流合作探究。

（3）呈现成果（有的是个人呈现，有的是小组呈现），锻炼学生的抽取、处理信息以及概括能力——属于深度思维活动。

（4）其他同学补充、修正。这时，课堂是师生阅读、对话与倾听的过程，教师搭建质疑的平台，鼓励学生追根溯源、呈现不同观点，鼓励学生根据分析学习内容，提出新问题。这个时间教师不能急，要学会等待。

（5）教师归纳总结，确认成果。

这个环节是一节课的主体部分，也是最精彩的部分，设计的好与坏决定一节课的成与败。教师必须在充分理解教材的基础上做到中心突出，主题鲜明，抓住重点，而且要厘清思路，设计好层次。

3.练：精选精练形式多样

中国传统教学中的"讲练结合"是最值得我们继承的经验。讲解之后的巩固练习是一个人掌握知识，形成技能，由懂到熟，由熟到巧的必由之路。没有训练就没有能力，没有训练就没有积累，没有训练就没有运用的过程。所以，教师备课时要特别重视对习题的选择和训练的设计。

当前课堂训练大体上有七种状况：精讲精练、精讲多练、多讲多练、乱讲乱练、只讲不练、只练不讲、不讲不练。调查表明：精讲精练占 10%，多讲多练占 80%，乱讲乱练占 10%。而练习设计误区主要表现在：重讲轻练——挤占学生练习时间；重点轻面——练了少数，丢掉多数；重旧轻新——简单重复，机械操练；重量轻质——只顾数量，不讲质量。

怎样精心设计训练？功在课前，效在课上。课前勤一点，课上懒一点。一个聪明的教师一定在训练的习题选择和设计上下功夫。因为把习题训练设计好，将大大提高课堂效率。好的课堂训练设计应该坚持六性：针对性、层次性、典型性、挑战性、趣味性、多样性。

4. 测：学情反馈，达标补救

农民种地，春种为的是秋收，到了秋天，他们会想方设法把一年的收成颗粒归仓。教师上课也是同样的道理，不能只管教，忽略教学的效果。这就需要设计"测"这个教学环节，先是学情反馈，而后达标补救，做到堂堂清。

讲解训练后，全体同学是否都能够达到学习目标，尤其是那些成绩较弱的同学，这就需要我们及时进行学习效果反馈。特级教师徐利就很重视学情反馈这个环节。他主要从以下三个方面进行：

（1）一个做法。徐利老师通常是在一个学习小组内抽四名成绩较弱的同学进行检测，采用"ABAB"型，即相邻的同学不做同一问题，通过他们的现场板演进行达标检验。

（2）两个重点。①重点学生。徐利老师根据学生的数学基础，选取数学成绩相对较弱的部分同学分成两个组作为重点反馈对象，在楼道内的黑板上进行重点检测。这种做法，使数学待转化生每节课都在转化中，都在提高中。②重点问题。从展示的题目中选择两个有价值的题目（或编制两个典型的变式题目）进行重点问题反馈。

（3）三个目的：达标测评，帮扶，集中点评。

反馈与评价是教师测量教学效果的重要途径。通过"测"及时反馈与评价，才能够规避课堂学习方向的偏离，避免走弯路、走错路的现象，才能精准定位学生到底"走到了哪里"。目前，许多老师都忽略了对这个环节的设计。

5. 结：系统归纳，巩固记忆

进得去，还要出得来。一节好课不仅要巧设导入，还应该处理好结尾。明代文学家谢榛说："起句当如爆竹，骤响易彻；结句当如撞钟，清音如余。"的确，一堂课如一乐曲，结尾好犹如曲终时留下袅袅不尽的余音。

结课是一节课的课尾处理，评析结课设计可以考察几个方面：（1）看归纳概括——让学生知识系统化；（2）看画龙点睛——让学生掌握重点；（3）看复习巩固——让学生强化记忆。

6. 拓：拓展延伸，余味无穷

课已尽而余味无穷，这是拓展延伸设计的作用。课堂学习的时空是有限的，在整个学生发展和学科课程学习链条上是一个定点。我们需要从一节课辐射开，有意把课内知识引入到课外，或引入到课外的阅读上，或引入到动植物的研究上，或引入到自然、地理的研究上。

拓展有多种形式，如发散式——激思、回味式——激情、延伸式——激趣等。

教学过程的"导、学、练、测、结、拓"六个环节并非彼此孤立和僵化的，教师可以根据教学内容和课堂教学实际需要灵活运用。如在多数情况下一节课需要体现六个环节的设计，而有些情况就只需体现四个或者五个环节；有些情况下"练"和"测"可以设计在一起，有些情况下"结"和"拓"可以设计在一起。

（二）时间分配

时间分配就是要考虑教学环节的均衡性，即每个教学环节的时间安排是不是合理，有没有前紧后松或后松前紧的现象。时间分配因学科年级不同而不同，即使是同一学科年级，因每课内容不同，时间分配也有差异。通常 45 分钟的课，一般导 3~5 分钟、学 8~10 分钟、练 10~15 分钟、测 5~8 分钟、结 3~5 分钟、拓 2~3 分钟。

课堂节奏包括内容轻重疏密搭配的节奏、师生交替活动的节奏等。考察课堂教学节奏可以从"缓坡度、高密度、快节奏"来考虑。缓坡度指教师要注意教学目标设定的层次性，依次螺旋上升；要注意教学内容安排的层次性，分散难点、突出重点、由浅入深；要注意教学实施的层次性。高密度指课堂教学要把控信息量的扩充，关注思维量的增加，重视交流量的提高。快节奏不是快进度，而是教师采用小步子、高频率的方法，减小知识坡度，加快学习速度，缩小学生学习差距。

（三）巧妙衔接

我们把一节课分为六个环节，但各环节之间并不是彼此孤立和僵化的，各环节需要巧妙衔接、过渡自然。每个教学环节应该紧紧围绕教学目标组成一个闭环，每一个环节、每一项活动都应该指向教学目标。课堂流程设计应符合学生年龄特征及认知规律；教学流程应符合学科逻辑，严谨流畅，疏密有致。

（四）学教一体

教学流程既要有教师设计的教的流程，也要有在教师组织引领下的学生学习活动设计的流程。师生角色分配清楚，双方协商好规则、程序及自由空间，充分体现学生的学习活动，体现教为学服务，教不越位，学要到位；体现教材思路、学生学习思路与教师教学思路的一致性。

综上所述，要评好一节课，可以从环节建构、时间分配、巧妙衔接、学教一体等方面对教学流程进行评价（见表 6-4）。

表 6-4　教学流程评价量表

评析维度	观察记录					
	优秀 （25分）	良好 （20分）	一般 （15分）	待改进 （10分）	未观察到 （0分）	分数 合计
环节建构 （25分）						
时间分配 （25分）						
巧妙衔接 （25分）						
学教一体 （25分）						
备注						

五、看教学方法——选择运用得当（措施）

这里的"看教学方法"指向教学内容与策略方法，即该"怎么去"。教贵有法，教无定法。面对不同学科、不同学段的学生，在教学方法的选择上固然会有所差异，但其选择标准是一致的，那就是帮助学习者在相应的学科实践活动中形成和发展自身的能力和素养。2022年版的义务教育课程标准所提出的学科实践超越了传统知识授受的学习方式和探究学习，代表学习方式变革的新方向。在学科实践的育人模式中，学科知识往往是以情境、问题、任务、项目的方式进行"登山式"的呈现和推进，这对教师灵活运用多种教学方法也提出了更多的挑战。

教学方法不是越复杂越好，而是提倡简单的方法。在效果相同或相近的情况下，简单就意味着低成本。要想简单、高效，关键是组织要严谨，教学方法要得当，策略要有效。

评析要点如下。

（一）学科特点

方法好不好首先看是不是体现了学科特点。学科性质不同，其适合的教学方法也不同。如语文注重听、说、读、写，数学要有数学味、生活味，英语注重游戏与情境，道德与法治、思想品德关注生活体验，物理和化学重视实验与操作等，这都是由学科性质决定的。要想着重培养学生的口语表达能力，可以采用谈话法和讨论法；实验较多，可以采用比较直观的演示法和实验法；动作技能领域的教学内容采用示范模仿法和练习反馈法较好，情感领域的教学内容则更适合用欣赏法去陶冶。

（二）情境设计

教师和学生都有这样的困惑：教师觉得自己讲了很多遍，但学生仍不会；学生觉得老师一讲就明白，但自己做，就不会。产生这些困惑的原因是多方面的，但是学生缺乏在真实的教学情境中来体验和感悟是其中一个重要原因。近几年的高考命题呈现出"无价值，不入题；无思维，不命题；无情境，不成题"的典型特征，其意在考查学生的思维品质和综合运用所学知识发现问题、分析问题和解决问题的能力。因此能否有效创设指向学科素养的教学情境成为评价一节课的重要指标之一。有关教师教学情境的设计将在第14章进行论述，这里不再赘述。

（三）合作学习

多元化的教学手段和方法是上好各种课的重要条件，一种方法为主，辅以多种方法配合，在教师的组织引领、指导下，才能让学生充分地独学、对学、组学、群学。倡导小组合作是课改的研究重点，一些实力薄弱的学校通过向传统课堂发起挑战，以"小组合作"与"学生展示"为特征，创生了不少"方法模式"，改变了传统课堂死气沉沉的局面。但当下又出现了合作形式主义化，其有六大痛点：一是独学的虚化，二是对学的不足，三是合作的过度化，四是合作的浅表化，五是合作的功利化，六是被合作的现象。

考察小组合作学习的有效性考虑以下六点：（1）有必要（针对重点、难点，看是不是值得）；（2）有自主（自主是基础，有问题提交）；（3）有合作（合作目标明确、分工合作安排合理）；（4）有展示（有合作成果，思维有张力、深度）；（5）有提升（从发散到收敛，大开大合，收放自如，重难点问题基本解决）；（6）有组织（活而不乱，合作有序）。

（四）学教得当

新课改不是不让教师"讲"，而是对"讲"提出了更高的要求：讲在重点的关键处，讲在知识的概括处，讲在思维的提升处。不是讲得"少"，而是讲得"精"、讲得"好"、讲得"有序"；不是就题讲题，而是要由题生发地讲，指导学生如何应用理论知识解决实际问题。一堂没有教师精要讲授和适时点拨的课，一定缺乏深度。教师既要尊重学生，也要发挥自身的指导、点拨、调控作用，对学生理解不了、领会不深和认识错误的地方，要做必要的讲解。

对于每节课教师具体讲多长时间，要根据出现问题的多少和难易程度而定，如问题少、容易懂，教师可以少讲；问题多、不易懂，教师可以适度多讲。不同的科目、班级，情况各不相同，教师的指导方法和讲授时间也就不同。讲授不是单一的，总伴随启发、引导、追问、点拨的过程。

（五）学习支架

学习支架指的是为学生学习提供帮助和支持的有效材料。它可以是学习的方法、途径、方向，供模仿的对象、范例，也可以是使用的工具、观察的实物等。支架可以由教师提供，也可以是学生自己准备或相互提供，比如，现在课堂常用的导学案、学习单，教师制作的各种课件等。

信息技术的运用也属于一种学习支架，然而信息技术是一把双刃剑，运用适当，能辅助教学，用不好会带来负面影响。好的信息技术，一定是用于辅助教学，而非喧宾夺主。

综上所述，要评好一节课，可以从学科特点、情境设计、合作学习、学教得当、学习支架等方面对教学方法进行评价（见表6-5）。

表6-5　教学方法运用评价量表

评价维度	观察记录					
	优秀 （20分）	良好 （15分）	一般 （10分）	待改进 （5分）	未观察到 （0分）	分数合计
学科特点 （20分）						
情境设计 （20分）						
合作学习 （20分）						
学教得当 （20分）						
学习支架 （20分）						
备注						

六、看教学素养——体现个人教学特点（风格）

越是民族的，越是世界的，越是个性的，越是大众的。看课不仅要看共性，还要看个性，看每个教师的潜质素养和特点。

（一）教学基本功

扎实的教学基本功是教师上好课的基础。教学语言精当、板书设计合理、信息技术操作娴熟、教态阳光、教学有激情的教师一定是有较强的教学基本功。一节好课，教师的语言至关重要。如语言的生动与枯燥、简练与啰唆，语速的快慢，声音的高低，语调的抑扬顿挫等都关系到课堂教学的成败。

（二）组织调控

三分教学，七分管理。如怎样组织学习活动？怎样有效调控学生的课堂纪律？怎样调动学生的学习兴趣？怎样让课堂产生民主、和谐、热烈的课堂气氛？怎样评价学生的学习行为……

教学机智是教师组织调控课堂教学常见的一种能力和智慧。所谓教学机智，是教师面临复杂教学情况所表现的一种敏感、迅速、准确的判断和快速反应的能力。教师的教学机智主要表现在：一是课堂沉稳，遇事不急不惊；二是敏锐洞察，能快速捕捉课堂突发的信息；三是在紧急时刻能随机应变，快速反应，化险为夷。

（三）评价艺术

行为科学证明：一个人如果受到正确而充分的激励，能力就可以发挥出80%~90%，甚至更多。评价是一门科学和艺术，但它也是一把双刃剑。评价得当，对学生是一种激励，评价不当，则会大大降低评价功能，乃至产生负效应。目前，评价有四个误区：以教师自我为中心、以优等学生为中心、以整齐划一答案为中心、以单一教学目标为中心。

评价艺术主要考察"四性"：（1）心灵碰撞——体现真诚性；（2）行为导向——体现针对性。（3）用语艺术——体现激励性；（4）学会等待——体现时机性。

（四）个性特点

真正的教学艺术都是个性化的。听课不仅要看共性，还要看老师的教学个性。如有的老师口才好，上课讲得神采飞扬，学生听得津津有味；有的老师擅长组织学生课内自学；有的老师善于调动学生参与课堂的积极性，总是激励学生动口说乃至登台演说；有的老师书法好，精于板书设计……这都能表现出教师的个性特点。

综上所述，要评好一节课，可以从教学基本功、组织调控、评价艺术、个性特点等方面对教师的教学素养进行评价（见表6-6）。

表6-6 教师教学素养评价量表

评析维度	观察记录					
	优秀（25分）	良好（20分）	一般（15分）	待改进（1分）	未观察到（0分）	分数合计
教学基本功（25分）						
组织调控（25分）						
评价艺术（25分）						
个性特点（25分）						
备注						

怎样评价一节好课？本章提出看教学思想、教学目标、教学内容、教学流程、教学方法、教学素养的"六看"，仅仅是一家之言，肯定有不完美之处。由于课堂教学的复杂性和多样性，什么样的课是一节好课，很值得我们不断去研究和讨论。生活中，我们一心想追求完美的事物，虽然根本没有完美的事物，但我们在追求完美的生活和事物中有成长、进步，能享受美丽的生活。教师也要在追求完美的课堂过程中成长并享受快乐。

思考题

1. 你怎样看待一节好课？

2. 简单叙述本章提出的评析一节课的标准的基本内容。

3. 你认为应该怎样评析一节课的教学目标？

第 7 章

学识与真诚同在，方法与智慧共存

——评课原则与方法

　　盲目听十节不如认真评一节，评课是有效听评课的"最后一公里"。一方面，评课反馈的信息可以帮助执教教师反省教学成功或失败的原因，便于及时修正、调整和改进教学；另一方面，评课是教师之间交流教学经验、切磋教艺的最好平台。听课能看到课堂客观事实，不过听是手段，评是目的，教师既要听得准确，更要评出精彩。由感性出发，多进行理性思考，能够将听评课的效益最大化。从某种意义上说，评课比听课更重要：会评课，听课才有意义；会评课，才会真正上课。

　　怎样评好课呢？学识与真诚同在，方法与智慧共存。评课是一门技术，更是一门艺术，它需要教师有真诚的态度和掌握一定评课方法与智慧。评课是一种说服的艺术。俗话说，"一句话能把人说跳，一句话能把人说笑"，说服是一种技巧，是一种智慧。充分尊重别人，是说服别人的心理基础；以理服人，是让人心悦诚服的保证。给优秀者锦上添花，给不足者雪中送炭，使点评别有一番风味。

一、评课的问题

　　由于受种种因素的影响，目前在评课的问题上，还存在许多不尽如人意的地方，表现如下。

（一）只听不评

不少教师统计听课的次数不少，但实际认真进行评课交流的却不多。在学校听评课活动中重听轻评相当普遍。不少学校开展教研活动时，听课时还是济济一堂，评课时却寥寥无几。

（二）评课肤浅

听课教师只是为了完成听课任务，不理解听课的目的，不分析听课的内容，不清楚要研究的问题。有的教师虽然参加了评课，但不够认真，或缺少理论，评课没有深度；有的教师虽提出不少意见，但多半是枝节问题，泛泛而谈，触及不到关键问题。难怪有些教师感叹：这样的评议没啥意思。

（三）评议虚假

有的听课教师即使参与了评课，但碍于情面，只是走走过场，对执教教师的课只说好的，不说坏的。评议中，经常是发言者只有三五人，评议者只有三言两语，评课冷场。听课教师评议时，或对缺点视而不见、只字不提，或对一些枝节问题，如执教教师的板书、教态做评价，不触及教学的实质问题，给人虚假逢迎、敷衍了事之感。

（四）面面俱到

听课教师没有根据每一次课的听课目的、所讲课型以及研讨主题进行评课。评课时面面俱到、泛泛而谈，难以突破重点。

（五）你评我受

在一些评课活动中，教研员或校长的强权化现象很明显。他们往往以专家身份自居，偏于绝对化。对于所评之课，要么一无是处，要么十全十美，这种"你评我接受"的"一言堂"评课方式效果很不好。

（六）只诊不治

在评课中，评课者滔滔不绝地讲述着活动中的各种问题，但对这些问题却不加分析，更没有解决的对策，这样的评课是被评者最反感且效率不高的。评课如行医，既要看症状诊断出病因，更要以此开出治标与治本的药方，这样的评课才是高明的、有效的。

（七）空洞枯燥

有的评课理论多实践少，或只讲理论而不联系教学活动，被评者会感到枯燥且不知如何去修改、提升。如有的评课空谈教学理念、教学目标、教学内容、教学基本功等，而不结合课堂实际案例做具体点评，提出实质性的建议，让参与评课的教师有平淡无奇之感。

（八）零零碎碎

评课没有做主题或系统梳理，没有条理，想到哪就说到哪，缺乏中心，没有侧重，这样的评课收获不会很大。

（九）评新厌旧

部分教师评课有一种"赶时髦"的倾向，喜欢套用"新课型""新方法"等"时尚"的评语，对于传统的教学思想、方法却不置可否。

二、评课的形式

基于听评课的目的不同、执教者水平各异，评课的形式也是多种多样的。

（一）个别交谈式

个别交谈是在听课人数较少的情况下所采取的一种方法，或者在集体听课后，觉得某些问题不便在人多的场合谈所采取的方法。这种方法主要是评课者与执教者单独交谈，先由执教者比较详细地阐述自己的教学设想，然后由评课者交换对课的看法和建议。时间充足的情况下，可以从第一个环节开始，一个环节一个环节地评。这种交流方式让执教者能及时表达自己的想法和困惑，评课可以更有针对性地帮助执教者解决教学中的问题。它对于外出讲课的教师或新教师而言，特别有效。

（二）集中讨论式

集中讨论多适用于公开课、实验课和观摩课。通常，这种课听课人数较多，有领导、教师，有时还有校外的同行乃至上级行政领导和教研人员。评课程序可以采取以下步骤：第一步，执教者进行说课，介绍自己教学方案设计的意图及对教学目标、教材的认识和选择教学方法的依据；第二步，评课教师根据听课的情况以及执教者的介绍，发表各自的看法，进行充分的讨论；第三步，由较权威的领导或教研员综合大家的意见，对课做一个基本评价。评价应切切实实归纳出几条值得借鉴的成功经验和若干条值得注意或需要改进的意见，增强大家对这堂课的总体印象。

（三）书面评议式

书面评议法适用于由于某种原因无法及时评课，要求在一定时间内，每个听课者写出一份书面评析材料。如本校教研可将其张贴在教研园地中，或通过黑板报、校园工作群把听课中发现的好的教学方法及时向老师们做介绍，达到互相借鉴学习的目的。倘若是在乡镇以上的单位，可以集中评课教师书面材料意见，由主管单位领导批准，印成综合评课意见，通过不同方式转发给与会者、执教者学习。

（四）师生互评式

所谓师生互评，是指评教评学由师生共同参加。这种评课形式，一方面，由教者立足课堂教学实践，对教学进行反思，对学生在学习上（从态度、方法到知识的掌握）的积极因素予以肯定，对不良倾向予以疏导；另一方面，也请学生结合自己的学习对老师的讲课加以评价，以保证评论的质量。

如特级教师丁素芬说："2015 年，我上《祖父的园子》，活动邀请了几位学生观察员。课后，学生观察员对课的点评让与会老师感到惊讶——他们从教与学的双重角度对一节课做了全面的扫描，既有对问题设计的评价，又有对朗读细节的关注，还有需求性的建议。学生评课本身也是一种表达力、沟通力的展示。老实说，这些孩子比我十年前的昆山评课更有'文化'。课是上给学生听的，学生最有评课权。"

（五）抽签答辩式

抽签答辩是以抽签的形式选出若干评课者登台评课，然后由教育行政部门和业务部门组成评委，当场打分。答辩的内容分必答题、抽答题和评委提出的即兴题。在教师答辩前，也可以先请教研部的同志进行评课、示范。这种评课方法是把教学、评估、管理、经验交流融为一体，形式新，触及深，也是教师互相学习、互相竞争的经验交流会、研讨会。

（六）自我评议式

自我评议就是执教者课后进行自我总结与反思，包括广泛听取评课者意见等。通常有经验的教师对自己的课堂教学效果，通过感觉能够做出一个初步的自我评估。反思性学习对教师专业成长有实质性帮助。

对话还需要智慧与技巧，讲究方法与策略，这不仅是引发教师以敞亮的心态参与的需要，也是促其暴露、促其反思、促其解构的需要。比如，如何引发话题，如何打破僵局，如何避免激烈的冲突，如何将发散的话题进行收拢，如何将讨论引向深入等。

三、评课的原则

所谓评课原则，是指评课者在评课时应遵循的指导思想和策略。

（一）民主和谐原则

评课是一种共建式对话，不是居高临下的"你教我评"。执教者与评课者的关系不是医患关系，也不是上下级关系，而是"我们一起说"。评课者提出质疑，给出建议，执教者站在原设计的角度思考所提建议是否合理，是否有可操作性，对新建议做实施层面的预估，再给予评课者回应。这就完成了一次共建对话，这样的对话回合可以再多一些，经过深度讨论，实现课堂教学真优化。评课中，评课者要认清定位，评课教师不是单纯的指导者，而是兼有学习者、组织者和引领者多种身份。

评课时首先应该努力创造一个和谐的气氛，创造"场"的相融度——少做结论，多做探讨，发扬民主，集思广益。其次，应该营造一个"百家争鸣"的气氛，使参评者能知无不言、言无不尽。评课时要追求多元化，可以从评课主体（教师自我、学生、同行、教研员）、评课内容（教学目标、教学思想和态度、教学方法、教学基本功或教师维度、学生维度、师生互动维度）、评课方法等方面进行评价。一堂课是优还是劣，是成功还是失败，不能由一些所谓的"权威"或领导说了算。评课必须发扬学术民主，让所有听课者都积极发言，各抒己见，在"百家争鸣"中使执教者课堂教学的优势清晰起来，问题暴露出来，如此才能使评课发挥其应有的作用。

（二）实事求是原则

评课的目的是提高执教者的课堂教学水平，因此要坚持实事求是、以理服人的原则。实事求是指对课的分析要以课堂的真实情况为基础，以科学的理论为依据，不带任何偏见，恰如其分地进行评价，能够准确地指出执教者在课堂教学上存在的问题、需要改进的地方，并指出改进的方向和途径。

特级教师薛法根曾谈到自己的一段经历：

我的导师庄杏珍老师在评课时，不管在什么场合，对我的缺点和问题，从来不避重就轻，而是揪住一点不放，非评个底朝天不可。起初听着觉得无地自容、脊背出汗，但自此以后，所刺痛过的这些问题便再也不曾犯过。有一次，我上《十六年前的回忆》，课前让学生写了读后心得体会，课堂上让学生谈阅读感受，自然精彩纷呈。而庄老师毫不客气、一针见血地挑明了我的"小伎俩"，从此我的课自然真实，再也不敢矫揉造作，走上了语文教学的正道。错一世不如痛一时，评课专家开出的良药虽然苦口，甚至让你一时无颜见人，总胜于你以后误入歧途。

（节选自薛法根《真的不全说，说的全真话》）

从薛法根老师的经历可以看出，正是庄杏珍老师实事求是的评课引导薛老师直面教学中的问题，才促使他一步步走向"语文教学的正道"。

（三）坦率诚恳原则

评课者要掌握心理学知识，灵活运用评课的艺术。评课语言要尽量平和、充满关怀、表现善意，要从帮助、共勉的角度去评价。评课者要从帮助执教者的视角去分析、考虑问题，给执教者一个中肯的指导意见，特别是要用十分诚恳的态度去评课。只有在相互平等、相互真诚的情况下，才能实现有效的沟通。评课者不能以居高临下的姿态去说教，要双向互动、平等交流，要努力实现与所有参与者的和谐沟通。对课的长处一定要充分肯定，看准了问题，就要明确地提出来，不能含含糊糊、一味地"好、好"，无根据地唱颂歌。对缺点和不足，也不应顾及面子、遮遮掩掩，要直截了当地指出，成绩要说够，缺点要说透。

评课要避免走向两极：一种是全盘皆收，失去判断；一种是一无是处，全盘否定。因为没有绝对完美的好课，也没有绝对糟糕的坏课。再好的课，也不可能适合班级所有学生，不可能对每个个体都是最佳的。班级授课制下，我们只能尽量追求更优化。再不济的课，学生也不至于一无所获。

评课要做到"三为主"：要以肯定成绩为主，要以帮助提高为主，要以鼓励改革为主。评课也要注意"五不要"：不要挖苦讽刺，不要轻易下结论，不要以个人的倾向品评，不要居高临下、趾高气扬，不要信口开河。

（四）兼顾整体原则

有些课，立足实际看，应该充分肯定，但用理想化的标准衡量，也许会觉得有问题；有些课，从理想化的角度看，似乎还不错，但对大多数人来说，对当下的现实环境来说，并不具有可行性。这样的课，一味地肯定或否定，都会有副作用。只有将理想的课堂和课堂的现实相统一，这样的评课对于执教者和听课者才会更有意义。

评课时不要孤立地评议一节课，要考虑这节课的内容与前后内容的关系，将这节课放到学期教学这个大背景下评议。同时，评价一个老师的课是优还是劣，既要看当前所听的课，还要看其平时的课；既要看上课，还要看教学成绩。要避免只看一两节课就给老师教学水平下结论的片面做法，要做到全面分析、整体评价。

评课时，针对不同的课型，关注点也不尽相同。（1）研讨课：研讨为本，关注未来。要谈建议、主张，少说定性之言。（2）示范课：关注闪光点，以介绍新思想、新思路为主，多说优点，少说缺点。（3）交流课：提自己的看法时，多一些商量，少一些武断，关注点在互动。（4）调研课：注重观察分析，多谈现象，关注原因。（5）检查课：对评价的目标，多量化，少笼统，关注点在综合性。

（五）激励性原则

没有教学自信的教学是不堪设想的，评课者在评课过程中不仅要时刻维护执教教师的教学自信，还要通过评课来帮助执教教师寻找自信、培养自信、强化自信。评课者科学、艺术的评课能激发教师钻研教材、研究教法的积极性。对于一些中青年教师，如有几次成功的课得到恰当、适时的鼓励和评价，可能会促使他们成长为教学"明星"和能手。我们期望运用激励的导向，达到听一堂课促进多堂课、听一个人的课激励一批人、听一个学科的课推动多个学科的课的效果。

现在有些公开课出现失真的现象，这是领导和专家"逼"出来的——对公开课要求过高，在理想尺度指挥下，总能挑出些毛病来，这也就在某种程度上铸成了失真的教学。教学永远是一门遗憾的艺术，一位教师不管教学能力有多强，课堂总会有缺憾的地方。评课时对教师存在的明显问题提出改进要求和建议是必要的，但不宜过多求全责备。也就是说，对教师的课，我们首先要寻找新的发现，而不是把主要精力放在挑毛病、找差距上，让教师感觉一无是处、无所适从。这样反而会使执教教师丧失提高教学能力的信心，乃至很难积极地去研究学生、改进教法。两年前，一位获得公开课一等奖的领奖者，在领奖时说了一句话："这节课是我上的，但课堂上没有一句话是我说的。"他说他的教案写出来后，在学校教研组讨论时，被砍了一半，到县里后又被砍了一半，剩下的一半到市里也被砍了一些，最后到省里更被砍得精光，然后才到全国来参赛。显然，这样的课不能代表这位教师的真实水平，这种评课对教师的帮助不大。这也启示我们：评课应掌握尺度，但不能越位。

（六）差异性原则

有些评课者在评价别人的一堂课时，往往是用自己的授课观念、授课个性进行评价。与自己的想法、个性接近或相符的，就认为是成功的课或优质的课；与自己的想法不相符的，他们便不以为然。这样的评课不仅没有起到调动执教者授课积极性和提高执教者授课水平的作用，相反，还可能打击他们的积极性。我们要认同课堂教学必须允许"百花齐放"，评价一堂课必须尊重执教者的授课个性。

此外，评课时要考虑教师的个性差异、心理承受力的差异。对年长和心理承受力弱的教师应含蓄、客气一些，对年轻且心理承受力强的教师可坦率、直爽一些。

另外，考虑到执教教师中有刚参加工作不久的新教师，也有经验丰富的老教师，有新秀、骨干，也有能手、名师，有活跃型，也有内向型，有严肃型，也有可亲型，形形色色，各有差异，这就要求评课者考虑教师的阅历、教学经验、性格特点等个体因素，从而进行有针对性的评议，不能整齐划一、求全责备。评课者一定要学会察言观色，学会倾听执教者的自评，以便做出判断，对点评内容进行正确的取舍。点评"仁者见仁，智者见智"，评无定法，因此评课也无法用一些条条框框的标准进行准确量化。只有评课者与执教者达成一致，点评内容才能落到实处。

评不同类型教师的课时，可参考下面的做法。

（1）对已初步形成自己教学特点的"尖子"教师要求不妨高一些，不只要求把课讲明白，还应侧重对他们教学中的擅长之处、独到见解，做一些比较鲜明、突出的分析和概括，并加以提炼和升华，鼓励他们进一步发挥自己的特长，形成自己的风格和特色。

（2）对一些骨干教师，应侧重在改革课堂教学结构、改革教法上多做评议，在如何根据教材的内容、设计教法、指导学法，以及运用多种教学手段、揭示规律等方面，有意识地多发现、多指导、多帮助总结提高。

（3）对一般教师，应根据教学基本功的要求全面评议，力求让他们逐步达到这些要求，并针对他们某一方面或某几方面的薄弱之处，有侧重地加以点拨、指导。

（4）对任教有困难的教师，评课的侧重点应放在教学目的、要求是否明确、集中，教学重点、难点是否把握、讲解得清楚、正确、有条理，讲与练是否进行了结合等课堂教学的主要方面。

（5）对新教师应着重指导他们在课堂教学中逐步达到上课的基本要求。

研训员在评课时要抓住三点：一是目的要明确，不含糊笼统；二是讲课有重点，讲解清楚，不讲错讲偏；三是注意课堂练习。

评课还要注意抓住时机、正确归因等。通常听完课后就评为好，最长不超过一周，时间一旦过长，评者、教者的印象都会淡化，影响评课效果。

四、评课的方法

正确的评课方法，能帮助教师解决教学实践中的问题，提高教师课堂教学水平，促进教师专业成长。目前而言，评课主要有以下几种形式。

（1）先说优点或是值得学习的地方，再提出研讨的问题。这种点评方式比较多见，毕竟良好的开端是点评成功的一半。

（2）先谈需研讨商榷的问题，再把优点加以点评。这种点评开门见山，有针对性，但要注意指出问题的数量不要太多，抓住主要矛盾即可。

（3）在每一条"优点"中，再重新加以设计，提出改进方向，以求更好。这种评课方式对于部分听者来说，容易出现思路不够清晰的问题，需要评课者具备一定的语言组织能力。

（4）评者只谈体会，不直接谈优点和不足，而是通过富有哲理的体会，给执教者留下思考、启迪，或激励、赞扬，或蕴含希望。这种点评层次较高，需要评课者具有一定的教学理论功底，因人而异。

因为每次教师参与听评课的活动内容和方式不同，听课的教师水平也存在差异，因此评课的方法也应有不同。下面介绍几种常见的评课方法，以供教师参考。

（一）整体综合评课法

所谓整体综合评课法，就是评课者对一节课做出全面、系统、综合性的评价，通常是先分析后综合。苏霍姆林斯基说："系统教课之所以必要，是为了看出并理解各种教育现象的实质及因果关系。"评课时，我们也要重视对一节课的综合分析。

综合分析包括以下内容。

（1）从教学理念上分析：依据课堂教学活动实录，评议教学理念在课堂教学中的体现，包括新课程标准理念、现代教育观、学生观等。

（2）从教学目标上分析：教学目标是教学的出发点和归宿，它的正确制定和达成是衡量一节课好的主要尺度。评价时：①从教学目标制定来看，要看是否全面、具体、适宜。②从教学目标达成来看，要看教学目标是否明确地体现在每一个教学环节中，教学手段是否都紧密地围绕教学目标，学生最终的习得是否实现了预期教学目标。

（3）从教材处理上分析：从教的角度看，应该教什么，试图教什么，实际教了什么，是主要的衡量指标；从学的角度看，应该学什么，想让学生学什么，学生实际学到了什么，是主要的衡量指标。

（4）从教学流程上分析：①看教学思路设计。一要看教学思路设计是否符合教学内容实际、学生实际；二要看教学思路的层次、脉络是不是清晰。②看课堂结构安排。主要关注一节课教学环节间的联系、顺序和时间分配。

（5）从教学方法和手段上分析：①看教学方法选择是否充分考虑教学内容、学情，是否科学合理。②看教学方法是否灵活多样，使课堂教学富有艺术性。③看现代化教学手段的运用是否与学科能够自然地深度融合。

（6）从教师教学基本功上分析：从板书、教师教态、教学语言、教具操作、教学机智等方面对教师素养进行点评。

（7）从教学效果上分析：看课堂教学效果是评价课堂教学的重要依据。可以将教学效率、教学目标达成度、学生参与度和受益面作为重要的评价指标。

整体综合评课法的优点是比较系统、完整地来评价一节课。它的缺点是，在评课时间不充足的情况下容易出现面面俱到、缺乏深度的倾向。但是实际评课时，可以根据课的实际情况对上述七个方面有所选择，即在具体评课操作时，不一定对七个方面逐一分析评价，可以选择其中的五个方面、四个方面甚至是三个方面来评析。此外，对所评之课，还可以先梳理出脉络。具体步骤是：第一步，从整体入手，粗粗地看一遍，全课的教学过程是怎样安排的，有几个大的教学步骤。第二步，从整体到部分，逐步分析各个教学步骤，要分别梳理出上面的几个内容。第三步，从部分到整体，将各个教学步骤梳理出的内容汇总起来，再按照一定的顺序，从全课的角度逐个分析评价。

从辽宁到北京，多年来，笔者听过无数的课，多采取整体综合评课法。笔者把上述七个方面作为评课的抓手，然后根据每节课的具体情况，有选择地评，每项内容有多有少，有轻有重。所以，笔者的评课一方面比较系统和完整，另一方面有重点和细节。

（二）"一分为三"归纳法

所谓一分为三，就是把优点说透，缺点不漏，方法给够（提出建议）。归纳分析法不像整体综合评课法需要从七个方面逐一对一节课做评析，而是对整节课的优缺点做总结、归纳，提出课的优点、缺点和建议。采用这个方法评课时，需要注意三点：首先，评课一定要充分尊重执教者的劳动。一般情况下，不论是成功的课，还是失败的课，执教者都在不同程度上花费了心血，因此在评课时，评课者在对问题分析时要肯定这一点。其次，要褒贬得当。评课的褒奖与贬斥要有个"度"，绝不是褒越多越好、贬越少越佳。过多而不切实际的肯定，会给人虚假逢迎之感。在谈到缺点时，要讲分寸，应以商量和提建议的口吻与执教者交换意见。最后，要主次分明。评课时在关键重点问题上要多加分析，讲透道理，而在一般问题上，则可一带而过。尤其对缺点问题要抓要害，予以分析，一般问题可轻描淡写，留给执教者自己去体味。评课本身就是充分说理，把理讲透，对一些问题提供思考线索之后，需要教师自己去琢磨。

（三）寻找特点评课法

什么是特点？从哲学上讲，是一事物区别他事物的规定性。执教者在一节课中的教学特点，既可能是他教学成功的闪光之处，也可能是他教学实践区别于他人的创新之处。所以，评课者要善于发现它、捕捉它、总结它。如果能够抓住一节课中执教者的教学特点和风格，也就为评好一节课打下了良好的基础。

下面是一篇对余映潮老师教学《醉翁亭记》的评课稿。

这是一节美妙的"线条"课。

课中设计了那么多的兴奋点：从不同的角度，按不同的要求，让学生反复地梳理课文的脉络。众多的兴奋点之中有着一定的逻辑联系：从"亭"到"乐"到"醉"到"醉翁之乐"，重点突出而又能让学生理解透彻。

严密的逻辑性中又点缀有趣味性：教师穿插进来的"大远景""特写""空镜头""长镜头""全景镜头""蒙太奇"无疑会使每个孩子全神贯注。

逻辑性表现了教师清晰的思路，趣味性表现了教师的丰富知识，然而这节课中还突出了教师课堂教学设计的优良技艺——科学性。丰富的、立体的、多侧面的、分层次的理解训练，在理解训练中完成的背诵任务，从篇到段到细部的品评咀嚼，不同手段、不同方法的教学过程，都生动地表明了这一点。

像一篇好的散文有着丰富的内蕴一样，除开"教学"这个表象，这节课在"教学设计"上给我们不少的启迪，这其中的"隐含信息"，就留给大家咀嚼吧。

这篇评课稿抓住了这节课教学设计上最突出的特点进行点评，体现了听课者对余老师教学设计的深刻领会。

（四）聚焦片段评课法

聚焦片段评课法是评课者从课堂教学中选取有代表性或典型的教学片段进行评析。这种评析法可以按一节课教学进行的顺序，分若干片段进行全程评价，然后再做一个小的综合评析，也可以从一节课中选择一两个片段进行评断。

下面是吴正宪老师执教的"分数的初步认识"一节中的教学片段。

（吴老师在讲授完分数的产生及概念时，为巩固分数的要领，强调分数要领中的"平均分"，设计了三道判断题。第三道题是"把一张圆纸片分成2份，其中一份占 $\frac{1}{2}$"，学生的回答截然不同，教师没有做出评判。）

师：认为这句话正确的同学请到我的左边排队，认为错误的同学请到我的右边排队。

（学生到台上后，还争议不休，吴老师示意停下。）

师：我们对这个问题有不同意见，可以辩论嘛！好，认为正确的同学为正方，认为错误的同学为反方。先请正方同学推选两名代表，向反方说明自己的理由；然后，请反方同学推选两名代表，向正方阐述自己的理由。

[正方派出两名同学，吴老师给他们一张圆纸片。一名同学从中间对折，撕开，拿出一片，面向反方，振振有词："我们把一张圆纸片分成2份，这其中一份难道不占$\frac{1}{2}$吗？"反方同学沉不住气，气得要表达。吴老师赶紧组织好两队，也给反方两名同学一张圆纸片。反方同学把纸片撕成大小不等的两片，拿出一小片，向正方同学示意："我们也把圆纸片分成2份，这一小片难道是$\frac{1}{2}$吗？"（此时吴老师补充：占其中的$\frac{1}{2}$。）两队僵持不下。]

师：认为对方正确的同学，可以站到对方队伍里去。

（正方一些同学站到了反方那边，还有2名同学坚持自己的判断。）

师：你们不服？说明理由啊。

生（正方）：（出示自己的分法）这道题是说把一张圆纸片分成2份，我们把圆纸片平均分成2份，难道不占$\frac{1}{2}$吗？

生（反方）：（出示自己的分法）你们是平均分成2份，可是题目并没有说平均分，难道我们不是分成2份吗？你们说，这一小份能是$\frac{1}{2}$吗？

师：正方还有话说吗？好，看来是不是"平均分"很关键，能不能占$\frac{1}{2}$要看是否把圆纸片"平均分"了。

江苏徐州师范学校的王俊辉老师对这个片段进行了评析。

新课程标准强调指出，要鼓励学生独立思考，自主探索，要为学生提供各种思考与合作交流的空间。吴老师对学生两种截然不同的答案，并没有简单地指出谁对谁错，提示正确的答案，而是创设组织了"辩论"这一活动，使学生在合作中与同伴进行交流、反思和修正自己的思维方式、认知策略、对问题的解释，并为自己的策略进行辩解。

（五）以果追因法

以果追因法，也叫揭示规律法。所谓以果追因，就是评课者以一节课成或败的效果，去探寻其产生的原因，从中总结出规律性的东西。可以采取以下几个步骤。

第一，判定效果。这种分析判定方法有两种：一是根据现场教学直观地观察，如看学生的神态、课堂气氛、学生对问题的回答、学生课堂教学参与面和参与率等。二是采取出题测试的办法。在即将结束课程的时候，由评课者依据新课教学内容，当场出题，当场测试。有了测试结果，分析课就有了依据。

第二，以果溯因。课堂教学效果有了，那么这种效果是怎样产生的呢？这可以从教师教学目标的确定，教学重点、难点的把握，教学方法的选择，教学手段的运用，教学过程的设计等方面进行分析，查找原因。

第三，总结规律。在这个步骤里，评课者联系教学理论对执教者的课堂教学活动进行理性思考，即透过现象看本质，抛开枝节抓规律。看执教者的教学活动，从教材的处理到教法的选择，从课堂结构、教学环节的安排到现代化教学手段的运用，哪些做得好，符合规律，哪些做得不好，不符合规律，最后得出科学的结论。

（六）自我评议式

自我评议就是执教者课后做自我总结与反思，可以是在广泛听取评课者意见的基础上进行，也可以是自己常态化教学后的坚持。有学者说："认真写三年教案的人，不一定成为优秀的老师；但认真写三年教学反思的人，必定成为有思想的教师，说不定还能写出一个专家来。"以自己的课堂教学实践作为思考对象，对自己的教学内容、教学过程、教学策略以及由此产生的结果加以回顾、思考、分析和评价，进而进行全面、深入、冷静的思考和总结，能够立足发现和解决教学中的问题，不断改进教学过程，提升教学质量。它不仅可以激活教师的教学智慧，而且能够使教师的业务水平不断得以提高，使教学质量得到长效的改进。

有经验的教师，对自己的课堂教学效果，通过感觉能够做一个初步的自我评估。

下面是笔者工作室的一位教师执教口语交际《认识新朋友》后的自我评议。

（1）为了激发学生学习兴趣，我创设了生动活泼的交际情境，从"猜猜我是谁"导入到"微笑名片"，再到"请你认识我（我眼中的他或她）"，帮助学生克服心理障碍，唤起学生参与的热情。从课堂来看，我做到了让每一个学生愿说、会说。

（2）我的课堂教学环节设置清晰，层次分明。从"用一句话说自己一个方面的特点"到"用一件事情把自己或他人的特点介绍具体"，由浅到深，层层递进。围绕"准确表达特点"这一教学目标，让交际有效、有层次地进行，收到了良好的效果。

（3）课堂上的活动是充分的。形式上，我安排的既有师生间一对一的互动，又有学生与学生个体间的自由互动，还有四人小组间的群体互动，最后还有个体学生与群体间的交流活动。

（4）课堂上重视情感态度和价值观的渗透。比如，当学生说一位同学很矮时，我能巧妙地保护孩子的自尊心，把学生的关注点引向更多的方面。再如，在指导一位学生将人物特点用事例说具体时，我请一个学生试说，之后并没有直接评价，而是先让集体评议，给她补充、提建议。在请这个学生重说一遍时，她明显采纳了大家的建议，把事例说得具体又生动。这是我细心指导的结果，也是学生智慧的结晶。这一过程体现了在我的引导下，围绕核心目标，学生由不知到少知，最后到知多、知深的发展过程。总的来说，我觉得这堂课，我和学生彼此都很愉快，实现了我预设的目标。

这位教师对自己的课能够基于教学设计，从课堂教学过程及效果去评价，这样的评议是有价值的。自我评议能够帮助教师对已发生的教学现象进行反思，积极寻求新方法、新策略来解决所面临的教学问题，这会形成自己对教学问题的独特思考和创造性见解，加深对教学活动规律的认识，从而选择更合理的教学策略，提升教学实践的实效性。自我评议是一种再学习的方式，及时有效的教学反思总结是优秀教师在成长过程中不可缺少的重要环节。

"良药苦口利于病，忠言逆耳利于行。"但这句话用在评课上并非十分合适。教育工作者都是知识分子，自尊心很强，也好面子。评课中直来直去，甚至是咄咄逼人的评课姿态，未必合适，有时还会适得其反。评课是一门说服的艺术，是一种说服的智慧，要讲究一点技巧。良药苦口，但裹上糖衣后就不苦了，因此，评课可以先说优点，再说不足。说缺点时用协商和建议的口吻更容易被执教者接受。一言以蔽之，让评课"忠言顺耳"岂不更好！

思考题

1. 你怎样看待评课的重要作用？根据你的观察，当前评课有哪些误区，原因是什么？

2. 通过本章的学习和自己评课的体会，你认为评课应该掌握哪些原则？

3. 通过本章的学习，结合自己的评课体会，谈谈你有哪些评课方法。你最常用的评课方法是哪一种？这种方法的优势是什么，不足是什么？

第 8 章

写中悟，悟中评，评中明

——怎样撰写评课稿

怎样才能把听评课的学习成果及时有效地消化、沉淀下来？"眼过十遍，不如手过一遍"，写课是一种好方法。写中悟，悟中评，评中明，这既能更好地理解吸收一节课的有效信息，又能及时地把听评课的学习成果累积起来，为日后的再学习打好基础。那么，什么是写课？教师该怎样写课呢？

一、用写课来提升听评课效益

什么是写课？简单地说，写课就是记录听评课的思考。它主要包括两种形式：撰写评课稿和撰写听评课的感悟、学习体会。写课不是对评课内容的简单重复记录，而是对话、反思与整合的综合过程。说话和写作都是表达，但是口头评课，语言难免带有随意性和不确定性。整理听课笔记能够使教师有逻辑地表达、规范地表达、精细地表达。这样的写，相对于现场议课来说，就具有了更高的对话质量。评课后的写课，能将散乱的评课内容和感悟条理化、科学化，让学习成果更易借鉴与推广。

（一）写课的优势

1. 整理思路

刚刚听评过的课，虽然有些印象，但还是分散、零散的，片段、肤浅的，如果不及时整理，这些有价值的信息随着时间的推移会逐渐被淡忘。及时写课可以对这些零散的信息进行梳理，对一堂课的认识能够更全面、清晰，在此基础上才能实现对自己教学的触类旁通、举一反三。不论是听评稿，还是感悟体会材料，已经是比较科学化的思维产品。特级教师李吉林说："写作就是研究。"没有写作，研究成果往往会呈现碎片化、思绪化、即时性等特征或状态，写作是对这些研究成果的归纳、整理和提升，也可以说是对平时研究的"二次研究"。

2. 深化理解

如果说评课是感性认识，那么写出来的"课"更为理性，因为撰写评课稿的过程恰好是借助写作更好地消化理解一节课的过程。比如，写课必然要对听课内容进行回顾，或许会发现听课时忽略了的值得反思回味的课堂教学细节，也可以进一步对执教者教学理念的渗透、重难点的突破、课堂学生的学习效果等进行琢磨。这是写中梳理，梳理中提炼，是对一节课最好的消化、理解。窦桂梅老师说："有一个很好的办法，那就是用笔静静记录下自己，并在写作过程中发现崭新的自我。每种力量、每个领域都在为自己找到存在的理由，每个人也都需要自我引导，自觉创造课堂生活的价值和意义。"

3. 成果记载

听评课时肯定都会有"偶有所得""灵光一现"的时刻，这是宝贵的思维成果，如果不及时记录，再想记起会很难。我们在听专家评课时，常常也会获取很多有价值的信息，但如果缺乏自己的思考沉淀，也难以变成自觉的教学行为。平时工作中，教师们从经验到成果，工作没少做，零零散散地取得了不少成就，但因缺乏积累和梳理，大部分被忽略和丢失了。"好记性，不如烂笔头"，用写课及时记载整理这些"偶有所得"，才能使每次听评课的思维成果保存下来，这可是一笔宝贵的财富！这些有可能成为你撰写某篇论文的"引子"，也有可能成为你撰写某篇文章的重要素材。如果日后把一次次听评课的思维成果串联起来，就有可能串成一条"优秀教学研究成果"项链。

老师们会说：写课多难啊！让我上课没问题，但一提到动笔写东西，我就发愁、打怵。可是大家想过没有，越是难走的路，说不定恰好就是最近的路。著名军事专家金一南教授有一句座右铭：做难事必有所得。《为学》中说："天下事有难易乎？为之，则难者亦易；不为，则易者亦难矣。"正因为写作难，它才有魅力和价值。轻而易举得来的东西，很可能价值不大。

（二）写课的误区

目前写课还存在许多不尽如人意的地方，主要表现在以下几个方面。

1. 轻视忽略

通过上面的分析可以看到，写课是一件十分有意义的事。但是许多学校和教师并没有写课的习惯，往往没有留存教研学习成果。究其原因：一是教师普遍觉得写课麻烦又辛苦；二是学校没有建立起写课的制度；三是许多教师缺乏对写课的了解，不知道怎么写。

2. 泛泛而谈

许多学校在开展听评课活动中也布置了让老师们写课的任务，但老师的写课情况并不理想，普遍存在的问题是抓不住重点和中心、面面俱到、泛泛而谈、缺乏深度、没有重点。所以，这样写课的意义不大，效果也不好。

3. 空洞枯燥

有的老师写的评课稿理论多、实践少，空谈一些理论和套话，不能结合课堂教学实际进行分析，评课稿空洞无物，缺乏说服力。

4. 东拼西凑

有的老师写课不是结合所听之课、所评之课的实际深入反思，而是出于应付，从网上搜索别人已有的观点，东拼西凑。大量"借鉴摘抄"形成的所谓"文章"，其实里面对课的真实感悟和理解很少。

5. 缺乏条理

有些老师的评课稿没有做主题或系统梳理，缺乏对课堂从理论到实践的整体观照，没有中心，缺乏条理层次，不成体系。

6. 观点肤浅

教师写课不应该草率从事，需要反复琢磨，深入思考，如果可能，也要微言大义、鞭辟入里。有的教师不理解听课的目的，不分析听课的内容，不清楚要研究的问题。写课的内容或缺少理论，或深度不够，或抓住些枝节问题泛泛而谈，触及不到关键问题，也无法提供解决改进教学问题的有效方式。

二、写课的内容、标准与原则

如何写课是一个看似简单而实际很复杂的问题。写课应明确三个问题：从哪些方面去评价一节课？评价课的依据、标准与原则是什么？按照什么样的方法和思路去评价一节课？

（一）明确写课内容

写课是一种很好的积累。一位优秀的教师用理性的头脑、敏锐的目光，聚集点滴的教育教学感悟，也有汇聚成思想洪流的力量。写课不仅对教师个人成长有价值，也为有志于教学研究的教师提供了学习交流的载体。教师写课之前，首先要选择评析内容。评析一堂课可以选择全面、系统的评析，如从理念、目标、内容、流程、方法、素养、效果等方面系统地评析，也可以选择课的某个方面或专题来评析。如果是记录听课的心得体会，对一个教学场景、一个师生互动的片段，写出感受，写出情趣，哪怕没有深奥的教学理论也没关系。这些真实的教学情境融入真实的感受，也能帮助教师乃至读者入情、入理、入心。

（二）明确评析标准

评课要精准，应该适当参考一定的评课标准和依据。精彩的评课需要结合相关教育教学理论，立足教材、课标，贴近学生实际，恰当、科学地评价师生教学行为。教师写课时应该基于新课标，着眼大家公认的一节好课的标准，借鉴一些特级教师和名师的听评课资料，为自己评析课找到理论依据。

（三）掌握评析原则

怎样把课写好？应该把握几个基本原则。

（1）客观：不贬低，不拔高。对课不对人，坚持实事求是地评析一节课是写课的基本原则。评课不走极端，要有理有据。优秀的评课既能准确说出教师教学的亮点，又能锐利地指出缺点，准确地解剖盲点，尝试提出有效的方式解决堵点，这样做才会使执教教师心口折服。

（2）独到：抓重点，见解新。有影响力的评课稿，一定是抓住了课的重点和要害，见解独到，不是人云亦云、平淡无奇的内容。

（3）深刻：站位高，视野宽。撰写评课稿不应简单就事论事，应该适当引入一定的现代教学理论，或者依据新课标对有些教学行为做出分析评价，透过某些教育教学现象，总结经验，汲取教训，揭示教育教学的本质规律。

（4）朴实：求具体，讲真实。评析课不要哗众取宠、摆花架子；它既要一定的理论高度，也要能结合实际，不说正确的废话，不高谈阔论说空话，不赶时髦说套话；就课说课，令人信服。

（5）条理：思路清，表达明。无论是写评课稿，还是写听评课感悟、体会，学会列小标题，按照一定的层次段落来表述自己的观点和体会。例如，主要优点有几条，不足之处及原因是什么，怎样去改进，这些都应该有理有据，令人心服口服。

三、撰写评课稿的方法与技巧

撰写评课稿没有固定的方法，每个人的学养不同、个性不同，撰写的方法、风格也不同。通常撰写评课稿无论哪种方法，前面都应该有一个基本情况介绍，比如要先交代你听的是谁的课、什么学科的课、哪个年级、活动目的与规模、现场气氛、一节课的大概情况等。

听评课总结稿是对听评课后的感悟与学习体会以书面形式所做的总结，包括写的过程与感受，所获得的收获与感悟，存在问题的分析、建议和设想等。总结的语言一定要简明、准确，要用第一人称。

通常，听评课总结稿的撰写包括：（1）概述基本情况，包括目的、时间、地点、课题、执教教师、规模等。（2）主要学习收获。这部分是重点，要注意层次分明、条理清楚。（3）分析存在的不足，即对课存在的问题做出判断与分析。（4）查找自己的差距，比如对比之下，自己的课堂缺少什么等。（5）改进教学建议，即针对问题怎样改进教学，说自己的真知灼见。

下面是几种常用的写课形式与方法，以供教师参考。

（一）综合评析写作法

综合评析写作法通常采取以课堂评价标准为主要线索，对一节课的优劣进行全面评价的方式。如果以一般的课堂教学评价标准为依据进行评课，就按照"教学目标—教学内容—教学过程—教学方法—教学效果—教师素质"的顺序逐项评价，逐项对照与课堂有关的情况，指出其优缺点或提出建议等。例如：

时间：2020 年 11 月 6 日。

地点：广东省深圳市上合小学。

课题：《最后一头战象》。

执教者：王珣。

评课者：徐世贵。

今天我随北京华师教育研究院（以下简称"华师院"）的房院长、王局长、张瑜一起来到基地校广东省深圳市上合小学指导工作。第一节课我听了王珣的《最后一头战象》，这是一节成功的、有学习深度的语文课。这里我试着用"综合评课法"对这节课做简评。这节课可用六个字加以概括——明、新、准、清、活、强。（因现场评课内容很多又具体，限于文字篇幅，这里只概括地谈谈。）

1. 教学目标上看体现一个"明"字

教学目标是课堂教学的出发点和归宿，也是一节课的灵魂，王老师这节课的教学目标确定比较明确具体。例如，知识与技能层面：从字词、阅读、朗诵、体会表达几个方面提出教学目标；过程与方法层面：突出学科特点"重读"和创设情境；情感态度与价值观层面：感受战象嘎羧丰富的情感世界以及高尚的情怀，激发学生阅读动物文学的兴趣。这些目标的提出和确定既符合课标的要求和学情，又突出了教学重难点，取舍合理，操作性强。更可贵的是，她通过编制"学案"，把教学目标转化为学生的学习目标，从目标上实现了"教"向"学"的转化。本课教学目标基本达成，教学效果好，理念新、学生活、课堂实。

2. 教学理念上看体现一个"新"字

这节课给我印象最深的是教学理念比较新。首先，这节课充分体现了"教为学服务、以学定教、顺学而导"的理念。例如，从学案上看，包括三个板块：课前尝试自学、课中展评析疑、课后归纳拓展。整体设计体现了教为主导，学为主体。从学习方式看，本节课引入了小组合作学习。学生有充分独学、对学、群学的机会。重思维训练是本课的又一个特点。从导入到课堂小结，学生一直在教师的引导下积极思考，对课文的理解和一些疑难问题基本都是学生自己思考解决的。

3. 教学内容上看体现一个"准"字

本课王老师组织处理得当，抓住重点，突破难点，教学思路清晰。例如，课堂引导学生通过集体交流，融情对读，加深感悟，感悟英雄暮年、重披象鞍、凭吊战场、庄严归去的文章脉络和重点内容，特别是四个感人的片段，用生动优美的语言记叙了嘎羧生命历程中最后的辉煌和庄严，以充满深情的笔触歌颂了嘎羧的高尚情怀。尤其围绕"象鞍"这个细节，让学生紧紧抓住重点句段和字词品读等。

4. 教学程序上看体现了一个"清"字

教学流程通常指一节课的课堂结构和教学环节设计。课堂结构是指课的组成部分及各个部分之间的联系、顺序和时间分配。本课一共设计了五个环节：（1）口语交际，引入课题；（2）整体感知，把握内容；（3）品文悟情，抒发情感；（4）品描写之精妙，悟内心之情怀；（5）书写碑文，升华情感。

这五个环节时间分配合理，紧密相连，过渡自然，严谨有序，也紧扣教学目标，学教一体。

5. 教学方法上看体现了一个"活"字

首先，本课"听、说、读、写"的语文学科特点突出，如重读、课前读、课中反复读、带着问题和任务读等。其次，充分利用信息技术手段及实物和图表等创设真实的教学情境，以境动情，如"凭吊战场"这个场景就十分感人。再次，小组合作学习和学案的运用十分有效。最后，教师启发引导得当。尊重、信任学生，发挥学生的主体作用，并不是放弃教师的主导作用。在本课关键时刻，教师能适时、适当地给予指导、点拨和引领，这样使课堂教学一直在正确、有效的轨道上运行。教学方法多样且灵活，课堂上，学生积极性高、兴趣浓。

6. 教学素养上看体现了一个"强"字

从这节课可以看出王老师教学基本功扎实，语言精简干练，板书规范，课件制作精美，信息技术运用熟练，课堂应变能力强；教态自然，有亲和力；有独特的教学风格——阳光、民主、善导。

一点小小的建议：从读写结合这个角度考虑，前面的时间可以再紧凑一点，后面做点小练笔——此时你想用什么样的语言来赞美嘎羧。也可以选择一个场景，如嘎羧告别村寨的场面、伫立江滩回想往事的情景，想象嘎羧内心的感受，写下来。然后同学们简单做个交流。

（二）专题评析写作法

专题评析写作法不像综合评析写作法那样全面系统、面面俱到，主要是为了突破某一个方面的专题，把一个"点"评透彻，这样的研究会更深入。单项专题包括很多方面，教师可以根据每次自己听评课的具体情况选择可评的专题，如专评教学思想、专评教材处理、专评教法运用、专评学法指导、专评教学过程、专评教学效果等。

2019年11月，笔者在华师院的基地校温州第23中学，做了"听评课体验式培训"。下面是该中学李苹老师撰写的评课稿。这个评课稿便是运用"专题评析写作法"撰写的，专评教师"教学流程和课堂结构"的设计。

朴素中蕴深意
——简评程聪慧老师执教《春望》

各位华师院的专家，老师们：

下午好！

昨天，我们有幸聆听了程聪慧老师执教的杜甫的《春望》，诗歌题目为"春望"。全诗无"望"，却处处写"望"；全诗有"春"，却处处无"春"。诗歌描写了唐朝安史之乱时期，长安城乱草丛生，残破不堪之景，传达了诗人念家悲己、忧国伤时之情。全诗情景交融，在景与情的交叉转换中，我们看到了一个忧国忧民的杜甫。聪慧老师很好地抓住了这首诗歌的文本特质，并结合单元目标，分析了学情，把教学目标设置为：诵读诗歌，理解诗意；推敲关键词，理解诗歌内涵；体会诗人蕴含在诗中的家国情怀，把握诗人形象。她把第三个目标定为教学重难点。

接下来，我主要从"教学流程"的角度，来说一说对这堂课的感受。

我们学校推崇的是"二三六"课堂，我们语文组结合自身学科特点，提出了"五化一体"教学模式，又对不同课型有着不同的教学模式，所以今天这堂课是阅读课中的教读课，教学模式大致分为这样五个环节：创设情境，扣标导入；依标读文，整体感知；扣标展示，掌握重点；围标联拓，突破难点；达标测评，固知培能。

1. 创设情境，扣标导入（3分钟）

这堂课利用歌曲《盛唐夜唱》导入，歌词典故无数，无论是金鼎、笙篌，还是飞天壁画，都是盛世唐朝的荣耀代表。用歌曲创设情境，让学生感受盛唐气象，和诗歌乱草丛生、断壁残垣的景象形成鲜明对比。这个环节不仅激发了学生的学习兴趣，更为实现教学目标一——诵读诗歌，理解诗意——做准备。

2. 依标读文，整体感知（5分钟）

学生齐读诗歌，以问题"诗人望到了怎样的景象"展开教学的整体感知环节，并进行了小组讨论，同时反复诵读诗歌，逐步实现教学目标一——理解诗意。

3. 扣标展示，掌握重点（31分钟）

在这个环节，聪慧老师首先紧承感知环节，学生展示了对诗歌的初步理解，聪慧老师抓住重点词"国破""草木深""花溅泪""鸟惊心"等，适时介入资料，指导学生朗读，并让学生借助联想和想象描绘残破不堪之景，引领学生深度理解诗歌内涵，逐步实现教学目标二。

其次，聪慧老师以问题"杜甫所望见的长安让他深感悲痛，那望不见的呢？他有没有在诗中提到自己想望见却不得的"引起学生深度思考，并抓住"连三月""抵万金""更短""不胜"等词，同时创设"捎信"情境，理解诗歌内涵，体会诗人蕴含在诗中的家国情怀，逐步实现教学目标二、目标三。

4. 围标联拓，突破难点（超时4分钟）

为了帮助学生理解诗歌内涵，聪慧老师打破了传统的"单一联拓环节"，适时地在多处进行联系拓展，并以问题"为了国家、人民，身处乱世的诗人到底做了哪些努力呢"过渡，介入资料，感受诗人"忧国忧民"的情怀，突破难点：体会诗人蕴含在诗中的家国情怀，把握诗人形象。

5. 达标测评，固知培能（超时1分钟）

"我们的语文书上没有本诗的插图，如果你是编辑，你会选择哪张图片？"聪慧老师以选择插图的形式，检测学生对《春望》这首诗内容及内涵，以及对诗人家国情怀及忧国忧民形象的把握情况，形式巧妙而新颖，值得一赞！遗憾的是，因时间关系，这个环节变成了以作业的方式呈现。

总之，聪慧老师这堂课的五个教学环节均以教学目标为中心，清晰流畅，环环相扣。看似逐联赏析，朴素平常，但细细品来，却深意犹存。在五个环节的背后，是学生对诗中景物、诗人情感、诗人形象的逐层认识，这是架构整堂课的逻辑支撑，同时也符合学生的认知规律，学生的思维品质随着课堂的深入在逐渐地提升。我想，这是我们在语文教学时应该注重的。

当然，每一堂课都是有遗憾的。首先，这堂课最大的遗憾就是时间分配，前面两个环节花去太多时间，导致后面环节无法更好地呈现；其次，课堂开放性还不够，"先学后教""教为学服务"体现得还有些不足，这也是今后我们语文组老师要共同思考的问题。

谢谢大家！与大家共勉！敬请华师院专家指正！

李苹老师的这个评课稿克服了评课时面面俱到和缺乏深度、细节的不足，紧紧抓住"教学流程"这个专题进行评析，这样就有了比较具体和深层次的分析和评价。但是世界上没有十全十美的事物，有一得，必有一失。这种方法的不足是缺乏整体性和系统性。所以，教师评课时应该根据每次评课的具体情况来确定用哪一种方法更好。

（三）一分为三写作法

所谓一分为三写作法，即按照优点、缺点和建议三部分来撰写评课稿，基本上是以评课内容为主要线索，分别评价优点、缺点与建议，要优点说透、缺点不漏、方法给够。方法给够就是提出切实的改进建议。

下面是笔者（指蔡淑卉）在送教湖北英山县时对汪荣辉老师执教《诫子书》的评课稿。

汪老师执教统编教材七年级上册的《诫子书》，课堂上充满了浓浓的语文味。在汪老师的引导下，我们和学生一起重温了诸葛亮的拳拳父子情。下面我们一起对这节课进行回顾。

这节课汪老师在这几个方面做得很出色：

（1）教师善于创设学习情境，激发学生学习兴趣。课堂开头，教师引导学生从文章的标题入手，以"诫"设疑，激发学生学习兴趣。教学中，教师出示诸葛亮写作本文前后的几则小故事，帮助学生从情感上与作者产生共鸣，唤醒学生为人子女的真实体验。结课时，教师用学生写的《诫己书》进一步引导学生将文本所得化作自己的体会。课堂中多重对话间情感的流动令人感动。

（2）教师采取言文相融的方式进行文言文教学，科学有效。教师没有采取常用的先解决文言字词，再分析文本的方式，而是巧妙地设计了学生与作者对话的环节，引导学生逐句品读。在此过程中，对文中疑难字词进行解析，学生对字词的理解以及对文本内容的把握都得到了落实。

（3）教师对于学生的课堂评价充满智慧。课堂上，教师面对学生始终亲和有加，对于学生发言的亮点及时鼓励，面对学生的疑难，非常智慧地为学生指明思考的路径。尤其是在学生表达有不足时，教师并没有回避问题，而是既肯定了学生发言的热情，也提出了改进的方向，展现了教师的教学机智。

不过，就这堂课也有两点建议与同仁商榷：

（1）课堂诵读稍显不足。"书读百遍，其义自见。"七年级的学生，文言文学习刚起步，要在反复诵读中去熟悉、理解。本堂课，汪老师注重了对文本的理解，但对于引导学生在诵读中入境、体验做得不够，因此课堂仍然感觉学生有被老师"牵着走"的嫌疑。

（2）学生自主学习时间不够。"学习金字塔"理论告诉我们，学生靠听讲能获取的有效信息仅5%。本堂课因为没有预习，学生对文本比较陌生，造成课堂节奏有点推不动，汪老师选择了以教师引导串讲的方式，用心良苦。但从课堂效果来看，由于没有给学生充分思考、表达的时间，学生学习效果并不理想。教的目的是让学生学好，无论何时，我们不能忘了这一初心。

这里提出一点不成熟的建议，不妨把教学中三次古今对话的环节处理为：第一次对话，老师引着学；第二次对话，同座间共学；第三次对话，小组合作交流。这样能够给学生更充分的时间思考，也能体现出学生用老师所教之法学习的过程，让师生共有的课堂更生态、更活跃。

"优点—不足—建议"，一分为三写作法是教研活动中比较常用的评课方法，建议教师撰写评课稿时可以多采用。

（四）一分为四写作法

一分为四写作法是按照"教学原述—我的评价—我的反思—我的建议"四个板块来写评课稿。"教学原述"是概括写教材特点、教学思路和课堂基本现状。"我的评价"是写自己听完本节课后的整体感觉，可以用几句简短的话概述自己的几个中心观点，写自己对这节课的看法和收获。"我的反思"是写对照所听的课，自己有哪些不足和差距。"我的建议"是写我对这节课改进的建议，提出自己独到的见解和不同意见。

案例展示：

听了一节"原电池原理及其应用"的研讨课，在此谈谈个人看法。

1.教学原述

铜－锌原电池的演示实验及动画演示电子流动情况，可以帮助学生理解原电池的原理。考虑到学生的知识迁移能力和概括能力还不是很强，教师没有马上让学生讨论"构成原电池的条件"，而是对教材进行了灵活处理，增加了一些演示实验，设计好铜－锌原电池的装置，变化电极材料和烧杯里的物质，让学生通过预测、观察、对比、分析、归纳，最终得出结论。

学生一边兴致勃勃地预测实验结果，一边仔细观察实验现象。教师一边引导学生积极思考，一边有序地做着实验。随着实验的进行，学生顺利地得出了构成原电池的条件。最后，通过练习巩固所学内容。从反馈来看，学生掌握得还可以。

2. 我的评价

本课例是典型的师导生学的教学模式，学生能很好地掌握知识点。在整个探究过程中，学生的学习热情十分高涨，课堂气氛相当活跃，最后提出的问题大大出乎意料。如有学生提问："在实验中把导线连接的铜片与锌片一同浸入稀硫酸中，书本上说只有铜片上有气泡，可实验中明明锌片上也有气泡，这是为什么呢？""铜－锌原电池中稀硫酸在不断地消耗，那手机上的电池为何不需要补充电解液？""铜－锌原电池的装置改成铜－银原电池（电解质仍为稀硫酸），现象是否一样？"教师引导学生自学课本内容，用课件辅助解决上述问题，指导学生去查阅相关的资料。本课从提出问题到分析问题、解决问题，最后还诱导学生提出新的问题，从问题开始，又以问题结束，体现了全新的以问题为主链的课堂教学模式。

3. 我的反思

本课内容与生活联系紧密，在培养学生观察能力、动手能力、发现问题方面都有很好的资源链接，如音乐卡片、废旧干电池、电动玩具、手机、电子手表、照相机、电动车、汽车等。能不能改变课堂教学模式，让课堂知识点与学生生活更紧密地连接呢？我们需要思考——实际生活中，对于原电池，学生最关注的是什么？选择什么作为活动的切入点？怎样把生活资源与活动内容进行最佳组合？通过怎样的形式来展开，才能真正从学生的兴趣与能力发展出发？找准切入点后，整个活动的顺序怎样安排？如何从时间、材料、内容、重难点、学生情况等方面进行有机整合？

4.我的建议

课堂活动模式可以尝试改为：创设情境→探究活动→分析问题→深入探究→掌握新知。在音乐贺卡的乐曲声中开始新的学习，学生肯定充满了好奇：音乐贺卡的工作原理是什么？教师顺水推舟，告诉学生要探究的主题。教师在每个桌子上提供以下材料：电极有铁、铜、锌、石墨，溶液有稀硫酸、氢氧化钠溶液、硫酸铜溶液、无水乙醇，还有塑料绳、电线、电流计。学生从中挑选材料，设计原电池。他们先分组讨论，拟订实验方案，然后展开实验探究。教师参与其中，加以有效的引导、启发。学生实验完毕后，各小组汇报实验结果，小组间互相交流，从而理解原电池的原理及构成条件。最后，教师设计情境，让学生分析实际问题。课后布置家庭小实验——水果的原电池实验。

"一分为四评课法"也是教研活动中比较常用的评课方法，教师撰写评课稿时可以多采用。

（五）归纳特点写作法

一节课的教学特点是执教者教学成功的闪光之处，也是区别于他人的创新之处。归纳特点写作法需要教师在撰写评课稿时去发现执教者的教学特点和亮点，并对其进行捕捉和总结。怎样提炼执教者的教学特点和亮点呢？"提领而顿，百毛皆顺"，意思是只要抓住裘皮大衣的领子轻轻地顿一顿，其他所有的毛便都会顺顺溜溜。抓住关键词梳理评课内容就是一种很好的方法。例如，特级教师钱守旺在评析贾海林老师"圆的认识"一课时就运用了归纳特点写作法，他表示这节课的主要特点可以用"挖得深、设计巧、问题精、味道浓、视野宽"15个字来概括，通过五个方面进行了分析。

再如，在评价一位教师"走一步，再走一步"的教学时，笔者这样表达："尊重"与"思辨"是本节课教学中的"双子星"。在教学的每一个环节，教师没有因为授课对象是起始年级的学生，就事事包办，而是有效落实

"自主、合作、探究"的教学理念，既充分尊重学生的阅读感受和独特体验，又同时注重对学生阅读思辨能力的深度发掘与层级培养，很好地完成了面对"这一班"在"这一课""教什么"的教学任务。"有放有收"是本课的最大特色。在语言品析环节，既有学生开放的自由陈述，又有教师聚焦的定向引导，凸显了教学的针对性。在探究主旨环节更是精彩，教师充分引导，大胆放手，让学生自主设疑，师生共同交流讨论，自研、呈现、共析、评判、整合，最终达成共识，这是一个多么"悠然"的过程啊！学生的思维在这样的历练中，实现了从"粗放式"向"精细化"的华丽转型，这是真正意义上的教学创新。

除了利用关键词提炼，还可以利用小标题来梳理。下面是魏超峰老师对窦桂梅老师执教的《葡萄沟》的评析。

以生为本，以退为进
——窦桂梅《葡萄沟》课例评析

透过这个教学案例，我们从中不难发现窦老师已把新课程理念融入其中，带给我耳目一新的感觉，使我在教学上有所顿悟，豁然开朗。

1.教学语言生动，富有感染力

窦桂梅老师的教学语言悦耳动听，抑扬顿挫，时而高亢，时而低沉。这种带有情感性和生动性的教学语言可以极大地吸引学生的注意力，激发学生的学习兴趣，取得令人满意的教学效果。因此，我们在教学中，也要努力地规范自己的教学语言，使自己的课堂极大程度上碰撞出思想的火花，让学生在课堂上轻松而快乐地获取知识的同时，还能感受到语言文字的魅力。

2.教学设计，体现以生为本

窦老师执教的《葡萄沟》一课，从设计理念上看，重视学生的个性发展和情感体验，以教材为依托，深度挖掘，创造性地设计了生动活泼的教学环节。比如，在拜会老乡、理解"热情好客"一词时，窦老师让学生扮演游客，自己扮演老乡，引导学生说话得体、亲切，并且鼓励学生寻找不同的交际口语。在引导学生理解语言、背诵语言的基础上，窦老师让学生进行创造性的交际运用。例如，让学生在扮演导游的过程中，适当地加上一些导游的交际语，把本节课的学习加以创造。在语言训练过程中，不仅没有脱离课文，反而又一次加深了对重点内容的记忆。在交际的过程中，不仅锻炼了口语，而且锻炼了学生的能力，真是一举多得。

每个教学环节，窦老师都尊重学生的个体差异，尊重学生的独立学习、独立见解，以小组合作探究学习为主线，用启发性、赏识性、激励性的语言来激发学生的求异精神，让学生的思维一次次地迸发出智慧的火花！

3. 用道具撬动情感

这节课，窦老师运用了很多小道具。为了让学生理解"茂密"的意思，窦老师特意准备了很多叶子，让学生上来贴。当学生贴到自己觉得够了的时候，便真正地理解了"茂密"的意思。在指导朗读"一个个凉棚"一词的时候，窦老师让学生分小组，用胳膊搭起来"一个个凉棚"，孩子们此时再读，情感自然便流露了出来。窦老师的在情境中指导学生朗读，可谓不露痕迹，水到渠成。此外，窦老师还准备了一段配音，是一段维语，大概意思是邀请大家来新疆做客，学生听不懂，就更感兴趣了，好像就置身在语言不通的新疆。然后，窦老师拿出一顶帽子交给一位学生，让其扮演卖葡萄的老板，将课文中的语言转变为具有当地特色的语言，邀请同学们去葡萄沟品尝葡萄。这段表演以前是窦老师自己扮演维吾尔族阿姨，为什么要变，因为朗读不仅是表演，也是一个尝试复述、学习语言、运用语言的过程，由此可见，窦老师把课堂交给了学生。本课还有一个难点——理解"五光十色"，窦老师制作了许多不同颜色的葡萄串，让学生理解葡萄颜色的多，如暗红的、淡绿的、紫的、白的等。学生拿着葡萄串说完颜色后，窦老师又利用图片引导学生从"有光泽、甜津津"理解词语"五光十色"和"五颜六色"。接着窦老师又把课文中要理解的重点词语板书或是将词汇条贴到黑板上，教会学生用词语去理解词语，用心去感受色彩的浓淡。整个黑板不仅有画，还有课文的主要内容，真是一目了然。在最后概括主要内容时，学生看看黑板就什么都知道了。

4.把课堂让给学生

窦老师让学生介绍葡萄干和葡萄沟的好时，先介绍规则，然后让小组长来选择任务单，学生根据任务单进行讨论。讨论期间，窦老师走到学生中间，真正跟学生做学习的伙伴，这样的课堂效果特别好。小组汇报的过程改变了以往的推选一人进行汇报的形式，改为全部同学一起上台，每人承担一定的汇报任务，这样就把所有学生的积极性都调动起来了。整个教学过程中，窦老师对知识的处理、问题的解决，全部通过学生自学交流，自行解决，充分发挥了学生的主体作用，教学效果显著。窦老师充分信任学生，相信学生。在讨论交流问题时，窦老师说了这样一句话："好，我听你的。"这既是对学生的鼓励，也是对学生的信任，必然会激励学生思考回答的积极性，获得较好的教学效果。这句话看似是教师在勇敢地退，实际上是在适时地进——为了每个学生的发展，一切教学均服从和服务于人的全面健康发展。因此，关注每一位学生，关注学生的情绪体验，使学生通过学习变得越来越热爱生活、有爱心、有责任感、有教养。我认为课堂教学，首先是创造一种愉快的乐学氛围，让学生学得轻松，学得有味。其次，作为语文教师，一定要立足课堂，以生为本，摆正自己的位置，以退为进，和学生一起领略语言文字的魅力，感受语文教学的真谛。

（六）教学随笔写作法

什么是教学随笔？顾名思义，就是表达教育思想观点，记录教学中某一点体会的随笔。它的主要特点是题目小，篇幅短，层次和结构比较简单，内容单纯，涉及面比较小，写作材料便于收集、整理和使用。它表达的是一种情怀，一种趣味，一种心境，一种追求。朱永新教授认为："中小学教师搞教育科研，就是应该从记录教育现象、记录自己的感受、记录自己的思考开始，把这一串串的'珍珠'串起来。"

教学随笔在写作的形式上可以不受体裁的限制，灵活多样，不拘一格，可以观景抒情，可以睹物谈看法，可以读书谈感想，可以一事一议，也可以对同类事进行综合议论。随笔也不受字数的限制，短的几十字，长则几百字，篇幅长短皆由内容而定。

笔者（指蔡淑卉）撰写的一篇教学后记《生成让语文课堂充满欢乐》用的就是教学随笔写作法。

生成让语文课堂充满欢乐

这堂口语交际的教学的确是让我特别难忘的一节课。至今，课堂上的欢声笑语犹在耳畔。上这堂课时，因为正处在初三年级，加之又是一堂口语交际课，所以心理上比较放松，有点仓促上阵的感觉。然而一堂课下来，由衷地感受到是学生的完全投入，才使这堂课充满生命。

本次口语交际的主要训练点是学做主持人。学生们在此之前，已经通过电视等渠道，了解了主持这一职业，应该也有自己喜欢的主持人。本堂课要唤起学生的参与热情并不困难，因此本堂课的重点应放在让学生真正走进主持人，了解主持人应具备的基本素养，并学习主持过程中的一些技巧。

本堂课以"我学习，我体验，我思考，我快乐"为基本理念，全堂课按"阅读文本，归纳要点—小组演练，全员实践—推荐代表，全班展示—同心合力，擂台展风采"四个流程推进。

上课那天，音响设备效果很差，经常出现声音传不出来的情况。于是我灵机一动，即兴设置了一个情境，即主持人碰上主持现场音响出现问题该怎么办？学生果然非常感兴趣，七嘴八舌地献计献策。有的说："今天的音响知道我们嗓门很大，所以给我们一个表现的机会。"有的说："今天的音响怎么发脾气了"……学生的答案五花八门，但都能表现他们的机智。这一个情境的抛出，极大地激发了学生的热情，于是他们绞尽脑汁地设计各种突发情境让伙伴们去解决。诸如："你在上台的时候摔了一跤，该怎么办？""如果你采访一位明星，他很不合作，怎么办"……学生设置的情境有他们从电视中看到的，但更多的是他们自己的创意。你会惊叹，他们怎么会想出这么多成年人想不到却又的确具有可能性的突发事件。整个课堂完全活跃起来，大家自由表达，笑声连连，令我深受感染。这份快乐同样是我预先设计不了的，正因如此，一堂口语交际课对教师提出了更高的要求。一个高明的教师必须有绝对清醒的头脑、灵活应变的智慧，才能对学生的回答做出及时而有效的评价与指导。

课堂最后的竞赛环节，两位挑战者及他们的支持方使出浑身解数想取得竞赛的胜利，课堂上不时传出大家喝彩的掌声。当我宣布比赛结果时，一位小男生大声说："老师，不公平。"他的表情那样认真，那样不服气。因为他认为对手（那位女生）占了"后发言"的便宜。那一刻，看着学生的那份投入，我非常感动。无论这堂课成功与否，我觉得自己达到了预先的目标。我们的学生在积极地学习、体验，即便这个过程中有失败，有遗憾，但只要有这份热情，我们的语文教学就有了希望。

教学随笔也可以在严肃、严谨的课堂教学研究之中透出些文学气息，流露点创作的样态，在系统体系的教研活动中来点灵光闪现，来点旁逸斜出。随笔的内容不必过分强调逻辑，不必过分注意字词，不必十分讲究文采，而是你自然感受的流淌、心灵的私语、智慧的沉淀，怎么想的就怎么写。为此可以坚持"四随一恒"——随时随地、随随便便、随我所愿、随我所能、持之以恒。

写课和撰写专业的评课稿可以不断超越自我。钱守旺老师总结自己专业成长时有"五条通道"：把别人的智慧借过来、把看懂的东西做出来、把困惑的问题摆出来、把研究的成果写出来、把成功的经验传出去。这颇有道理，写课是专业写作的一部分，专业写作是助推教师快速成长的法宝。如果说教师专业成长可以走捷径的话，写课就是捷径；如果说专业成长有秘诀的话，写课就是秘诀。专业写作能唤醒教师的教学智慧，可以把原有的教学经验从零散走向系统，从肤浅走向深刻，从常规走向科学，从科学走向艺术。教师如果坚持不懈地边工作、边学习、边研究、边梳理，一旦做到"五会"——会上课、会梳理、会交流、会传播、会引领，那么他或她离名师乃至专家型的教师也就越来越近了。

思考题

1. 学习本章内容后，结合自己的体会，谈谈听评课中写课的重要性。

2. 写课和撰写评课稿，都有哪些方法和形式，各自的优势和不足分别是什么？你喜欢哪种方法，为什么？

3. 从本章介绍的几种写课和撰写评课稿的方法中选择一种，撰写一份评课稿。

校本篇

　　建立"备磨评一体，研议训联动"听评课常态校本研修机制，将大大发挥听评课的效能。在一次次"专业引领，同伴互助，自主反思"的校本研修中，主题缘于教师的困惑，困惑的破解源自主题的坚持，坚持的品质内化为实证的感悟，教师拾级而上，实现专业能力的一次次蜕变。

第 9 章

备磨评一体，研议训联动

——听评课与建立常态校本研修

听评课是教师专业发展的重要途径，教师孤立地、零星地听评课虽有收获，但作用有限。如果建立常态校本研修机制，把听评课与备课、说课、磨课、教学反思等有机结合起来，形成学校常态校本研修活动，将专业引领、同伴互助、自主反思统筹起来就更加激活了听评课活动，最大化地发挥它的作用。因为校本研修是教师专业成长真正的"家"，能使教师的学习活动有可持续性。

什么是校本研修？校本研修是指为了满足学校和教师的发展目标和需求，由学校组织，以学校为重要研究基地，以教师为活动主体，学研训用相结合的一种研修活动。而听评课活动往往在校本研修中占据重要位子。总的来说，校本研修是更上位的概念，包含校本培训、校本教研的部分内容，与校本培训、校本教研之间的培训目标有异，培训主体不同，培训内容有别，培训方式更完善、更科学。

好教师从哪里来？有的校长寄希望于引进一些好教师，可是真正能引进来的有几个呢？有的校长一味地依赖各级各类大师级人物来做讲座，可是一阵"倾盆大雨式"的讲座，当时听来很热闹，事后并不能解决根本问题，甚至有的内容因脱离实际，让教师疲惫不堪，或陷入"乱花渐欲迷人眼"的迷惘之中。

毋庸置疑，请专家做报告，送教师外出学习是十分必要的，但这不是教师培训的根本。校长还应向内看，挖掘校内资源，因为校本研修才是教师专业成长真正的"家"。而听评课又是最常见和教师比较喜欢的研修活动。

首先，校本研修源于学校教育的原生态，即学校和教师的需求、经验与问题，从校情、师情、学情出发，接地气，针对性强。其次，校本研修中教师从受众客体变成研修主体，能够激发教师的活力，发掘教师自身的潜能。正如一句俗语所说："鸡蛋从外部打破是食物，从内部打破是生命。"再次，校本研修是集学习、工作和研究于一体的学校活动和教师行为，它以学校为主阵地，以教师为主体，以教育现实为研究对象，经历了实践到理论的提炼过程。然后，校本研修能将教师的学习、研究、培训、应用有机结合起来，有效克服和解决工、学矛盾的突出问题。无论是"走出去"还是"请进来"，都会占用教师许多时间，而大多数教师有繁重的教育教学任务，所以很难脱身。校本研修灵活机动，教师边学习、边研究、边工作，可以做到工作、学习两不误。最后，相对其他培训方式，校本研修所需要的费用要少一些。

当然，目前校本研修还存在一些问题：一是个别教师缺乏职业理想，职业倦怠，上进动力不足，不愿参加校本研修，或被动地应对校本研修；部分教师重教学而忽视教研，不能正确认识校本研修对自己专业成长的作用。二是学校在安排校本研修活动时，由于没有从教师的真正需求出发，校本研修活动重形式、轻内容，不能真正吸引教师参与。三是校本研修形式缺乏创新，缺乏序列化的整体安排，策划不够。四是缺乏对校本研修的专家引领，研修层次较浅。五是校本研修活动重安排，对活动过程、活动效果关注不够，未能及时调整改进，等等。对于如何解决这些问题，并有效地开展校本研修，可以采用以下一些形式。

笔者从辽宁本溪到北京华师院，在一些中小学基地校开发了"新课标下听评课体验式校本培训项目计划"，它以围绕听评一节课的课例为载体，以专家专业引领与教师实际操作相结合为研修形式，以课研课，以课改课，从而大大提高了研训效果。

从这里可以看出建立"听评课与常态校本研修"的重要性。

一、建立集体备课式校本研修

听评课与备课联系特别紧密，抓好备课，更有助于有效听评课，而备课尤其要抓好集体备课。

集体备课是学校常见的校本研修，是教师个人备课的必要补充和深化。只有集体备课与个人备课质量同步提升，才可能创造出"有知识、有生活、有课魂、有境界"的课堂。

从哲学上说，万事万物有一利即有一弊。集体备课有很多好处，但其弊端也是显而易见的。如集体备课可能让某些教师产生依赖心理，继而衍生惰性；集体备课变成无序的集体聊天，"集体"反而弱化了"个人"备课能力；集体备课变成"教案之和"，变成网上资源的"拼盘"，处理不好还会限制教师的自主性和创造力。

可见，集体备课利弊共存。研训员对集体备课的指导，可以帮助教师克服集体备课的弊，使集体备课更高效。

（一）集体备课的流程

集体备课的一般程序有以下几步。

第一步：个人初备，提供预案。

个人备课与集体备课孰轻孰重，不言自明。个人备课为基础，集体备课为辅助，不能因为有了集体备课就放松了个人备课，加强集体备课并不是不要个人备课，而是要促进集体备课与个人备课的深入结合，要优化个人备课。

个人怎样备课？特级教师张宏对此有自己独特的经历和体会。他通过谈"备课与上课"的关系，提出自己的教学主张：一节好课，加法备课，减法上课。备课要一气呵成，不能磕磕绊绊，任何一个细节都要备得通透明白。上课是取舍的艺术，聚焦的艺术，平衡的艺术，生成的艺术，是减法。上课一定是一波三折的，不能过于顺畅，不追求一马平川。好课的关键是学生深度学习的发生，带着学生穿越，以人教人（心中有人），让学习真实发生。

课堂的起点应该是从学生"最近发展区"进入学习"深水区"。

他认为，备课更多的是读书的功夫，要读透教材、教参、教辅，而上课是读人的功夫，要读懂学生，要研学情。

张宏老师的教学主张对教师个人备课很有启发。教师初备课时，一定要学习研究课程标准、教材、教参及其他相关材料，要抓住"八点"：教学重点、难点、弱点、疑点、考点、易错点、易混点和盲点。教师要明确知识之间的关联，既了解本学科内知识的关联，又了解与之相关知识的关联。正如美国心理学家、教育家布鲁纳所说的："轻而易举地掌握教材，甚至胜过教材，这是对优秀教师的起码要求。"

教师还要查阅学生档案，摸清学情，以便有的放矢地准备教学。摸清学情，包括既要研究学生的智力因素，如学生原有的知识基础、智力水平、能力水平等，又要研究学生的非智力因素，如学生的学习兴趣、学习态度、学习习惯等。

教师在分析学情、研读教材、收集资料的基础上，完成教学预案中的以下任务：

（1）通过本节课要达到什么样的目标？教学重难点是什么？

（2）本节课知识的起点是什么？学生的现有认知情况如何？逻辑起点在哪里？

（3）你将如何突破重难点？为此，你将创设什么样的情境？

（4）选择的达标检测题是什么？为什么要选择此题？

第二步：集思广益，集体研讨。

萧伯纳说："你有一个苹果，我有一个苹果，我们彼此交换，每人还是一个苹果；你有一种思想，我有一种思想，我们彼此交换，每人可拥有两种思想。"集体研讨是备课的中心环节，研讨过程中，只有教师的思维得以碰撞，观点得以交流，才能将备课活动引向深入。

集体研讨交流的一般流程如下：

（1）主持人介绍本次集体备课活动的内容和要求。

（2）主备人陈述教学设计。陈述的基本顺序为：解读教材（含目标设计和重难点的确定）—阐述教学设计理念—简述教学流程，凸显设计亮点—阐述突破重难点的方法—教学过程中可能出现的问题及对策—板书设计及意图效果—激励性教学评价的时机及方式—需要向其他老师请教的问题等。陈述时，侧重讲重难点及其突破方法，说自己教学环节设计及其做法。主备人陈述时，其他教师看印发的主备人的教案设计，结合自己的思考，适时"圈画"标记。

（3）备课组集体研讨，一般包括"讲、评、议"三个环节。讲——对其他教师简要陈述教学设计、观点和做法，特别是不同于别人的观点和做法。评——对主备人和其他教师的设计、观点进行客观的、中肯的评价，一般选择两三位老师，分别指出其教学设计中的"亮点"、值得借鉴的地方以及值得商榷的环节、内容；对"评"环节有异议的地方与其他老师展开讨论，讨论的过程要体现互动、生成的特点。议——提出需要向其他教师请教的问题，与其他教师展开讨论；呈现值得探讨的内容、问题等，与其他教师展开讨论；展示希望得到的帮助等。评与议是最重要的环节，必须体现"互动与生成"，有精彩的讨论、交流，发言时不拘顺序，可以多次发言，甚至是有礼貌地插话。

传统的集体备课是大家在一起说一说、议一议，有时会感到单调、枯燥一些。网络环境下的集体备课就大不相同，它可以从内容、形式、对象等方面赋予新的含义。如教师电子备课可以让同校、同级、同组的老师同时或先后网上交流，甚至可以跨地域、跨时空网上交流，共享教学资源，实行新的集体备课。

备课组集体研讨，主要围绕教学重难点及教学方法进行研讨，也可结合学生情况，提出教学设计的改进措施。发言时要求言简意赅，重点突出，客观评价，要避免每个人都将自己的教学设计从头到尾说一遍，要提出自己的问题，表明自己的观点。另外，主持人必须有问题引领，对教师提出的问题当场研究，逐一解决。教师在初备的教学设计上要做好研讨记录，为设计个案提供第一手资料。这种研讨活动一定是在民主的氛围下进行的，唯有民主的氛围才能使教师各抒己见，使备课活动集思广益。研讨过程中，组长的作用是想方设法保持教师研讨的热情，保证讨论的连续性、讨论话题的集中性，而不是统一思想，形成"模式化"的教学方案。主备人的任务是收集每个人的闪光点，生成"粗框式"教案。

（4）主持人总结。把大家的观点、意见归纳起来，提供给主备人和其他教师改进教学设计，并布置下一次集体备课的时间、地点、内容。

中心发言人的选择，不能一直是老教师、教学水平高的教师，要做好"传帮带"工作。老教师要带好青年教师，但不能越俎代庖，尤其要想办法让青年教师担任中心发言人，使他们能广泛收集材料，大胆钻研业务，这样才能迅速成长起来。在集体备课时，有时也可邀请备课组外经验丰富的优秀教师给组内教师进行专题讲座，以扩大交流的空间。

第三步：个人复备，深化预案。

经过集体研讨，一方面，教师们对课标、教材、学情和一节课的设计有了深化和拓展，汇聚了集体智慧；另一方面，因为每个教师有不同的视角，就会形成不同的看法和见解，所以在集体研讨的基础上再进行个人复备、深化预案就显得特别重要。个人复备应将集体成果与自身的教学风格、学情有机地结合起来，重新审视个人预案，吸纳集体智慧，解决制约教学的诸多问题，对"粗框式"教案进行创造性的再修改、加工、完善和提升，形成个性化的"隐性"教案。这种细化后的教案吸纳了他人的智慧，但绝不是生硬的"拿来主义"，其间必定融合了自己的思想，渗透了自己的思考，是教师实施个性化课堂的基础。

第四步：二次备课，形成个案。

经过教师个人复备、深化预案，主备人综合集体的意见和智慧，在个人复备的基础上形成教案。为了保证教案及时印发到辅备人的手中，主备人所写的教案至少要提前两课时将电子稿发给每个教师，或者复印发到辅备人的手中。每个学科教师绝不能机械地拿着这个教案照搬照抄地去上课。

为了使集体备课做到共性与个性的完美融合，各教师要认真抓好个性设计与反思等关键环节，特别是辅备人拿到教案后要根据自己的个性情况，对集体备课的教案进行深入推敲、斟酌。二次备课的方式可以是旁注、圈点，可以是知识点的解说、教学方法的更换，也可以是一个小教学环节的调整、一个大教学板块的变动，或者是一个教学步骤的细化。总之，二次备课的目的是要使教案成为教师教学智慧、教学个性的充分体现。

第五步：教后反思，总结提升。

实践是检验真理的唯一标准，集体备课的校本研修效果究竟如何，还要看教师实施课堂教学后的效果。教师及时进行教后反思，可称为课后备课。通过教后反思，教师及时记录课堂教学的得失成败、灵感所现、感想感悟等，形成的是文字，梳理的是思路，凝练的是思想，习得的是技能，生成的是智慧。如果有机会再和参加校本研修的教师一起坐下来评课、议课，做到议中带学，就能达到"议一课、促多人、带一方"的目的。这种教学反思贵在及时，要"短、平、快"，短小精悍，写真实感受，有话则长，无话则短，没有一定格式，没有字数限制。

（二）集体备课的组织管理

以往集体备课之所以存在弊端，与组织管理不当有关。为了提高集体备课的有效性，可以利用评价这个杠杆。

天津市滨海新区塘沽滨海中学的做法就很有借鉴意义。目前，该校原本"由领导限定、一元化、与新课标要求不相适应"的考评方案已经完全被新的、科学的考评方案所替代，检查备课不再是检查教学案的代名词。他们在教学方案上设置评价表（师生共用），增加了评价内容和评价主体，评价方式也更加多样化（如表9-1）。由于强化了评价的导向功能，教师备课更有方向感。

表9-1　教师有效备课评价

评价方式	参与热情	创新能力	教后反思	质　量	总　评
自我评价					
组内互评					
组长评价					

面对学校里千差万别的教师，怎样对教师的备课进行有效管理呢？处理

好下面三种关系至关重要。

（1）规范要求与尊重个性的关系。对教师的备课既要有规范要求，又要区别对待，充分尊重教师的个性特点，求同尊异、和而不同，处理好共性和个性的关系，在和谐中有创新，在规范中显个性。对待这个问题，杭州大关小学的做法值得借鉴。他们推行分层备课制度，依据教龄、职称进行分层。如，对于备课数量，6~10年教龄的教师需提供三分之一详案，3~5年教师提供三分之二详案，3年以下教师提供全部详案，详案要求做到每个单元均有；10年及以上教师则可以用完整详尽的课件来代替教案；30年以上的教师甚至可以直接在课本上批注。为了避免有人浑水摸鱼，学校还建立了奖惩机制：教学效果不达标会逐步提高显性备课要求，教学效果好会逐步降低显性备课要求。

（2）自主备课与学习借鉴的关系。不可否认，现实中确实有个别教师借现代网络之便，利用网络搜索、复制、粘贴，甚至直接下载现成的教案应付了事。但也不能因噎废食，既不能过度泛滥，也不能禁止或者限制教师利用互联网备课，让教师把握一定的尺度。

（3）备课方法与执教精神的关系。态度决定一切，能不能备好课，备课的深度够不够，首先不是方法问题，而是思想态度问题。无论是个人备课还是集体备课，不解决教师对备课的认识和教育情怀的问题，不解决情感、态度、价值观的问题，一切都是"浮云"。

二、建立诊断指导式校本研修

诊断式指导是听评课又一常见形式，实际这恰是教师在改课中成长的过程。

"教学反思""同伴互助""专业引领"从三个方面为校本研修提供了路径，也提示了促进教师专业成长的三方力量——教师个人、教师群体、给予专业引领的专家。"教学反思"是教师与自我的对话，"同伴互助"是教师与同行的对话，"专业引领"是实践与理论的对话。在实际教学过程中，有些教师对自己的问题不自知或者缺乏解决的路径，这个时候可以利用诊断指导式校本研修帮助教师发现、解决教学中的问题。

诊断式指导即听课者面对一定的教学问题，如同医生给病人看病一样，深入基层学校，通过有目的、有计划的听评课，或查阅教师教案、学生试卷、作业，或与教师/学生座谈、查找原因，并对问题做出综合分析，同时提出改进意见。这是一个"诊—断—治"的过程。诊断式指导通常有四个步骤。

第一步：确定预期解决的问题。

针对某所学校的所有教师，或者多个学校的某一类教师，从教师日常生活中发现、捕捉和思考问题，从听评课、座谈研讨、问卷调查、质量监测中开展研究，去发现有价值的问题，将其确定为预期解决的问题。结合当前教育的热点、难点，对预期解决的问题做深、做好文章，把热点搞成亮点，把难点变成突破点，达到提高教学质量、促进教师成长的目的。

新时期教研从六个方面实现转型：

（1）从"学科教学"转向"课程育人"，在落实基础知识、基本技能、基本学科思想方法的同时，关注每一个学科独特的育人功能。

（2）从"'双基'获得"转向"素养发展"，面向学生的未来关注每一个学科的核心素养发展。

（3）从"教师的教"转向"学生的学"，原来的教研内容是研究教师如何教，现在是关注学生如何学，从"学"的角度研究"教"。

（4）从"基于经验"转向"基于证据"，从单纯地通过听课、评课指导教师教学，转向兼顾通过学生学业评价的数据，反思、改进教的方法和学的指导。

（5）从"专家讲授"转向"教师众筹"，从教师单纯地听专家讲授，转向聚焦主题的大家共同讨论，把教师个体的优秀经验转化成群体的优秀经验。

（6）从"统一研修"转向"个性服务"，关注不同发展阶段教师的实际需求，在通识课程的基础上，开展分学科、分层、分类的教研和培训。

（节选自罗滨《教研：用专业和敬业服务区域教育发展——对新时期教研转型的思考与实践》，发表于《中国教师》2021年第2期）

第二步：确定观察点与评估指标。

诊断式指导关键是诊断，诊断的关键是观察，有效观察需要确定观察点与评估指标，这样有助于突出重点，避免面面俱到。如研究学生的参与度，可以制定如表9-2所示的观察表和表9-3所示的评价表。

表9-2 "高参与度、高认知水平教学" 课堂教学观察

课堂观察视角 / 主要视点	观察记录					
	优秀 5	良好 4	一般 3	需改进 2	不满意 1	未观察到
激发学习动机，调动参与积极性						
关注学生发展差异与个体差异						
引导学生独立思考，自我监控思维过程						
激励社会性学习，学会聆听合作						
建立新旧知识间的联系，搭好脚手架						
促进有意义学习，明确重难点						
投入足够时间联系，组织变式教学						
强调问题解决，激励好奇探究						

表9-3 小组合作质量评价表

	A	B	C
分工合作	1. 小组内有明确的分工与合作计划； 2. 作品的制作是按照分工计划集体合作完成的； 3. 每个成员既有单独的任务，又能有效合作，在交流和合作中解决问题方面表现较好。	1. 小组内有分工计划，但不明确； 2. 作品是一两个同学为主完成的； 3. 小组内有个别同学没有积极参与制作。	1. 小组内没有明确的分工； 2. 作品全部是由一两个同学完成的； 3. 小组内有同学根本没有参与制作。

第三步：进行听课或观课活动。

校领导、研训员和其他教师要深入课堂中，依照分工，依据观察表，运用科学的观察手段来收集课堂教学信息，认真观察，如实记录。既要关注教师的讲解与表现，也要关注学生的表现和收获；既要关注知识的达成、方法的习得，也要关注学生思维的深化、情意的变化。同时进行统计、分析，根据有价值的信息对课堂教学"是否达标""如何达标"进行评价，"诊断"旨在促进教师教育教学能力的提升。

第四步：会诊医课，案例分析，拿出问题解决方案。

研训员和执教教师、听课教师一起，进行议课评课，在民主、协商的氛围中，客观做出评价。要把优势、优点说透，把问题、缺点找准，把改进的策略、方法厘清，拿出解决问题的方案。通过会诊医课，执教教师正确认识自我，满怀信心投入以后的教学实践中；让听课的教师自我参照，汲取他人长处，弥补自身不足，有能力改进课堂教学，提高育人质量。

下面是《黄鹂》课堂导入的设计研究，请判断哪一位教师的课堂导入更有效？

案例甲：

师：（出示一张黄鹂鸟的图片，引导学生观察并提问。）这只鸟漂亮不漂亮？

生：（齐声）漂亮！

师：你们知道这种鸟叫什么吗？

生：（齐声）黄鹂！

师：（喜上眉梢）同学们回答得很对，这就是黄鹂鸟。今天，我们就来一起学习著名作家孙犁的美文《黄鹂》。（板书：黄鹂）

案例乙：

（教师先用课件展示生机勃勃的早春景象，让学生聆听和着鸟鸣的音乐。正当学生陶醉之时，音乐与鸟鸣戛然而止，学生都睁开双眼看着教师。）

师：同学们，刚才你们听到的动听鸟鸣，是一种叫黄鹂的鸟发出的，这

种鸟的叫声很美。那么，在自然界中，这种鸟的生存状态如何？让我们一起来看看著名作家孙犁笔下的黄鹂。（板书：黄鹂）

比较而言，案例乙的设计明显优于案例甲。其中，案例甲的设计属于传统导入设计：一是引出课题，让学生了解学什么；二是引发学习兴趣，把学生拉进课堂；三是针对教学难点做铺垫。案例乙的设计体现了现代导入设计：一是建立新旧知识之间的联系；二是激发学生学习动机，引发学生内部思维；三是为问题解决做铺垫。

诊断式指导应该撰写教学诊断报告，一般包括优点、主要问题、原因分析、改进意见等。

三、建立跟踪指导式校本研修

跟踪式听评课最有效，把这项工作做好，就是要建立跟踪指导式校本研修。

以往的教研，常出现一种现象：教研时轰轰烈烈，教研后鸦雀无声。参训教师普遍反映，他们很想在教学实践中尝试培训中所学到的知识和技能，但具体操作时遇到了困难，因缺乏后续的帮助和指导，很快又陷入迷茫与困境。所以，教研后的跟踪指导就显得至关重要了。

跟踪式指导实际是实施研训人员"蹲点"带教，重点要做好五件事。

（一）找准指导对象

因为跟踪指导花费时间、精力比较多，所以跟踪指导的对象要明确，要抓住重点教师进行指导。确定指导对象时通常可以考虑三种教师：一是有培养潜质的骨干教师；二是教学有困难或者新入职的教师；三是承担课题研究的教师。

（二）制订指导方案

为了减少盲目性和随意性，要制订一个科学合理、切实可行的指导方案，明确辅导的目的、任务、内容、方法，以便统筹安排、跟踪辅导，使之有条不紊地进行。

（三）具体实施指导

按照方案实施跟踪指导。跟踪指导的方法很多，可以与教师定期面对面直接交流，也可以在线指导。针对教师分散、时间精力有限的特点，可依托网络优势，开设在线指导网站、建立 QQ 学习群、成立教育博客等，与教师进行教育教学经验交流，解答疑难问题，进行课堂教学问题咨询等。

（四）示范引领带动

喊破嗓子，不如做出样子，要求教师怎样做，不如研训员做个示范。研训员为教师做专业示范，比如，围绕课堂教学主题开展"亲临课堂执教——上示范课""主讲课堂教学——开示范讲座""提炼课堂研究——展示范成果"等系列活动。教是研的起点，研是教的提升。研训员首先要教，然后再研，因为很多时候"改革是发生在课堂上的"，如果研训员不经常上课，就会对教学一线的情况有所生疏，疏远了课堂，就有可能敷衍教师。唯有适度"下水"，才能"抓到活鱼"，不断找到理论与实践、教与学的切入点，将自己所掌握的新理念付诸教学实践，引领教学新方向，促进教师专业成长。

（五）及时评价激励

对跟踪指导中发现的问题及时处理，对指导经验及时归纳，并建立跟踪指导档案，作为以后可供借鉴的宝贵财富，这也是下一个阶段计划制订的起点和依据。在被指导者取得成绩和有了进步后，一定要及时评价鼓励。同时要注意尊重被指导者的个性特点。

特级教师贲友林经历过这样一件事：

一次全国赛课，省复赛过后，专家们对他的课进行了深入剖析，提出了许多修改建议，他都认真记录下来。回到学校，他根据笔记对教学设计大刀阔斧地重新修改，可再次试教时，怎么也找不回上课的感觉，听课的教师也面露抱憾之色，觉得这节课变成了"四不像"，原先的一些特点突然间"销声匿迹"。专家的建议和指点使贲友林老师认识到，要从课中找回"自我"。后来，贲友林老师恢复了原先的多处设计，最终获得全国比赛一等奖。

研训员的指导重在启发引导和唤醒，而不是包办代替。让被指导者在跟踪指导中不断发现自己，超越自己，做最好的自己才是根本。

四、建立主题研修式指导

听评课的教研活动，最忌四面出击、面面俱到，突出不了主题和重点，因此，听评课如能建立主题研修式指导，乃至列为一生的研究项目，会取得更大的效益。

什么是主题研修？主题研修是每次校本教研要先确定一个主题，即教学中有待解决的某一具体问题，然后围绕这一主题，全员准备，各自阐述理解认识，形成争鸣与碰撞，做到每次校本教研活动有理论思考、有实例研讨、有反思总结，遵循"问题—学习—探究—解决问题"的教师专业发展规律，培养教研骨干，提高教研成效。

主题研修式指导的实施，有以下五个步骤。

第一步：聚焦问题，确定主题。

一个针尖容易扎得深，但一个平面却难以深入。以往教研不尽如人意有一个重要原因，那就是教研主题不明确，或者四面出击，什么都想做，最后却什么也没做好。因此，主题确定十分重要。主题明确后，便可重点突出，研究深入。怎样确定主题？应该从教师中来，到教师中去。教师在教学中遭遇的最棘手、最实际的问题，与教学实践直接联系的问题，成为首选的主题。通常的做法是：学校首先要求教师梳理自己的教学经验，包括成绩、经验、方法、失误、困惑、疑难，若只以教师在教学实践中遭遇的教学问题为话题，但不加以选择、提炼，校本研修的主题可能会显得凌乱。然后，研训员和学校领导把教师工作中碰到的问题与困惑进行系统整理，把带普遍性的问题、认为是制约教学发展的关键性问题列出来，经过提炼，确定为本学期的教研主题。

第二步：学习理论，解读主题。

主题研修式指导的专业引领很重要。为了让教师少走弯路，一定要做主题解读，组织组内教师学习新课标和相关的教学理论，给予教师专业引领。主题解读人可以是研训员，也可以由教研组长承担。主题解读是为解决教学中的问题而确定的，围绕主题，每个教师能够做什么，应该做什么，如何做，必须有一个系统的分析过程。在解读研修主题时，一般要解释主题的概念（来源及范围）、说明主题研究现状、指引拓展主题需查阅的相关资料、提供参与人员任务分工信息。

在主题解读的过程中，每个教师也可以将自己的经验体会与困惑在会上进行说明，互相启发思考。

第三步：行为跟进，实践体验。

通过主题解读，教师按照主题要求，开始尝试着做，即根据预定的研训方案、每个人的具体分工进行教学实践。从理论设想到实践应用，要把别人的经验转化为自己的能力，这需要教师在一次次的课堂实践中历练。没有自己的实践体验，别人的经验再好，永远是别人的。行为跟进、实践体验可按照原主题教研活动计划有步骤地进行（示例见表9-4）。

表9-4 "读图识图能力的培养"主题教研活动计划

时　间	内　容	授课或主讲人
9 月 16 日	布置主题教研活动任务	周秀春
9 月 23 日	讨论确定名称"读图识图能力的培养"	周秀春
9 月 30 日	观摩学习乐小莉优课视频	周秀春
10 月 14 日	教研主题解读	周秀春
10 月 21 日	实践：主题研讨课	林小梅
11 月 4 日	课例研讨、主题前沿材料学习	周秀春
11 月 11 日	实践：主题研讨课	杨美玉

时　间	内　容	授课或主讲人
11月18日	课例研讨、中期主题教研小结、交流	周秀春
12月2日	实践：主题研讨课	乐小莉
12月16日	实践：主题研讨课	陈焕荣
12月23日	学期总结，交流，总结经验与困惑	组员
12月30日	成果呈现（论文、案例、反思、教学设计、评课稿等）	组员

第四步：成果展示，再次历练。

当主题研修取得阶段成果时，要创造机会让教师做成果展示。这是成果展示，也是经验交流，更是研修历练。成果展示的方式是多样的，要根据研训需要来确定，通常有公开课、说课、磨课、研讨会、案例展示等。

第五步：反思改进，提炼经验。

组内教师整理研修材料，教研组反思总结，提炼主题研修经验。一方面，要梳理提炼本次主题研修的成果，即对聚焦的问题、确定的主题有规律性的认识，得出初步的结论；另一方面，成长即成果，每个参与研修主题的教师在专业上都有不同程度的提高，必要时可以写出相应的文字材料。

主题校本研修注意抓好下面几件事：

一是教研结合，突出一个"研"字。目前在一些学校的教研活动中，存在"只教不研""少研""以教代研""研而离教"等诸多"教""研"脱节的现象。究其原因，一是教研未能恰当地抓住合理的切入点；二是没有一种恰当合理的教研活动模式。为了集中突破所研究的问题，所有研修教师都要十分明确所研究的问题是什么和研究此问题的意义是什么。

二是创设宽松的氛围，突出一个"和"字。既然是研究课，就要努力创设探讨、切磋问题的心理气氛。通常，在讨论问题时，主持人不要过早下结论，要充分发扬民主，鼓励大家充分发表自己的见解，允许不同意见的争论。对执教者的积极性应注意保护，因为研究课有一定的风险性，不要把执教者搞得狼狈不堪。

三是落实措施，突出一个"实"字。主题研修争取做到"三定""四有"。"三定"包括：（1）定时间和地点。一般情况下，交流教案 15 分钟左右，说课 30 分钟左右，讲课 40~45 分钟，评课 60 分钟左右，研课根据需要可长可短。（2）定教学内容和执教者。（3）定研究专题和中心发言人。"四有"包括有教案、有执教者说课材料、有中心发言人专题研究材料、有教研活动全过程文字记录。

四是抓住三种人物，突出一个"优"字。研修效果还要看三个主要人物抓得准不准。一是执教者，既要备好课，又要说好课，还要上好课，责任重大。二是中心发言人。因为专题研究中发言人的水平直接影响着参加活动的教师们的研修效果，所以中心发言人应是在教学理论、教学经验上有一套，又善于学习、掌握新教改信息的优秀教师。三是教研活动的组织者。组织者首先是责任心要强；其次要有一定的组织能力，善于启发、引导教师全身心地参与其中。教研活动时能抓住这三个主要人物，就能达到预想的教研效果。

综上，建立常态听评课校本研修是学校和教师认识自己、发现自己、开发自己、提升自己、做最好的自己的过程。

思考题

1. 通过本章内容的学习，结合自己的体会，谈谈听评课与建立常态校本研修的重要性，并简单梳理本章介绍的几种校本研修模式。

2. 结合自己的教研体会，说说你校在集体备课校本研修方面的具体做法。

3. 你怎样理解主题研修式校本模式？其具体做法和要求是什么？

第 10 章

专业引领，同伴互助，自主反思

——听评课与教师磨课历练

《诗经》有曰："有匪君子，如切如磋，如琢如磨。"我们的课堂亦离不开"琢磨"二字。于漪老师年轻时坚持"一篇课文，三次备课"，这三次"备课"其实就是三次独立"磨课"的过程。一个教师，从刚进入教师队伍到成为有独特风格的教师，都要经历这样的历练。幸运的是，今天的教师有更多的机会和同伴在切磋与合作中互相学习，彼此支持，共同成长。

一、在磨课历练中蜕变成长

所谓磨课，就是教师改课，不断提升的过程，它是教师以提高自身教学能力为目的，采取积极、主动的方式，在教研团体的协助下，以具体的课例为研究对象，以课堂教学中含有的"问题"或关键事件为中心，反复、深入地研究和实践，熟练掌握教学方法，着力打造精品课堂，切实提高教学效率的一种教学反思活动。

优秀教师的好课是怎样炼成的？他们的每一节好课，都是从无数次的痛苦磨课中历练出来的。特级教师黄爱华曾说："磨课、磨人。"从窦桂梅老师的体会中，我们可以看到通往精品课的道路是艰辛且曲折的。每一个名师的成长背后都经历了无数次的研究课、过关课、示范课、公开课的磨课过程。对执教者而言，不断推翻、修改、重建的过程必然充满了煎熬和折磨。磨课时，别人评价的语言虽然会刺痛教师的神经，但这一次次的批评、指导，却为教师的成长注入了动力。北京市数学骨干教师孙贵合说："一堂课上40次，你能做到吗？如果你经过这种磨课，下一次你就可以至少达到你上第10次的那种水平，甚至更高！"

在"成长力教师"的问卷调查中，40%的教师的专业成长道路是从磨课开始的。磨课是最好的历练，教师通过确定课题—钻研教材—备课—上课—评课—反思—再上课—总结经验等一系列行动研究，专业能力迅速提升。

一般来说，教师磨课的过程经历四个阶段：构思教学，修正思路；初建课堂，发现问题；反馈教学，剖析问题；修改完善，课堂重建。

磨课就是一个载体，把教师自主研修、同伴互助、专家引领很好地结合起来。为把课上好，教师除了绞尽脑汁研读教材，反反复复修改教案，还要搭起一个交流协作、资源共享、智慧碰撞的教研平台。同事、专家、名师来听课、评课，进行指导，在此基础上，结合自己的教学风格反复研磨。磨课，磨的是教学理念，是对教材的挖掘，是教学设计，是思考力，是教育智慧，是与众不同的风格，这些都属于课堂教学能力的范围。一次磨课不可能面面俱到，有效磨课应当带着问题，设定一个比较具体的研究目标。比如，如何创造性地使用教材；如何开发课程资源；如何优化学习方式，实现课堂生生、师生互动；如何进行学习方法指导；如何创设教学情境；等等。另外，通过专题开展磨课研究，成效会更大，但专题的选择应该围绕课堂教学展开，不宜贪大，应尽可能以小的角度研究大的问题，围绕选题制订出切实可行的活动计划。磨课是一个用心打磨的艰辛过程，也是一个渐进提升的过程。磨课是塑造青年教师最好的"炼炉"，也是教师课堂教学能力快速提升的最好手段。

二、磨课，要勇于挑战自己

俗话说，机遇与挑战并存。教师参与竞争活动必然给自己带来压力，困难和考验也会接踵而至。但有压力才有动力，克服困难才能得到发展，经受考验才能不断提升自己。薛法根老师曾谈到自己从教之初上公开课的感受：

根治自身教学顽症，最有效的方法就是在专家面前真实地暴露你存在的问题，请他们毫不留情地给你做思想内源的"外科手术"，让你在"痛苦"中脱胎换骨！然而，现实中很多教师缺点儿"野心"：他们不敢参加公开课，不敢写教学论文，不愿参与各种带有竞争性的活动，还美其名曰"平平淡淡才是真"。其实，除了安于现状、不思进取，更重要的是，他们缺少一点儿敢于担当的勇气。现实中，不少教师习惯于按部就班，以完成学校布置的任务为己任。每位教师工作之初，或许都曾富有理想和抱负，但是如果缺乏直面问题、挑战自己的勇气，或许只能一辈子平平庸庸、碌碌无为，更谈不上创造人生的辉煌瞬间了。

一些教师平时上"家常课"，寻求能过得去就行，很少为准备一节课而日不能食、夜不能寐。于是，课堂教学中的灵感或需要解决的问题也便随着下课成为过去。磨课则不同，从决定之时起，大脑就开始高速运转，每时每刻都在思考如何上课，能利用的时间都利用了，还是感到不够，以致寝食不安、彻夜难眠。世界上一帆风顺的事情极少，绝大多数人要承受生活的磨难。同样，要想成为名师，教师必须敢于走出舒适区，经受一些苦难与磨炼，也就是为自己设置障碍、规定目标等，逼迫自己面对成长中的疼痛。

磨课作为一种研究教学、提升教师专业能力的好方法，现已经被广泛使用。但是任何事物都具有两面性，如果只重形式不重内容、只重次数不重实效、只重教师不重学生，磨课就会变成一次次的虚假演练，变质为一种喧嚣的浮躁。这与磨课的初衷是相反的，也不是我们所希望看到的。

三、磨课的六个阶段

磨课实施的形式是多种多样的。这里重点介绍"六步骤教研法"，即个人备课—小组讨论—课堂观摩—教后研讨—二次试教—反思总结。

第一阶段：个人备课。精心备课是磨课的前提。要磨出精品课，执教教师就必须用心精准研读课标与教材，了解编者的意图，研究学生，优化教学设计。也就是说，磨课首先要求执教教师能拿出一份自己独立备课的、有质量的教案。

第二阶段：小组讨论。磨课的最大优势就是发挥教师同伴、教师集体的智慧。当执教者备完课后，磨课组的教师集体协作讨论，团队成员可以帮助进一步收集资料，研读设计教案，协助制作课件，深入每一个细节。同时，充分利用集体备课的时间共同研讨，精益求精。从教学目标的设置、重点的理解、难点的突破、教学环节的衔接、教学策略的实施、教学问题的预设等方面，共同讨论执教者教学设计的科学性、艺术性。需要说明的是，形成教学设计稿时，教师们一定要充分预测学情，在充分交流、沟通的基础上达成共识，形成磨课第一稿。

第三阶段：课堂观摩。执教教师按照备好的教案进行第一次上课。教学过程中，听课教师按照预先分配的任务，分别从学生学习、教师教学和课堂性质三个方面观察这节课的有效性与目标达成度（见表10-1）。

表 10-1　评课教师对课堂教学完成度的评价角度

维　度	视　角	观察点举例
学生学习	聆听	有多少同学聆听，老师的讲课时间多长？ 有多少同学聆听同学的发言，能对同学的发言进行评价或做补充吗？
	互动	参与回答问题的人数、分布面怎样，回答问题的质量如何？ 参与小组活动的次数、人数、效果怎样？ 课堂上练习作业的时间有多长？
	自主	学生自主学习（读书、思考）的时间有多长？ 是否有质疑、问题？如有，学生提出了哪些问题，解决得怎样？
	达成	学生达成教学目标了吗？有哪些证据（回答问题、朗读、书面作业、表情等）？ 作业批改或课后抽测显示目标的达成度如何？发现了哪些问题？
教师教学	环节	教学环节是否围绕教学展开？时间分配是否合理？ 教学环节的逻辑性如何？能否"以学定教""顺势而导"，根据学生的实际情况调整教学流程？ 教学环节安排有哪些特色和亮点？

维　度	视　角	观察点举例
教师教学	指导	教学语言是否清楚明白、通俗易懂？ 板书和媒体呈现了什么？呈现是否恰当？ 是否对学生的小组学习和练习进行了指导？效果怎样？
	对话	课堂提问的次数、类型（如简单复述、整合信息、评价和创意等）、难度、有效性如何？ 提出问题后是否给学生留足了时间？是否认真聆听了学生的发言？
	反馈	是否及时地对学生的回答和其他学习活动给予了评价？评价的准确性（既热情鼓励，又指出问题）如何？ 能否根据学生的学习情况调整自己的教学？
课堂性质	目标	预设的教学目标适合这个班级学生的实际吗？是否需要调整？ 教学是围绕目标展开的吗？
	内容	本节课选择的教学内容是否体现了学科特点？ 对这个班的学生来说，教学内容难易合适吗？课堂容量恰当吗？ 能不能体现出不同层次学生的需求？ 课堂上有没有生成？教师是怎样处理的？
	实施	教师采用了哪些教学方法（如讲授、讨论、活动、游戏、练习等）？这些方法效果如何？ 教师利用了哪些资源（教科书、实物、教具、多媒体等）？是怎样利用的？效果如何？ 教师向学生推荐了哪些课外资源？这些资源容易获得吗？
	评价	教师为检测教学目标的达成度，采用了哪些评价方式（形成性评价）？ 这些评价方式获取了教学过程的相关信息吗？获得信息后又是怎样处理的？

　　第四阶段：教后研讨。教后研讨即评课交流的过程。评课交流是磨课的一项重要活动，一定要组织好。主持者要营造和谐、民主的气氛，让听课者坦诚相待，畅所欲言，从不同角度来分析这一堂课，从而产生思维碰撞。发言的中心定位在"如果我来上课，我会如何教"。在交流中，让各种教法一一亮相，哪些意见更契合执教者自身的素质，哪些教法更适合将要施教的

学生，执教者比较优劣，再根据自身特点进行选择。在评课过程中，一定要尊重执教者的意见。

教后研讨之后要汇总意见。虽然通过评课能碰撞出思想火花，会有一些修改的具体措施，但这还是初步的、零散的，甚至可能措施本身都有冲突，这需要主持者能做意见汇总。即便不能做到完全的统一，但是可以形成大致意见，达成共识，有条件的情况下，还可以写一份听课报告。

第五阶段：二次试教。磨课往往不是一次完成的，通常需要几个反复。执教教师有了第一次的课堂实践，在大家的评课交流、思维碰撞后，提出修改意见，在此基础上消化理解，继续完善教学设计，之后便可以进行二次试教。

第六阶段：反思总结。在二次试教课后评议后，执教教师可以继续完善教案，进行实践反思后的第三次备课，并提交自己第三次备课的教学设计，如有必要，可以进行第三次试教。无论是执教教师还是团队教师，都可以通过反思总结，沉淀收获。反思总结包括磨课教师集体的反思总结。就反思的内容而言，学科组应就主讲教师的教学问题剖析根源，达成共识，改进教与学的策略，发展教学理论。反思总结更重要的是执教教师自主的总结反思。不停地试教或单纯地与教学同伴进行分析，没有执教教师深度的内省和反思，再多的磨课也达不到提高教学素养和教学能力的目的。执教教师课后需多反思，在反思中学会与自己对话、与同伴对话、与理论对话、与实践对话。反思每节课学生是否得到发展、目标达成度怎样、目标达成的原因是什么、没达成的原因是什么、怎样改进，让上课与自主反思交互融合、螺旋上升。

四、提升磨课效益的建议

（一）磨课可以采取多种形式

除了常规磨课，还可以通过改变形式使目标更明确，方法更灵活。

例如，围绕一堂课进行的反复磨课，优点是可以集众人之所长，集思广益，精益求精，就某一个重点或难点问题进行多次、反复的推敲、研究，使教学的思路更加清晰，教学的方法更为简洁、明了，锻造精品课。

围绕一篇课文，团队成员也可以依次进行不同课时之间的教学。这种磨课方法主要锻炼每一位上课者对不同课时的把握能力，以及解决上一位执教者在教学中遗漏或欠缺的问题。这样的磨课时间短，准备快，对教师个人教学素质如反应的敏捷性、教材把握的准确性、教学机智的灵活性等方面的要求比较高。

张祖庆老师还提出"同课异构""同课同构""异课同构"的磨课三部曲。教师应在"同课异构"中看见文本解读的异同，看见目标制定的异同，看见课堂实施的异同，看见课堂理答的异同，看见教学智慧的异同，从而获得启迪。在"同课同构"中，以同一篇课文，用同样的教学设计，由不同的教师在不同的班级演绎，由此深入辨析课文、教学设计相同的情况下，教学效果不同的原因。在"异课同构"中，从不同的教学内容中把握教学规律，达到教好"这一类"的目的。张祖庆老师认为，年轻教师，在起步阶段更适合"同课同构"，在反复模仿中学习；骨干教师，更适合"同课异构"，在与别人的对比研究中，增长教学智慧；迈向卓越的教师，则可以多一些"异课同构"，在系统研究中，改造心智模式，形成独特风格。

（二）磨课的价值在于"共生"

磨课本质上是一种教研活动，只有形成平等民主、和谐融洽的研究氛围，才能真正实现磨课过程中的"百家争鸣"，有所创新。磨课缺乏专业引领，就会陷入低水平重复，但在磨课活动中，能力强者、职务高者如果过于强势，磨课活动最终会成为他们教学思考的翻版。理想的磨课是，以执教者的能力层级为起点，充分尊重执教者已有教学设计的合理成分，在与执教者进行充分对话与交流的基础上，引领执教者进行进一步的优化和提升，把执教者个人的智慧和其他磨课者众人的智慧有机地整合在一起。理想的磨课是，磨课者围绕教学过程进行热烈的争辩和碰撞，其中必能迸发出点点教育创新的火花，必然使团队教师共同经历一个深层次的教学对话和思考，这将促进团队的业务成长和教育素养的提升。

（三）磨课要重视阅读充电

萝卜炖萝卜还是萝卜，怎样才能让它发生质变呢？那就是在炖萝卜的时候加上肉。萝卜炖肉，口感和营养价值就大不一样了。磨课也同样如此。如果一轮课上完，大家简单地评课、总结，执教者没有再充电，草草地进入下一轮，磨课的收效就会很有限。反之，一轮课上完，执教者和所有参与者针对研究的目标和课堂存在的问题，有计划地去阅读相关资料，并结合课堂教学再做深入的研究，下一轮的磨课就会有质的飞跃。因为它已经不是"萝卜炖萝卜"，而是"萝卜炖肉"了。正如一位教师深有感触地说："磨课的过程，同时也是笔者专业化发展的过程。为了磨好这节课，我翻阅了大量的专业书籍和刊物，它们成为直接激发我磨课热情和创作灵感的源泉。"观念决定思路，思路决定出路。阅读书籍、学习理论，最终目标是教师要转变观念，丰富自己的教育思想。

（四）磨课重视自主教学反思

美国心理学家波斯纳曾将教师的成长公式概括为：成长＝经验＋反思。磨课的核心是要提升，一次磨课，一次超越。那么，怎样才能实现一次又一次的超越呢？这依赖于所有参与磨课教师的思考，尤其是执教者的思与悟。

教学反思的内容是广泛的，如从教材解读与设计、教法与学法的选择、课堂细节的处理等层面去反思，又如从日常教学上去反思——这节课，我投入激情了吗？对教材的解读，有更恰当的角度吗？这节课的教学目标合理、可测吗？这节课中最难忘的一个细节是什么？这节课最大的遗憾是什么？如果重新来教这节课，哪个地方最值得改进？这些反思的深度，决定了教学所能达到的高度。

概括地说，教学反思主要包括"五思"：一思所效，教学效果如何；二思所得，教学的收获是什么；三思所失，教学失误在哪里；四思所改，如何去改进；五思所创，教学中有哪些创新之处，摸索出了哪些教育规律。

比较有效的教学反思通常可以从下面几个方面进行。

（1）我遇到了什么事情？

（2）我对这件事的梳理。（对问题、失误、困难等做思考，分析产生的原因，即弄清哪些做法是不适当、低效的，甚至是无效的，为什么会是这样。）

（3）我从中得到什么启示？（包括通过教学反思发现了过去未曾注意到的问题或教学中更深层次的问题）

（4）我的做法（教法）是否符合教学原理，是否符合学生的需要？

（5）今后该怎样做？（在总结经验教训基础上能构想下一步工作，知道发扬什么、纠正什么、改进什么、加强什么，即设想出新一轮教学工作的思路。）

（五）不要迷失自己

古希腊哲学家苏格拉底经常引用的一句话就是"认识你自己"。集体磨课，集中了大家的智慧。评课者们集思广益，会提出很多有价值的建议；执教者查阅各种资料，也会找到很多珍贵的解读文本、指导思想等。它们如同指示不同方向的路标。在它们面前，教师们一定不能迷失了自己。一位经历磨课活动的教师在随笔中写下这样一段话："听了大家的评课，我拿不定主意。晚上十点半，我给于老师打了电话，说出了自己的烦恼——我不会备课了，请她定路子。于老师很明确地指出：就按照你平日上课的路子来上，扎扎实实，不要任何花架子，不要受复习课的影响，他们上的是复习课，你上的是练习课。记住，你只要上出你自己的风格就好。于老师的几句话犹如醍醐灌顶，让我豁然开朗——就按照我平日路子上，不学任何人。"最终，这位教师取得了成功。这些教师的顿悟都在启发我们：在学习的过程中，要能够认识自己、认识学生，智慧辨识不盲从。"丧失自我"是一件很可怕的事情，因为真正的教学艺术都是个性化的。每个教师都有自己的优势，这些优势是教师上好课的最好资源，关键是如何去发现、开发和利用它。

教师磨课是挣扎的，是痛苦的，但是这种历练是必要，也是值得的。假如没有这种挣扎和痛苦，教师将成长很慢。只有经历这种磨课，才能实现蜕变中的快速成长。通往成功的道路并不拥挤，因为坚持的人并不多。

思考题

1. 你怎样理解磨课这种教研形式？其方法步骤是怎样的？

2. 通过本章的学习和个人体会，你认为提升磨课效益应该做好哪几个方面的工作？

3. 什么是教学反思？怎样进行有效的教学反思？

第 11 章

突破"高原期"，从优秀走向卓越

——听评课与专业梳理造就名师

　　培养和造就名师，不仅是学校和家长的愿望，也是每个教师的夙愿。名师，指工作出色、教学有风格、教育效果好、为同仁所熟知、为学生所喜爱、为社会所认可、有相当名气和威望的教师。然而，放眼学校，"四有"（有目标、有思想、有做法、有说法）、"四会"（会上课、会交流、会传播、会引领）的名师数量却不是很理想。那么，怎样培养和造就这样的名师呢？听评课与教师的专业梳理有机结合是培养和造就名师的有效方法之一。

一、教师要面临第二次成长

　　一个教师要真正走入名师行列，高原期是必须跨越的鸿沟。为什么一些教师取得了一些教学业绩后，教学上付出比以前更大的努力，进步反而很慢，甚至止步不前呢？自己明明很努力，卓越教师这一目标就在那里，却怎么也走不到！这种无力、无助的感觉很可能与他们成长中遭遇到的"高原期"这个"坎"有密切的关系。清澜山学校的王君老师对此有深刻的体会，她在《向前走，有风景》一文中写道：

　　一位老师问：你有职业倦怠吗？你有很难跨越的事业发展瓶颈期吗？
　　我笑：怎么可能没有？我还相信，没有人没有！只不过，程度深浅不同罢了，愿不愿意承认罢了。

是，我们期待的职业之路是这样的：走着走着花就开了，走着走着天就蓝了，走着走着春天就到来了……但事实上，很多时候，我们会感到困惑和乏力：走着走着就累了，走着走着就彷徨了，走着走着就找不到方向了，走着走着就不想走了……

世界上最可怕的不是钱没有用完，人就没了，而是路还没有走多远，激情就没有了。所以，我们永远面临着一个问题：我们为什么坚持？我们还能坚持多久？

于我，回顾走过的路，有职业快速发展期，比如，1992—1997年，我迅速取得了乡、镇、县、市、省的课堂教学大赛第一名，用最短的时间从乡镇调到了城市；也有职业困顿期，比如，1998—2003年，因为1998年参加全国课堂教学大赛的失利以及其他优秀教师的崛起，坐冷板凳便成为必然。事实上，人生的路很长，顺风顺水的发展阶段的比例很小，大部分时候都是跌跌撞撞一路前行。苏轼说：一蓑烟雨任平生。是的，如果没有这样的一种心态，很难继续坚持。

靠什么坚持？我以为，还是语文和教育本身的乐趣。在"教育和幸福生活"的主题报告中，我化用了居里夫人的话：我认定语文和教育本身就具有伟大的美。一位从事研究语文教育的教师，不仅是一个技术人员，而且是一个小孩儿，好像迷醉于神话故事一般，迷醉于教育的景色。这种教育本身的魅力，就是使我能够终生在讲台上埋头工作的主要原因。

有些年轻的朋友不信，那是因为，你还没有深深地进入语文和教育。世之奇伟、瑰怪、非常之观，常在于险远。你都不愿意去攀登，风景自然不会从天而降。

突破瓶颈当然是艰难的。但是，只要坚持，总是天无绝人之路。

因为参加全国课堂教学大赛失败，所以我开始在班主任工作上寻求突破。

因为年龄渐长，公开课这个舞台永远是属于年轻人的，所以我开始在论文写作上用力。

我起点低、底子薄，在理论修养上天然"营养不良"，那我就以"灵动深刻"为教学风格，绕开学究式的追求。

我个子娇小，形象可爱，别人怎么看都觉得不够成熟、大气，那我就着力于初中的教学而不是高中的教学。

……

所谓瓶颈，不过就是进入桃花源之前的"初极狭，才通人"之那一段。只要在黑暗中坚持摸索，发奋学习，就有突破和穿越的可能。

我们的前面有许许多多的山——那都是供人们攀越的。个人资质不同，起点不同，能够到达的山顶也是不一样的。关键问题不是问鼎哪座山，而是我们一直在攀登。这个过程，本身就是一个不断增加生命高度的过程。生命的终点都是一样的，不一样的是路途中的风景。我们向前走，就一定会有风景。只要你在路上，就一定有盛宴。

我以为，所谓突破瓶颈，其本质意义在于：突破生命的倦怠感，重新水灵灵地开始成长。

从王君老师的体会中可见：教师成长的"高原期"是客观存在的。

"高原期"也叫"高原现象"，它原本是教育心理学中用来描述在学习尤其是技能形成过程中出现进步暂时停顿或者退步的现象。通常情况下，教师专业成长进程是不均衡的。一般而言，教师在入职前三年成长稍缓慢些，三年以后成长开始加速，当进入第八年，成长速度又逐渐变缓，乃至停滞不前。从骨干教师走向卓越教师，这一步，只有少数人走得过去，大部分人成为骨干教师后就触碰到专业成长的"天花板"，再难往前跨一步。这个专业发展的瓶颈，被称为"高原期"。

联合国教科文组织曾调查了两万名教师，发现：五年之内，教龄与教学成果成正比，曲线呈上升趋势；第五年至第八年，普遍处于平稳发展期；八年之后，出现分化，5%的教师发展成"专家型"教师，95%的教师教学水平不增反降。这是总体趋势，当然也会有特例。这时候，教师的教学生命似乎陷于沼泽。经常听到教师感叹："我的教学水平再也上不去了，怎么越教越不知道怎么教了？""一直以来，我只是觉得自己好似卡在了瓶颈，很难突破，几经努力，基本上没什么明显改善……"

据上海新纪元双语学校创始校长李海林的研究，教师成长进入"高原期"的主要表现是：

（1）很难体会到前一个时期快速成长的畅快，相反，发现自己做的很多事情都是在重复过往。

（2）能保持中等状态的教学效果，但即使更努力，也没有明显的提高，不过一般情况下也坏不到哪里去。

（3）工作内容和范围长期没有变化，自己也不知道还有什么事情可做。偶尔有一些新的尝试，也看不见什么效果。

（4）教师发现，从同伴那里不能再学到更多的东西，觉得他们懂的自己基本上都懂。

（5）工作热情明显下降，但能维持基本的工作状态；一部分教师感到工作疲惫。

（6）开始关心教学理论，但没有哪一种理论完全说服自己，觉得这些理论都与自己的切身感受不一致。

怎样帮助骨干教师突破"高原期"，实现第二次成长，走向名师的行列呢？教师的成长曲线一般都是A—a—B的路径，而卓越型教师的成长曲线则是从A到a后又继续向b这一高级终点前进（如图11-1）。骨干教师要实现第二次成长走向卓越型教师，就要设法形成自己的教学个性风格。

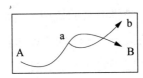

图11-1　教师遭遇"高原期"的两种出路

二、听评课与专业梳理的结合

为什么听评课要与专业梳理进行结合呢？有些骨干教师课上了不少，也参加了很多的听评课活动，乃至书也读了不少，报告也听了不少，但就是成长不快。为什么？原因可能是多方面的，但缺乏对自己以往教学经验的梳理、总结和提升，是其中一个重要原因。

通过上面教师成长"高原期"的介绍我们知道，教师成长是一个艰难穿行的过程，如果有的教师教学经验和教学思想不能及时总结、反思、梳理，仅仅停留在感性的初级阶段，改变不了自己原有的认知结构，那么他就会被困在"高原期"，专业成长就会一直在徘徊或停滞不前。此时，教师专业成长仅靠常规的听评课是不够的，这就需要教师拿起笔，边听评课，边总结梳理自己的教学经验和教学思想，只有在听评课中借助专业写作，来梳理和提升自己的专业素养，形成自己的教学主张，才有可能不断地超越自己，才有可能最终突破成长"高原期"，实现第二次成长。

三、专业梳理课程的实施

笔者在华师院开发了"名师核心素养专业梳理课程"的研究，此项研究在全国几十所基地校和几百个名师中开展，效果很好。总结出"名师五项六步核心素养专业梳理课程"，并出版了《名师教学智慧——情怀·思想·风格·方法》一书。这项研究就是把听评课与教师专业梳理、专业写作相结合，助力骨干教师跨越成长"高原期"，实现第二次成长。

听评课与名师核心素养专业梳理课程的实施内容很多，如教师教育情怀的梳理、教学思想的梳理、教学方法的梳理、教学风格的梳理等。这里在谈到课程实施过程外，重点谈谈教学方法的梳理和教学风格的梳理。

教师教学经验的专业梳理课实施可以通过以下六步来完成。

第一步：梳理课程启动与专业指导。这里学校可以做三件事：一是成立由研训员参与的专业梳理课程专家组，制订名师成长专业课程实施计划，制订专业梳理课程方案。二是确定参与专业梳理的教师对象，采取教师自愿报名、学校领导评议相结合的办法产生。三是召开专业梳理课程启动培训会，解读专业梳理课程方案。通过专家报告，明晰专业梳理的目标、内容及模板，提供优秀案例。

第二步：教师自我梳理与教学个性调查。教师根据课程方案与专家报告提出的专业梳理的目标、内容，按要求做自我专业梳理。根据梳理内容，专家组通过问卷调查、谈话、师生交流等多种方式，听取教师和学生的建议，完成对教师教学个性的调查。

第三步：完善专业梳理文稿，分享交流指导。这里学校可以做三件事：一是专家组审阅教师上交的专业梳理文稿，结合对该教师教学个性的调查情况，提出修改意见，建议教师再度修改完善。二是建立教师互助研修小组。教师在研修小组内分享交流专业梳理文稿，做到欣赏别人、汲取优点，反观自我、正确定位，坦诚交流、解疑释惑，以我为主、成长进步。三是召开教师专业梳理中期评估会。教师分享梳理过程的心得体会、优秀梳理文稿，专家组成员进行点评，回答教师提问，总结前期工作，布置安排以后的工作。

第四步：听评课成果应用与课堂改进。这里学校可以做三件事：一是教师将专业梳理的成果应用在教学实践中，做一节课堂教学改进课，体现专业梳理的价值，提高课堂教学能力。二是专家组成员和互助研修小组一起听评课，从专业梳理的角度提出改进意见。三是教师根据专家组和研修小组教师提出的意见改课和修改文稿，优化教学设计，写出课堂教学案例。

第五步：成果展示与交流深化。这里学校可以做两件事：一是对教师专业梳理成果进行认定评价，选出优秀成果，完成实践专集《我的成长之路——教学特色的形成与彰显》，作为校本研修的参考资料使用。这些专业梳理成果源于个体的实践经验，可以在更高层面帮助阐释教学中的一般和特殊问题。二是学校搭建平台，提供机会，让教师做专业梳理成果微型讲座，在更广泛的层面交流教学经验，分享心得体会，展现教学特色，也借此接受大家的评议，进而提炼出自己的教学思想。

第六步：专业梳理成果的完善与推广。这里可以采取两种方法：一是立足本校，完善专业梳理成果，影响身边教师，产生示范效应。学校要提供便利，帮助教师在完善与推广成果的过程中，形成自己的教学风格，彰显教学特色，同时示范引领身边教师，专注教学实践，自觉提升，实现专业成长。二是辐射校外，边研究边推广，提高成果质量，扩大学校知名度。研训员要帮助教师在区域内、学校间推广优秀专业梳理成果，通过成果报告会、现场观摩会、成果展示会、经验交流研讨会等形式，让教师在交流展示中提高，在讲座报告中提升，在聆听指导中升华。这也是名师成长的路径之一。

四、教学方法的专业梳理与建构

骨干教师梳理自我独特的教学方法，是实现专业梳理的一项重要内容。

（一）教学方法的内涵与外延

独特的教学方法是成为名师的一个重要标志，如教育改革家魏书生的"六步教学法"、钱梦龙老师的"三主四式导读法"、北京大学附属中学数学特级教师张思明的"导学探索、自主解决"教学法等。独特的教学方法也是教师认识教学规律和教学成熟的表现。张思明老师说："一种教学理论只有建构起与之相适应的教学模式，才能转化为有效的教学实践。"所以，校长帮助学校的骨干教师梳理与建构自己的教学方法意义重大。

什么是教学方法？华东师范大学的叶澜教授把常规的教学方法称为小方法，把教学模式称为大方法。这里所说的教学方法不是指教学中那些讲授法、谈话法、实验法等单一的小方法，而是指"大方法"，即教学模式。教学模式指教师在一定的教学理论指导下，以简化形式表示的关于教学活动的基本程序和框架。它不仅包括教学的设计理念，还包含程序、结构、方法、策略等一系列具体操作和实施的内容。教学方法是从教学原则、教学内容、教学目标和任务、教学过程直至教学组织形式的整体、系统的操作样式。

课改之后，全国各地出现许多教学模式，有点泛滥成灾。所以每每提到教学模式，教师们很反感，乃至很多人出来反对，认为教学又在搞模式化、教条化。其实不然，教学有模式和教学模式化是两回事。"教学有法"，说的是教学一定有章法（模式、路径），我们不能因为一时教学模式的泛化，就否定教学模式的客观意义;"教无定法",说的是因教材不同、学生不同、教师不同而不可能有统一固定的模式。所谓贵在得法,就是教学模式或方法一定因教学情境、课程教材、学生状态、教师实际来灵活确定,应时而用。一个好的教学模式或方法应是开放的、发展的、进化的,它需要不断发展、不断完善。

什么是教学方法的专业梳理与建构?其实,教师只要从事教学工作,就会有教学方法,只是有的成熟、高效,有的不成熟、低效而已,尤其是工作多年的骨干教师,一般都会有自己独特的、相对成熟稳定的、管用有效的教学方法,只不过这种方法因为没有经过专业梳理和总结,还处于一种不自觉的、隐性的、随意的经验性状态。所谓教学方法的专业梳理与建构,即在教育理论和专家的引领下,通过对自己的教育思想、教学经验和教学程序进行系统的梳理和提炼,并用简练概括的语言把梳理成果表述出来,从而来建构自己的教学方法,或者促使自己的教学方法更加成熟。

"条条大路通罗马",教师高效教学方法的形成途径也是多方面的,有的是从上到下、从外到内,通过学习、借鉴、模仿别人,形成自己的教学方法(即学—仿—创);有的是从下到上、从内到外,通过教师在课堂教学中摸索、尝试、总结、提炼,产生"实践田园"。显然,教师从课堂总结出来的方法更有生命力。所以,教师在借鉴外来经验的同时,更应该注重对课堂教学经验的梳理与建构。

教学方法并不神秘,因此教师要敢于建构自己的教学方法。一般有一定教学经验的教师,只要认真总结,并吸纳一定的教学理论,获得相关学科或专业领域领导、专家、同行及相关教学研究人员的帮助,再经多次反复修改、升华,就可以建构自己的教学方法。

(二)教学方法的专业梳理步骤

教师的教学方法专业梳理通常可以采取以下步骤:找特点—学理论—建模型—练方法。

1. 找特点——找自己的特长优势所在

著名儿童作家郑渊洁说:"每个人都有自己的最佳才能区……要拿自己的长处和别人的短处竞争,打得过就打,打不过就跑。"

这种见地很耐人寻味。其实,每个教师都有自己的特点。从特长技能上,有的善于表达,有的常于写作,有的喜欢表演,有的擅长诗书礼乐,等等;从自然状态上,有的教师有年轻优势,有的有交往优势,有的有绝活优势,有的有人脉优势等。这些都是教师上好课的最好资源,关键是教师如何去发现、开发和利用它们。

像大多数教师一样,张永芳老师勤勤恳恳地备课、上课、批改作业,一年又一年。"虽然感觉自己课改的思想比较超前,课堂教学也说得过去,也能经常在县里上公开课、优质课、示范课,但具体有什么特色,自己却说不出来。"这种现象很普遍。连续听了张永芳老师的几次课以后,校领导和教研室的几位同伴发现,课堂上她最出彩的地方就是设问和提问的环节。听大家这么一提点,张永芳老师豁然开朗:在课堂教学的导入阶段、探究和应用阶段,自己确实精心设计了一些设疑、提问的问题,一方面激发了学生的学习兴趣,另一方面突出了教学的重难点。自此,张永芳老师的"三段设疑教学法"诞生了。

找特点首先是找一个突破口,要从每位教师"最擅长"的方面入手,发现他们的教学长处、教学特点,即他们最大的亮点和生长点,再组织学校优势力量帮助教师一起研究教学流程和操作系统,总结特色、提炼规律、挖掘特质。找特点千万不能赶时髦、摆花架子、盲目追随、生搬硬套,而应该因地制宜、因人而异。

2. 学理论——用理论指导教育教学实践

没有厚积,不可能有薄发;没有深入,不可能有浅出。深厚广博的知识营养,是形成教学方法的基础。如果教师教育理论浅薄、教育信息闭塞、知识贫瘠、孤陋寡闻,是做不好教学工作的,更谈不上形成教学方法,成长为名师。为什么许多教师在总结、提炼教学方法时无话可说?就是因为书读得太少，教育理论太匮乏，内涵积淀不足。所以，校长要组织学校的教师学习，建立学习型、研究型小组，引导教师在研究教学方法时不断加强教育理论的学习，开拓思路，提升素养。通常需做好以下几件事。

（1）看书查阅资料。至少阅读两类书：一种是学习研究什么是教学方法的书，把教学方法的概念、特点以及当前有哪些先进的教学方法等问题搞清楚。可以找一两个典型的教学方法案例做重点研究，即研究其内容、写作方法格式，作为自己写作借鉴的案例。另一种是学习研究名师的教学经验和与教学相关的一些前沿理论图书，如建构理论、多元智能理论、学习科学理论等。

（2）借助理论梳理经验。对于一个普通教师来说，梳理建构教学方法必定不是一件小事。校长要组织学校的研究部门一起行动或引进外部专家，帮助教师在学习理论以后，和自己过去的教学实践相对照，对自己的教学经验进行梳理思考。至少要做到三个关注——关注自我经验、关注文献资料、关注课堂现实，两个反思——反思已有的经验与理论、反思教学设计与课堂现实。在这个过程中，看哪些内容这位老师想到了，别人也想到了；哪些内容这位老师没想到，但别人想到了，学习理解后要让他或她及时补进自己的教案；哪些内容这位老师想到了，但别人没想到，这时要引导他或她赶紧到课堂上去用一用、磨一磨、试一试，看看自己的想法是否行得通、有道理，因为这些可能就会成为这位老师的特色。

简言之，校长要指导教师在教学方法的梳理中不断反思自己：我的课堂，哪些是高效的，哪些是有效的，哪些是低效的，哪些是无效的，哪些是负效的……

（3）多请教，勤反思。在可能的情况下，向有经验的同行、领导和专家请教。

特级教师储建明这样谈自己教学方法的形成过程：

任何成功的教学方法都能很好地把教学目标与教学活动汇聚在一起，体现独特性、操作性、稳定性、有效性的基本特点。在逐步认识和运用教学方法的过程中，围绕"语文课堂教学优化"课题的研究，我多次与省内外、市内外的同行开课研讨。1996年的一堂《绿》的教学让我记忆犹新。那次评课，我和那些专家、学者坐在一起，坦诚的对话使我感受到莫大的教益。大家充分肯定了我作为语文老师的专业功底，对新课型结构也予以认可，并提出了中肯的建议，诸如教会与学会的区别在哪里、学生的积极参与策略是什么、在什么环节上能一石激起千层浪、如何组织互动教学等。

不久，我针对这些问题进行了理论充电，再次反思课堂教学的环节、结构，完成了《科学理序，优化教程——我教〈绿〉的教后感》。文章一经刊出，迅速引起许多语文教师的关注。从此，"引—议—联—结"四环节教学方法得以诞生。这个模式以师生主体理论为基础，采用互动参与为主的教学策略，融合问答激思、讨论辨析等手法，培养学生的互动精神和学习能力。"引"是引言定向，自读感知；"议"则重点研读，展开讨论；"联"即联结延伸，融会读写；"结"为照应全课，总结升华。四个环节通过学生自己的积极思维，生成自主的意识与行为，贯穿一个"导"字，体现一个"活"字，融知识顺序、认知顺序与情感体验于一体，环环紧扣，层层激思，充满紧张、灵活的智能活动，促进师生的共同进步。

3. 建模型——优化建构独特的教育教学模型

教育教学模型是深入思考后的深度总结与提炼。这个过程需要教师具有一定的写作能力。所以，校长一定要引领教师重视写的训练。写作是一种媒介，也是一个平台。写作能促进思维的深刻，能把读书与思考、读书与实践、读书与写作更深入地结合起来，相得益彰。写作又是记录读书和研究成果的最好方式。有人曾问一位特级教师："你为什么在那么忙的情况下还能做到教学科研两不误，不但书教得好，而且发表那么多论文，获得那么多科研成果？"他说："我受益于多读、多思、多做、多写。读是积累，思是加工，做是实践，写是总结。是读、思、做、写相得益彰，助了我一臂之力。"可见，把学习、工作、研究、写作结合起来，是一个人快速成长的最佳途径。所以，校长要引领并指导教师拿起笔来写东西。

起草撰写教学方法就是用文字将教学环节做归纳概括。一般来说，校长、教师总结自己的教学方法应从以下几个方面入手。

（1）精准命名：给教学方法起个好名字，简练、新颖、概括。要创建教学方法品牌，并使教学方法有好的推广，就要充分利用品牌效应的标识性、独特性、生长性和实效性的特征，给教学方法起个响亮又匹配的好名字。有的教师教了几十年学，已经形成了自己相对成熟稳定的教学风格，但因为没有响亮的名字，所以推广不出去。所谓"名正才能言顺"，教师总结自己的教学方法首先需要给它精准地命个名。名字不要太复杂，复杂了不易被记住，不便于推广；也不能太简单，太简单指向性会不明确，不知道这种教学方法的使用范围。教学方法的名字要简洁好记，要有新意，能反映教学方法的实质和特点。比如，河南省西峡县杨文普等人创立的"三疑三探"教学方法，名字就很响亮，能看出教学的大致环节，有新意，不会与别人雷同；山东省高青县教育局推广的"五步导学法"，名字也很简洁，从名字上就能看出这种教学方法的特点——课堂教学的环节分为五步，强调对学生的引导而不是灌输……

（2）阐释内涵：对教学方法的定义、内涵、外延做阐述解读。教学方法有了名字后，还需要为其下个定义。这就如同一件商品，不但要有名字，还要具体说明是什么、能干什么、有什么用、效果如何等。下定义是界定这种教学方法的内涵和外延。比如，辽宁省调兵山市的"问题引导教学法"是指在课堂教学中，教师依据课标和教材精心设计问题，以问题激发学生的学习兴趣，以问题引导学生自主学习与合作探究，从而达成教学目标、提高教学效率；中学生物对"任务驱动法"的定义是，在教学过程中，以完成一个个具体真实的任务为线索，把教学目标隐含在每个任务之中，引导学生去发现、去思考、去解决问题，在完成任务的同时，培养学生的创新意识、创新能力和自主学习能力的教学方法……

（3）明晰理念：明晰教学方法的提出背景、理论依据、指导思想、基本原则等。一种新型教学方法的提出，不可能是无源之水、无本之木，一定要阐释清楚该教学方法的现实背景、理论依据和创新价值。比如，它提出的背景是什么、理论根据是什么、借鉴了什么思想、想解决什么问题等，这些问题的答案都要有依据。

从理论层面，通常会依据教育学、心理学、建构理论、多元智能理论等。如天津第二南开中学蔡培浩老师的"语文古典诗歌四步教学法"的理论依据：一是建构主义学习理论，二是系统科学的整体原则。从实践层面，多是借鉴国内外教育专家、名师的研究，包括这些年课改先进学校教师的实践经验等，如研究情境教学，可以从李吉林老师的研究实践中找依据；辽宁省本溪满族自治县第一中学的黄丽娇老师从凤城市第六中学、洋思中学和杜郎口中学等学校的先进思想中寻找依据，再结合自己在日常教学中的点滴收获和心得，加以提炼和概括，形成了自己的教学方法。

任何一种教学方法的提出都是有依据的，这种依据既可能是历史的，也可能是现实的，又可能是理论的，或者几个方面兼而有之。历史的依据，是用来说明该教学方法的提出不是无中生有，而是对历史的继承和发展；理论的依据，是用来说明该教学方法的提出有扎实的理论基础，不是无本之木；现实的依据，是用来说明该教学方法的提出有现实的必要性，能解决现实教学中的问题。在阐述自己教学方法的时候，要说明比前人或别人创新了什么。创新性是一种教学方法存在的价值体现。

（4）规范程序：阐述具体操作的流程、方法和策略，简约但不简单。首先，从程序上阐述，说明该教学方法的环节和操作流程。对一种新的教学方法，大家在初步认同之后，着重关注的就是怎样操作，这是教学环节和操作程序的问题，即这种教学方法分几个环节，每个环节分几个步骤，每个步骤的实施策略又是什么，有哪些细节和注意事项等。有的分为几段几环，即把一堂课先分为几个阶段，每一阶段又分为几个环节；有的分为几环几步，即把一堂课先分为几个环节，每个环节再分为几个具体的步骤；也有的只分为几个环节或几个步骤，实际上这就进入了建模阶段。教学环节的表述要简洁明了，所使用的字数和表述方法要一致，给人整齐和规范的感觉，操作程序的表述要具体、明确、清晰。

（5）明确效果：实例说明此教学方法的运用效果。实践是检验真理的唯一标准。衡量一种教学方法好，只是名字响亮、流程清晰还远远不够，它一定要能解决具体问题，一定要管用、有效。对于一种新的教学方法，首先一定是看其教学效果。一种教学方法不管建构得多么整齐、美观，不管看起来怎样规范、先进，也不管建构的老师名气有多大，如果效果不好，就没有推广的空间，便不是成功的教学方法，所以一定要有充分的数据或实证来印证该教学方法的实效性，要充分介绍该教学方法的实验结果或实践效果。有些规范的教学方法要通过对比实验来加以验证。如果是对比实验，就要说明实验的对象、时间、实验班和对比班的具体情况以及对比的内容、考核的方法，还要说明实验中的控制因素和各种变量。即使没有严格的对比实验，也要用数据和案例说明在实践中的效果。

（6）注意问题：详细指出该教学方法在具体使用中应注意的问题。黄丽娇老师在她的教学方法"使用"部分是这样写的：

我的教学方法虽说是一种较好的文言文教学方式，但并不是说就可以将教学限制在这个框框中，不然就变成了死的模式，毫无意义可言。因此，应注意以下几点：一是注意授课班级的类型。因为学生的程度参差不齐，在设计提问和引导方面要注意方式及难易程度。二是注意所授课文的难易。有一些文言文对于教师来说都是比较难于理解的，在这种情况下，就要注意授课的模式，应适当调整教师和学生的分工。三是注意所授课的类型。新授课与复习课、第一课时与第二课时，都应注意方式的调整。这时，教师应着重做好三件事：第一，回顾反思过去的做法。这里的思考首先指对自己的思考，即把自己当作研究对象，揣摩、琢磨、体验、品味自己已经和教育水乳交融的日常生活。同时，思考包括关注、研究、咀嚼、审视别人的教育实践、教育思想。如果这种思考带有对自己进行检讨、解剖的意味，它便成了我所理解的反思，而这种反思的习惯和能力正是任何一个教师走向成功必不可少的专业素养和职业品质。第二，学习、借鉴典型的教学方法。第三，请教修改。可以把写出来的教学方法初稿拿给教研员看，向他们请教，也可以向学校领导和同事请教。

4. 练方法——将教学方法应用到课堂实践中再历练与修改

教学方法写出来以后，尚未结束，还要将建构好的教学方法再应用到课堂教学实践中进一步历练与修改、优化与完善，反复地经受实践的检验。河北省石家庄市北苑中学魏静老师的"特色教学法"的形成和历练过程，应该能给教师们一定的启发。

有了以自己名字命名的教学法，特色教师该如何往前走？

"虽然有了自己的教学法，但一开始，我只是把研究的切入点定在记叙文的主问题教学上。"北苑中学的魏静老师说。

记叙文是初中语文教学中最基本也是最大量的部分。针对记叙文教学，魏静采用"四问题"教学法，取得了很好的教学效果。所谓四问题，即围绕什么样的人物、什么样的情节、什么样的主题、什么样的写法设计四个问题，引导学生通过解读文字来明晰形象，把握情节。

但是，"在很长一段时间里上公开课，我只敢这样教记叙文，圈在自己的圈子里出不来。"魏静说。

后来，在教研室高源、陈荣昌、宫来政三位教研员听课的过程中，他们发现并指出问题的所在，鼓励魏静抛开文本、抛开自己固有的模式，大胆研究每一篇文章中牵一发而动全身的"主问题"。

之后，魏静在教研员的指导下，在《山市》《口技》《天上的街市》《紫藤萝瀑布》《邹忌讽齐王纳谏》等文章的教学中加以尝试。比如，在《口技》一课中，魏静问学生："文章用一个'善'字起笔，'善'在哪里，怎样写'善'？"

为了找出主问题，教研室组织几个进行相同研究的教师同上一节课，看这节课的主问题到底该怎么提，看谁提的问题更好，更能统领全篇，更能调动学生的积极性。而后，让大家讨论。

这时候，魏静终于认清主问题教学的本质，在各种文体的教学中游刃有余。比如，《鲁提辖拳打镇关西》的篇幅比较长，如果教师眉毛胡子一把抓，学生肯定会无所适从。教研员就与教师一起讨论，最后只提两个问题：鲁提辖为什么要打镇关西？鲁提辖是怎样打死镇关西的？

在一次次研讨中，魏静认识到，要设计好主问题，需要教师站在高处，设计出一组有计划、有步骤、系列化的提问，既可以把复杂的问题变成易于理解的问题，也可以把大的问题分解成小问题，引导学生向思维的纵深发展。

"我觉得自己越来越善于提问，而且具备了一点提问的艺术。"魏静对自己的进步有一点"小得意"。

这些，高源看在眼里，适时地用布鲁巴克的一句话给魏静提醒："最精湛的教育艺术遵循的最高准则，就是学生自己提出问题。"

一句话让魏静认识到：教学研究没有止境。

在《皇帝的新装》和《乡愁》的教学中，魏静的角色发生了变化。在她的引导下，学生终于提出了一个个有价值的问题。

学起于思，思源于疑。学生提出问题，就等于解决了问题的一半。

"从提问学生，到学生提问，终于让学生回归到课堂教学的中心，这是教学实践探索中的一小步，却是教学思想转变的一大步。"魏静因自己的成长而兴奋。

发现"特色"不是目的，提升"特色"，让"特色"成为教师发展的动力，这才是"特色教师"评选的本义。

（节选自钱丽欣、施久铭《每位教师都是一座高山——来自山东临朐的"特色教师"发展报告》，发表于《人民教育》2011年第23期）

魏静老师"特色教学法"的形成启发我们，有质量的教学方法和模式一定要稳定、成熟，最终能提高课堂教学的有效性，这才是目的。

五、教学风格的专业梳理

教师在日常的教学实践中，要善于学习，勤于思考，潜心实践；还要勇于反思和改进，敢于展示自己的教学个性，善于形成自己独特的教学风格。

可以说，能否形成教学风格，是教师平庸与卓越的重要区别。我们耳熟能详的名师普遍都有自己的教学特色或风格。比如，钱梦龙老师研究的是"善导型教学法"，实现由"讲学"到"导学"的转变；魏书生老师常用的是"民主型教学法"，教学追求民主，强化师生关系协调；李吉林老师认准的是"情境教学法"；特级教师孙双金擅长的是"课堂辩论法"；于永正老师拿手的是"课堂表演法"；王崧舟老师出彩的是"情感体验法"；吴正宪老师推崇的是"训练型教学法"，巧妙以练代讲、以读促读……

（一）教学风格的概念及内涵

什么是教学风格？教学风格是指教师在教学活动中形成的教学特色，是教师教育思想、个性特点、教育技巧在教育过程中独特、和谐地结合，并具有相对稳定的状态表现。

教师成熟的教学风格通常具有"四有特征"。一是有教学主张。教师不仅知道做什么，还知道为什么这么做；沉着冷静，活力四射，永远是"实践着的思考者"和"思考着的实践者"。于永正、钱梦龙老师就是这种有思想的人，他们各自形成的"五重教学法""三主四式导读法"就极具代表性。二是有教学成效。教师能够把思想转化为行动，用行动创造出成果。不仅想做事，而且能做事，还能做成事。在自己的课堂教学、班级管理、教育科研及主管工作等领域，他们能拿出有说服力的实践成果和理论成果。三是有成果影响。教师不仅做出了成绩，而且善于影响并带动他人。比如，能通过互联网、会议讲座、论坛等平台，通过个人著作、论文、课题、成果表达等媒介和途径，传播推广教学成果和经验，扩大成果的辐射面和影响力。四是有个性特点。著名作家孙犁说："创造一种风格，是在艺术的园林里栽培一株新树。"创造一种教学风格，也是在教学艺术的园林里栽培一株新树。教师在教学探索过程中，要设法找到突破点，比如体现个性特点的教材组织处理、课堂组织形式、教学语言等，体现自身素质的教学基本功、才艺和绝活等，深入研究与实践，用心打磨与内化，系统总结与构建，熟练应用与自得，久久为功，渐至佳境，就形成了独特的教学风格。

（二）教学风格梳理的方法

1. 学习名师法

教师想要形成自己的教学风格，学习、借鉴和模仿名师很有必要，这相当于"站在名人的肩膀上"前行，可以少走很多弯路。教学有法，但不会一蹴而就，要先得"一法"后兼及"他法"，要先学"一家"后师法"百家"，然后形成"自家"。更重要的是，要"以我为主，为我所用"，结合自身特点，融众家之所长，形成自己的风格。这就像练书法一样，先"入格"而后"出格"，可以采取"学—仿—创—写"的流程。

2. 优势培育法

每个教师都会有自己的优势，如记忆优势、表达优势、朗读优势、人际优势、表演优势、书法优势、绘画优势、音乐优势等。教师要能解剖自己、分析自己，找到自己的优势，找准适合自己成长的最佳生态位，发挥自己的专长。如教学《狐狸和乌鸦》时，擅长绘画的教师可以在黑板上画一画，擅长表演的教师可以带学生演一演，擅长朗读的教师可以当堂示范读一读等，这样扬长补短，优势会愈加明显。

3. 梳理升华法

引导教师梳理自己最拿手、最有效、最精彩、最独特的教学经验，用科学的方式总结提炼出精华，用简短的文字把经验、思想和特色概括出来，有独特解读并能精准地表述出来，"朗朗上口"且"一目了然"，可以让其他教师更好地学习和借鉴，取得很好的效果。如特级教师王开东用"三有六让"梳理自己的教学经验，形成自己的教学特色。其中，"三有"，即有趣、有情、有理；"六让"，即目标让学生清楚、疑问让学生讨论、过程让学生经历、结论让学生得出、方法让学生总结、练习让学生自选。

梳理升华法一般是抓住"几有""几重""几结合""几统一"等关键词，言简意赅，不同凡响，能给人很强的冲击力。比如，有的教师梳理出"有趣、有用、有情"的教学风格，有的教师梳理出"有法可循（路径）、有纲可依（高度）、有话可说（乐趣）、有梯可攀（目标）"的教学风格，有的教师梳理出"趣与情统一、活与实统一、宏与微统一"的教学风格。于永正老师总结自己40年的语文教学经验时，总结出重情趣、重感悟、重积累、重迁移、重习惯的"五重教学法"。

有一种植物叫毛竹，最初的几年一直都在土壤里，感觉不到它的变化，但是几年之后，却开始破土而出，疯狂生长，可以长到15米高。之所以有这样的"生长奇迹"，是因为起初，毛竹深深扎根土壤，根系延伸数百平方米，是在为"薄发"积蓄坚实的力量。教师的专业成长也应该像毛竹一样，根深才能叶茂，只有平时在听评课中勇于静下心来，潜心学习研究和积累，才有可能像毛竹那样，有后来专业梳理中的快速成长。

思考题

1. 结合工作实践和本章学习，请谈谈骨干教师或者名师专业梳理的五项内容和六个步骤。

2. 结合本章内容和自己的教学体会，谈谈怎样形成和梳理教学风格？

3. 结合本章内容和自己的教学体会，谈谈怎样梳理和建构教学方法？

专题篇

　　"打蛇打七寸"，做事抓关键。听评课中抓住以核心素养为纲的重构课程内容、优化课堂结构、转变教学方式等方面就是关键，就是重点。而要实现这些目标，就要强化学习指导，将真实情境融入学科素养，以任务驱动聚焦问题解决，在深度学习中培养学生的高阶思维能力。

第 12 章

思维是学生智能发展的核心

——听评课与学生思维能力培养

　　人之所以被称为"万物之灵"，是因为人有高度发展的思维。思维是学生智力发展的核心，也是创新人才成长的关键。优秀人才之所以优秀，是因为他们有优秀独特的思维品质。苏霍姆林斯基认为："真正的学校乃是一个积极思考的王国。"

　　2022 年版义务教育课程标准中，九门学科都把思维能力列为核心素养的内容，这是一个重大突破。教学活动是核心素养形成的重要路径，基于培育学生的核心素养，构建思维课堂，实现学生思维进阶也就成为落实新课标要求的必然选择。学习不应只是静坐听讲、死记硬背、刷题考试的过程，而应是实践、行动、体验、感悟的过程。没有个体真实、完整、深刻的活动及体验，相应的素养就无法形成。教学主要不是教知识点，而是教知识点上的思维点。只有关注思维点，教师传授给学生的才是智慧，才会教出善于思维的学生。为此，听评课要把课堂上学生的思维训练作为一项重点课题来研究，努力让学生的思维从低阶走向高阶。

一、对"钱学森之问"的追问

　　2005 年，温家宝总理在看望钱学森的时候，钱学森很有感慨地说："这么多年培养的学生，还没有哪一个的学术成就，能够跟民国时期培养的大师相比。"钱学森又发问："为什么我们的学校总是培养不出杰出的人才？"这就是有名的"钱学森之问"。显然这是一个很复杂的问题，涉及教育内部和外部诸多因素。但是我们首先不能不对我们多年人才培养的思想、内容和方式做出反思。

毋庸置疑，自中华人民共和国成立以来，我国的教育取得了令人瞩目的成就。特别是深化课程改革以后，我国的教育思想观念和教学方式都发生了巨大的变化。成绩是主要的，但是看到成绩的同时，我们也应该看到现存的值得人们思考的问题。这里先介绍两份资料：

清华大学附属中学的王殿军校长说："我们要发展教育，不能只看到成绩，还要看到问题。问题是什么？我们人才培养的质量和水平还有待提高，尤其是顶尖的人才，具有国际竞争力的人才，培养得不够多、不够快、不够高、不够好，平均水平在增高，但是没有特别顶尖的，能够具有国际竞争力的、能在多个学科和领域处于世界引领水平的、能成为领军人物的这种学科领域人才还不多。"

（来源：2021 年 12 月 20 日中国教育智库网）

一位学生在作文中写道："考试决定了太多的东西，一次考试没考好，人似乎就没了价值，没有了尊严，没了希望。我们的命运似乎被考试操纵着，摆布着，我们不得不为考而学，老师不得不为考而教。我们的学习缺少学习积极性，缺少求知激情，学习不再是愉快的，有时甚至感觉是一种劳役。为考而教，那些整齐划一的教材，整齐划一的教学方法，将我们削成一般齐，没有自己的个性，没有自己的色彩，没有自己幻想创造的空间。"

（节选自彭清雯《我们真累》）

怎样看待"钱学森之问"？我们为什么"冒"不出杰出人才？显然，这是一个很复杂的问题。从教育内部看，涉及教育思想、教育体制、教学内容、教学方法等因素；从教育外部看，涉及国家用人制度、奖励机制等因素。也许从上面两份材料中我们可以窥见一二。自现代学校教育诞生以来，课堂教学是以"知识"为本位，教师往往围绕教材内容对学生进行"灌输"

或"填鸭"，更多的是运用死记硬背等学习方式，使课堂教学大多徘徊在低阶思维水平上。学生为考而学，老师为考而教。学生的思维没能得到很好的发展，尤其是学生的创造思维能力和动手实践操作能力没能得到很好的发展。这就容易影响杰出人才的培养。

有专家到美国考察后认为：中国学生基础知识扎实，考试分数高，但动手能力和自信独创意识弱一点；美国学生思维活跃，自信独创意识强，独立生活能力和动手能力强，但理论基础弱，考试分数低。为什么会产生这种结果呢？这与中美两国的教学方式有密切关系。美国加州州立大学北岭分校教育学院终身教授苏智欣在1995年到2005年期间对中美两国教育做了深入研究，并对两国教学方法进行了比较（见表12-1）。

表12-1　苏智欣教授1995—2005年对中美教育教学方法的对比结果

中　国	美　国
以教师为中心	以学生为中心
依赖教科书	灵活运用教材
重理论	重实践
演绎法为主	归纳法为主
注重正确与详细	注重生动和有趣
强调服从统一（共性）	强调创造性（个性）
考试主宰一切	学生兴趣主宰一切

苏教授的概括不一定全面和准确，但是从某种角度讲，对我们还是有一定的参考价值，值得我们思考和反思。中国教育有其优势，也有短板。为此，我们的教育一定要兴利除弊，改革创新。现在国家颁布了新课程标准，实施核心素养教育，倡导深度学习等，就是让中国的课堂教学走向现代的重要举措。

二、思维的功能与教学使命

培养学生，就是为了他将来能够进入社会生活，能够从事创新实践。我们过去的教学观念过多关注先学会，却忽略了培养学生在真实情境中解决问题的能力。人类所创造的一切物质财富，都是人类在实践活动中通过思维，即智力活动形成和积累起来的。思维也是人类认识世界、改造世界最重要的能源。思维能力是个人素质的第一要素，培养学生的思维能力是教师的重要教学使命。

什么是思维？简单地讲，就是思考问题的过程，包括我们对客观存在的认知、分析与推理，乃至得出的判断、结论，以及形成的对策。

思维特点有间接性和概括性。分析和综合是思维的基本过程。智力包括观察力、想象力、记忆力、思维力、注意力。思维力是人的智力的核心。高阶思维能力越强，创新能力也就越强。从社会学角度看，人类的三次科学技术革命均是由有高阶思维能力的人推动的。培养学生的思维能力，特别是高阶思维能力，是现代学校教学的一项基本任务。

所谓高阶思维，是指发生在较高认知水平层次上的心智活动和认知能力。人们通常将布卢姆认知目标的记忆、理解、应用、分析、评价和创造六个层次的前三者指认为低阶思维，后三者指认为高阶思维。高阶思维能力是新时代创新人才的必备修养，其表现为思维的深刻性、灵活性、独创性、批判性、敏捷性等。高阶思维是高阶能力的核心，主要指创新能力、问题求解能力、决策力和批判性思维能力。

我们之所以要在听评课中高度重视学生的思维训练研究，是因为其有着思维的很多功能。

（一）思维的发展功能

思维有高品质和低品质之分。用一句通俗的话来说，就是有些人很忙但不出活，这种人就属于"行为勤奋，思维懒惰"的"低品质勤奋者"。学校教育应该引导学生从"低品质勤奋者"成为一个"高品质勤奋者"。研究表明：教学是一个"智育"的过程，而不是"知育"的过程。教学的任务是在传授知识的同时发展智力，培养能力。例如，特级教师马芯兰总结出了"没有训练就没有能力"的教改经验。数学特级教师胡炯涛认为：数学姓"思"，即思考、思维。数学教学除使学生掌握一些必要的数学知识外，主要是为了使学生变得聪明，变得坚毅。数学教学方法主要是激发学生思考的热情，使学生会思考、善思考、勤思考。数学教学过程就是数学思维过程。

（二）思维的学习功能

有教师担心：现在升学压力这么大，重视学生的思维训练，就会不重视刷题训练，会耽误时间，使学生丢了成绩。这其实是严重的误区。思维有重要的学习功能，学生学习依赖于思维。越是肯动脑筋的学生，学习效率越高；相反，越是不愿意思考的学生，学习成绩会越糟。语文的阅读与写作，数学的判断推理，物理的动手实验，哪个能脱离思维呢？一个缺乏思维能力的学生，怎能学好知识呢？

原北京市第二十二中学的数学特级教师孙维刚用他的教学实践证明：越是重视学生的思维训练，越有助于提高学生的成绩。他自1980年开始，进行从初一至高三的大循环实验，致力于学生能力的培养，用德育促进智育，全面提高学生素质。三轮教改实验成效十分显著：1997年高考，全班40人，上本科线39人，重点线38人，进入北大、清华22人。凡毕业后走上工作岗位的学生，干得都很出色。孙维刚老师说："我想，我们致力于培养能力，发展和完善学生智力素质，学生的头脑逐渐'强大'了，在试题面前'运筹帷幄''纵横捭阖'，难题自然'落花流水'了。所以，我们的教学一定有利发展和完善学生的智力素质。"

（三）思维的减负功能

作业如山，题海茫茫，当前学生的真正负担不是来自思维，而是记忆和重复性的劳动。所以，强化思维训练，减少记忆负担，是学生进行有效学习的根本途径。实践证明，大凡教学素养高的教师的教学活动，都是能提高课堂教学效率。孙维刚老师就是重视思维训练、发展学生智力、减轻学生负担的典范。他从不给学生留硬性的家庭作业。他所带的实验班的其他各科老师也不多留作业，学生都能做到每天睡眠9小时左右。

在提高学生的智力素质方面，孙维刚老师是从以下几点做起的。

（1）总是站在系统的高度教学知识，八方联系，浑然一体，形成学生总是浮想联翩、思潮如涌的思维状态；

（2）更着重向哲理观点的升华，高屋建瓴；

（3）课堂上，形成学生超前思维向老师（包括课本）挑战的态势，在思维运动中训练思维，互相传染聪明和才智；

（4）题不在多而在精，一题多解，多解归一，多题归一；

（5）从初一年级开始即进行问题研究，写论文；

（6）各科都少留作业，数学不留书面家庭作业，当然不收作业，保证学生每天睡眠9小时左右，六年如一。

（节选自孙维刚《全班55%怎样考上清华北大》）

孙老师这样做的效果如何？从他们班的考试成绩便可明白。

综上可见，加强思维训练，开发学生智力和培养能力具有至关重要的意义。这是教学的本位，也是教学的基本规律。人的思维和智慧不都是与生俱来的。学生思维依靠教育来培养和训练。思维训练是教学的根本任务和使命，听评课必须强化对思维训练的研究。

三、学生思维能力培养的策略

根据2022年版义务教育课程标准的表述，思维能力主要包括直觉思维、形象思维、逻辑思维、辩证思维、创造思维等几种类型。直觉思维是一切思维的基础，相较而言，直觉思维与形象思维联系更为密切，都属于人的右脑思维范畴。逻辑思维与辩证思维联系更为密切，两者具有鲜明的理性思维特征，创造思维则是以上所有思维类型的综合与融通，是一切创造活动的灵魂与核心。学生思维能力的提升离不开课堂教学中有意识的思维训练。课堂上学生思维能力的培养是一个长期的、复杂的过程，而且也需要多层次、多形式、多渠道的全方位来进行。此处就听评课中教师思维训练的策略提出几点建议，仅供教师参考。

（一）看教师思维训练的意识

教师能否把思维训练放到课堂教学的应有地位，首先取决于教师是否树立起课堂上应以"思想训练为核心"的教学思想。在谈到思维训练的问题时，有的教师不以为然，在他们看来，知识尚不能讲明白，哪里有时间和精力进行思维训练，这正是教师缺少思维训练意识的表现。

教师课堂上的训练意识可以从思维训练的有意、有机、有序、有效四个方面来评析。

1. 有意

所谓有意，就是有思维训练的内容和目标，在教学过程中有意识强化思维训练，并将思维训练与知识教学放在同一教学目标上。

2. 有机

所谓有机，就是把思维训练有机地渗透到知识载体中，贯穿教学的全过程。我们分析教师课堂上的思维训练是否到位，不仅要看教师是否有意识地引入思维训练的内容，还要看训练内容的处理是否得当。我们强调思维训练，但不等于要教师抛开课本另搞一套，因为思维训练必须在学科基础知识的教学之中，如语文教学中的思维训练，并不是完成预定教学任务之后另外加的教学内容，而是在进行听说读写训练的过程中就融进了思维训练。思维训练强调的是渗透。

3. 有序

所谓有序，是从各年级、各单元、各课时训练目标的达成系列形成，既不能零打碎敲，也不能坡度太陡，要先易后难，循序渐进，构成体系，形成整体。

4. 有效

所谓有效，是指训练到位，见成效，不图形式。

（二）看课堂和谐、民主气氛的营造

我们知道，种子在适宜的温度下才能发芽，同样道理，学生课堂的思维活动也需要有适宜的课堂气氛。实践证明，适宜的课堂气氛能使学生情绪高昂，智力活动处于最佳状态。反之，压抑、沉闷、冷漠、消极的课堂气氛往往会压抑学生学习的积极性，抑制智力活动，窒息智慧火花。所以，要评析教师课堂思维训练效果，一个重要因素就是考察教师课堂教学民主、和谐气氛的营造。

1. 创建平等的师生关系

课堂提问应是平等的对话，居高临下的提问会让学生产生一种距离感，甚至畏惧自己的回答会不会令老师满意，会不会遭到同学们的讥笑。只有建立民主、尊重、信任、平等、安全的师生关系，学生在课堂上才能畅所欲言。要做到这一点，老师就要抛弃传统师道尊严的思想，放下架子，真诚、坦率地与学生平等对话。老师在提出问题的同时，应注意自己的语言措词及语气语态，要有一种亲和力，拉近与学生心灵的距离，进行平等的思想交流。

2. 尊重、信任学生

教师给学生一个机会，学生还教师一份惊喜。尊重、信任学生，一方面，对每个学生都充满信心，相信每个学生都是潜力股，尤其是对于学困生；另一方面，应给予学生足够的独立思考空间和自由话语权，宽容学生的"与众不同"，尊重学生的心灵自由和精神世界的独特性，同时注意培养学生的创造性思维。智慧的教师会注意面向全体，不忽略每一个学生，教师眼神要遍布教室的每一个角落，做到"眼观八方"，不仅从眼神，而且从语气、态度、表情等方面传递自己对学生的期望与认同。

3. 鼓励学生积极参与

学生的思维能力不是讲出来的，而是通过学生主动积极参与思维活动训练习得的。学生不主动、不积极参与思维活动，能力很难得到训练和培养。课程改革走到今天，教学方式已经发生了巨大变化——从农业经济时期的"灌输式"和工业经济时期的"启发式"走到知识经济时期的"参与式"。教师在课堂上要避免将知识"灌输式"地强加给学生，而是创设适当的情境和条件，让学生通过"自主、探究"或"合作、讨论"的方式去感悟并寻找答案。

（三）看问题的设计与评价处理

善于提问，是思维训练的重要突破口。有了问题的探究，学生就容易进入积极的思维状态，逐渐形成独立判断力。同时，积极思考和探究能有效激发和保持学习兴趣。实践证明，思考、探索以及伴随这一过程而不断产生的思维成果是保持学习兴趣的最佳途径。培根说：伟大的哲学起于怀疑，终于信仰。思考总是从问题、怀疑开始的。因此，教师课堂问题的设计对培养学生思维能力至关重要。怎样让学生的思维从浅表低阶迈向深刻高阶呢？问题引领、任务驱动是基本的教学策略。教师出示问题，让学生主动搜集信息（包括听课），然后解决问题，形成思维成果，实现知识整合，提高学习效率和自主学习质量，这是基本的逻辑。

对于"问题的设计与评价处理"，听评课时应注意以下几个主要方面。

1. 关注问题设计的梯度

《礼记·学记》云："善问者如攻坚木，先其易者，后其节目，及其久也，相说以解。不善问者反此。善待问者如撞钟，叩之以小者则小鸣，叩之以大者则大鸣，待其从容，然后尽其声。不善答问者反此。此皆进学之道也。"在设计提问的时候，教师必须努力钻研教材，同时要考虑学生的实际水平，既要考虑问题的深浅程度，也要设计好课堂提问的顺序。教师应按照由易到难、由简到繁的顺序设计问题，通过问与问之间的层层推进，引导学生按照一定的逻辑顺序层层深入，由易而难，由现象到本质。

提出的问题应该包括基本知识、对知识的加工提炼和知识的运用三个层次。一位教师执教高一历史必修一《巴黎公社》时设计了这样的问题：（1）巴黎公社是在何种情况下成立的？（基本知识）（2）其成立的经过是怎样的？（基本知识）（3）巴黎公社成立后采取了哪些措施？（基本知识）（4）它有何历史意义？（基本知识）（5）巴黎公社为什么会失败？（知识提炼）（6）从巴黎公社的措施分析，巴黎公社的目的和性质是什么？（知识分析）（7）巴黎公社的失败说明了什么？（知识高度提炼）（8）它对我们今天的现代化建设有何借鉴意义？（知识运用、拓展）

上述的问题（1）～（4）属于基本知识，学生在课本上就能找到；问题（5）～（7）需要对所学知识进行提炼和分析才能完成；问题（8）则是一个由此及彼的运用问题。提出的这些问题，层次分明，难易度区分明显，使学生的思维由发散向聚合发展。

2. 关注问题设计的质量

问题是课堂教学的心脏，但是目前在问题设计与评价处理时还存在许多问题。有项调查表明：教师每节课的有效问题占45%，低效问题占34%，无效问题占21%；口述方法提问占73%；80%的学生认为教师给思考问题的时间较少；70%的学生在回答不出问题时保持沉默，在这种情况下，教师缺少对学生的启发引导，经常换人回答；在学生回答正确时，教师通常停留在重复学生的答案或者强调解题过程。如果教师仅仅是"为问而问"，只关注形式，不关注内容，只关注热闹，不关注效果，这样的提问显然对思维训练是低效和无益的。

教师在教材组织处理中关键看问题设计得是否新颖、巧妙，能否抓住重点、触及难点、激发思考。问题设计要适合学生的思维水平，尽量设计一些让学生"跳一跳便可摘到桃子"的问题，使问题具有一定的深度、广度和思考价值，让不同层次学生的思维都有所发展。同时，我们还要鼓励学生自行发现并生成问题。

特级教师干国祥表示：好课诞生于"真问题"之后。

我给七年级学生上《丑小鸭》一课，在学生带着理解复述故事后，就利用学生彼此间的质疑，把课堂导向这样一个真问题：丑小鸭变成白天鹅，不是因为它努力，而是因为它本来就是天鹅蛋孵化的？那么，如果它本来是一个鸭蛋，是不是说无论它怎样努力，最后都依然只能是一只鸭子？一石激起千层浪，课堂的精彩纷呈开始了。

我给五年级学生上《三打白骨精》一课，第一个主问题是：取经结束，唐僧功劳第一，孙悟空功劳第二，那么在《三打白骨精》里，是唐僧这次没体现出他的功勋，还是灵山领导层本来就是偏心不公正呢？一个问题，把学生的偏见打破，回到文本重新细读，直到最后，几乎所有学生的观念都发生了颠覆。

（节选自干国祥《好课诞生于"真问题"之后》，

发表于《中国教师报》2021年9月1日）

用一个问题把学生原有理解"打回原形"，然后用共同学习来重建更高、更深的理解模型，这就是苏联心理学家维果茨基所定义的"最近发展区"。

重视指导学生自己发现问题、提出问题很重要，课堂上鼓励学生质疑、提问，就是让学生经历这样一个"无疑—有疑—无疑"的长进过程。

3. 关注提出问题的方式

同一问题，从不同侧面提问，提问的角度不同，方式不同，效果往往不一样。目前教师课堂提问普遍采用的是直问法。其实，教师课堂提问的方式是多种多样的。

（1）直问：单刀直入，直截了当。教师直接提出问题，可使学生迅速进入思考状态，较好地发挥学生的积极作用。

（2）曲问：欲问A，先从B开始，问此意彼。"曲问"有利于培养学生的思维能力，增强学习兴趣。

（3）追问：追问是一种追根溯源、层层递进的提问方式，有助于探求学生所掌握的知识，引导学生找到问题的解决方法。在连续追问的过程中，把知识分解为一个个问题，一环扣一环，不断深入地发问，环环相扣、步步紧逼，化难为易。

（4）设问。教师的本意是由自己来说清楚某个问题，但为了引起学生的注意，故意使用提问的形式，以唤醒学生的注意，而不是让学生回答。设问虽然是自问自答，但设问提出后，不要马上回答，而是要留下一定的时间空歇，让学生思考。

（5）转问：转问是指当学生自发提出问题时，教师不直接回答，而是改请其他学生来作答。

（6）反问：反问是指当每位学生自发提问之后，教师要求学生本人解释提出问题的理由或提供所提问的可能答案。

（7）回问：回问是指当学生不能回答问题时，教师先把问题转引给其他学生回答，再回头将先前的问题或类似的问题向原先不能回答的学生提问的技术。

（8）互问。互问就是由学生提出问题，再由学生回答问题，是学生之间的互问互答。

（9）质疑。引导学生提出问题，给学生提问的机会，培养学生提出问题的意识，使学生想"疑"乐"问"。

4. 关注提问后的等候

教师提问的数量多，学生思考的机会少，一个问题刚提出，学生还没有充分的时间思考，教师就要求学生回答。学生回答稍有受阻，教师就急于公布答案，一堂课上问题一个接一个，最终是该读的书没读透，该掌握的知识没掌握。在课堂提问后，教师要留给学生充足思考的时间。首先，教师在提出问题后，要等待充足的时间，不要马上重复问题或指定别的同学来回答，其目的是给学生提供一定的思考时间。其次，在学生回答问题后，教师也应该等待充足的时间，再对学生的回答做出评价或者再提另外的问题，这样能够使学生有一定的时间来思考，纠正他们的错误以拓展他们的思维。

如果教师给学生充足的思考时间，学生在答问中就会有一些重大的变化：（1）学生回答问题的语句会更完整，表达更充分；（2）会有更多的学生自愿回答问题；（3）学生回答不出问题的现象有所减少；（4）学生的创造性回答会增多，在课堂教学中的成就感明显增强等。

5.看学生回答后的评价处理

学生每次回答问题结束时，教师应及时进行总结评价，对问题的答案做出明确的结论。有效的评价要能准确指出肯定的地方和需要改正的地方。明确的反馈能为学生扬长避短提供实实在在的指导。对回答困难者，教师要及时启发诱导，给予提示帮助；对回答不正确、不完整者，教师应加以纠正和补充；对学生不能正确回答或回答完全错误的，教师应对他们进行安慰、鼓励，具体指出其错误所在，切忌冷嘲热讽，更不能把提问当作惩罚学生不认真听课的手段，挫伤学生的积极性；对回答正确的，教师要给予恰如其分的肯定和褒扬；对有创见者，教师更应该大加鼓励。同时，教师要提倡民主评价，克服话语霸权，充分尊重学生，逐步养成欣赏学生看问题的不同立场、方式、方法的习惯，珍视学生独特的感受、体验和理解。

（四）看思维训练过程与方法

数学家莱布尼茨说："没有什么比看到发明的源泉更重要的了，在我看来，它比发明本身更有趣。"在给学生讲授数学知识时，尤其是在解题教学中，我们一定要给学生还原想出解法的全部思维过程，让他觉得想出这道题的解法并不是像变魔术那样很神秘，而是在很自然的逻辑思维下就能实现。只有这样，学生才能感受到数学的独特魅力。由此可见，只有按照思维活动过程的规律进行教学，才能优化学生的思维品质，提高学习的质量。思维训练尤其要注重研究思维的过程。

一般而言，教学过程应该是思维训练的实践过程。以实践的方式进行学习，具体来说，就是在情境中、在活动中、在操作中、在应用中、在体验中学习。学习是学生的一段真实、现实、切实的行动过程和生命历程。学生思维训练应该贯穿课堂教学的导入、新课、训练、结课等各个环节的全过程，即每个教学环节都应根据教材的特点、学生的需求和课堂教学的需要来设计问题，引导学生积极思考，让学生的思维能伴随课堂教学的全过程。

思维训练的方法技巧也很重要。教师思维训练在方法运用上要讲艺术和技巧，以实现传授知识、教给学生学习方法、培养学生思维能力和良好思维品质、全面提高学生素质的目标。例如，在日常教学中，教师在大量基础练习时，可以注意对学生进行同化思维或异化思维的训练。所谓同化思维，是指按照作者的思路去想象相关内容；异化思维则要求学生以不同于作者的思路去思考问题，让自己的思维朝着各种可能的方向扩散，寻求更多解决问题的途径和方法。

再如，教学中，教师可以利用新旧知识之间的共同因素，尽力创设类比情境，尽量引导学生自己类推出应学的新知识。很多数学教师很重视变式教学。教学过程中，教师精心设计一些不断变更问题的情境或者改变思维角度，由简到繁、由易到难的数学问题，有意识地把教学过程转变为学生的思维过程，把学生的思维逐渐引向一个新的高度。通过"一题多解"或"一题多变"的变式教学，培养学生的发散思维能力；通过"多题归一"或"一法多用"的变式教学，培养学生的集敛思维能力；通过对问题进行"改造或改组"的变式教学，培养学生的创造性思维能力。这样的训练能使学生的思维品质、思维能力产生质的飞跃。

（五）看独创求异思维能力培养

联合国教科文组织在《学习：内在的财富》报告中指出："教育的使命是让每个人发展自己的才能和创造潜能。"培养学生的创新精神和创新能力是现代教育的出发点和归宿。在教学中培养学生的创新思维，激发学生的创新精神，提升学生的创新能力，提高学生的综合素质，是每位教师均应重视的问题。

创造性人才必须具备独创求异思维能力，他们有好奇心、想象力和独立思考能力，乃至社会实践能力。以往在课堂上，老师往往是绝对权威、"一言堂"的姿态，如果学生突然提出有争议的问题或者和老师"唱反调"，老师不容易接受，或对学生的提问进行批评和打压，个人权威不容冒犯，显然这是不可能培养出创造性人才的。

今天的课堂，教师要允许、鼓励学生标新立异，允许他们"异想天开"，允许他们质疑，从而培养学生勇于探索、敢于创造的独创精神，要勇于接受学生的"挑战"。在创新思维培养的具体路径上，教师要善于依据教学内容设计出富有趣味性、探索性、适应性和开放性的情境性问题，通过精心设置支架，巧妙地将学习目标任务置于学生的"最近发展区"，让学生产生认知困惑，引起反思，形成必要的认知冲突。对于学生存在的争议、疑惑，教师应该静下心来，把时间交给学生，让他们在教师的指导下讨论、辨别、分析，自主寻找答案。

在这一点上，宁鸿彬老师就做得特别好。他向学生提出了"三原则"，即"三不迷信"（不迷信古人，不迷信名家，不迷信教师）、"三欢迎"（欢迎上课随时质疑，欢迎发表与教材不同的意见，欢迎提出与实验老师不同的观点）和"三允许"（允许出错，允许改正，允许保留不同意见）。这种宽松自由的氛围，给了学生自由发挥的天地，说己之欲说，写己之欲写，这对培养创新精神、发展学生的个性十分有利。

创新是民族不断进步的灵魂，是国家兴旺发达的永久动力，创新思维教育是当今素质教育的核心。中国的强盛发展需要大量的创新型人才，需要每一位教师更新观念，积极地探索实施创新教育，给我们的孩子插上一双创新的翅膀，让未来腾飞。

四、课堂思维训练的案例评析

下面通过一个案例与评析来介绍拓展教师课堂思维训练的思路。

特级教师袁卫星《祝福》课堂实录和评析

师：上课。

（师生问好。教师板书："祥林嫂死了！"感叹号写得很夸张，上面如一把匕首，下面似滴着的鲜血。）

师：上一堂课，我们从鲁迅先生的笔下获知，沦为乞丐的祥林嫂在一片祝福声中寂然死去。一个人死，无非有这么几种情况：一是自然死亡，二是意外死亡，三是自杀，四是他杀。这堂课我们讨论一下，祥林嫂属于哪一种死亡？

（学生感到新奇，交头接耳。）

师：有结论的同学站起来说一说。

生：这还用说，肯定是他杀。

师：是他杀？那么，谁是凶手？（板书："谁是凶手？"）

生：鲁四老爷呗！

生：还有四婶。

生：柳妈也是的。

生：卫老婆子多少也沾点儿边。

生：别忘了祥林嫂的婆家人。

生：我看"我"也脱不了干系。（众生笑）这个"我"可是带引号的，你们别瞎笑。（众又笑）

生：总之，鲁镇的一群鸟男女呗！

师：（笑）鲁镇人统统是凶手？我看你们得说说理由。

生：鲁四老爷肯定是凶手。祥林嫂初到鲁镇的时候，他皱了皱眉，讨厌她是一个寡妇，祥林嫂被婆家抢回，他一句"可恶！然而……"多少带了点支持的味道。祥林嫂再到鲁镇，他说她"败坏风俗""不干不净"，祝福时不让她沾手；就是祥林嫂死了，他还骂她是个"谬种"。他在精神上把祥林嫂一步步逼上了死路。

生：这个家伙自私伪善、冷酷无情。

生：鲁四老爷还有一个帮凶，就是四婶。

生：我赞成。"你放着罢，祥林嫂！"四婶一声喝令，把祥林嫂在死亡边缘挣扎的勇气和希望都给粉碎了。

师：我打断同学们一下。"你放着罢，祥林嫂！"是个怎样的句式？

生：感叹句。

师：好。这是从语气上说。从语序上说呢？

生：倒装句。

师：对了。这一倒装，就突出了四婶要祥林嫂赶快放手的迫切心情。这里要注意，感叹号要放到句子的最后，而不是中间。请大家继续发表高见。

生：祥林嫂的婆家人也是杀人犯。他们强迫祥林嫂改嫁，改变了她的命运。

生：柳妈讲阴司故事给祥林嫂听，让她害怕，把她推向了恐怖的深渊。

生："我"没有正面回答祥林嫂关于"灵魂有无"的问题，也有一份罪责。

师：有没有不同意见？

生：我觉得柳妈不是凶手。因为她自己也和祥林嫂一样，是鲁四老爷家的帮工，阶级出身决定她的阶级意识，她不会残害祥林嫂的。

生：那她为什么要讲阴司的故事给祥林嫂听？还给祥林嫂出"捐门槛"的馊主意！

生：讲故事是因为她自己也相信，出主意则完全出于善意。

师：我来说吧，从总体描写上看，柳妈还是同情祥林嫂的。同情祥林嫂的人，也把祥林嫂推向深渊，更显示出悲剧之可悲。就算柳妈是凶手，也是无意识杀人。你们同意我的说法吗？

（生点头）

生："我"不是凶手。"我"是同情祥林嫂，憎恶鲁四老爷的。"我"只是没有办法救祥林嫂于死地。

师：用你们历史书上的话来讲，这叫什么？

生：小资产阶级知识分子的阶级局限性。

师：很好。现在还有没有不同意见？

生：有。

师：你认为"我"也是凶手？

生：不，我认为祥林嫂不是他杀。

师：（笑）杀出程咬金来了。好，你说说你的观点。

生：我认为祥林嫂是自杀！

（大家一片哗然）

师：讲讲道理。

生：（振振有词）如果当初祥林嫂不从婆家逃出来，是不是也就不会改嫁？

生：（自发起立反驳）我认为还是会被迫改嫁。就是不改嫁，也会被虐待而死。

生：那她再到鲁镇之后，鲁四老爷家还是收留她的，不让她沾手祝福，她不沾手就是了，心理承受能力太差。

生：这不是心理承受能力差与不差的问题，这是精神打击，比肉体折磨更痛苦！

生：捐门槛也是她自己要去捐的。

生：不捐门槛，她会更痛苦。

生：那她沦为乞丐，也可以到鲁镇以外的地方去呀，像李镇、王镇什么的，说不准还能帮她谋到一份帮工呢！

生：你以为……"天下乌鸦一般黑"，李镇会有李四老爷，王镇会有王四老爷。（众生笑）

（经过一番激烈的辩论，说祥林嫂是"自杀"的同学开始处下风。）

师：打住，请你们打住。这其实已经牵涉到小说的一个重要问题——当时的社会环境。你们说是不是？

生：（齐）是。

师：请大家把小说开头两小节齐读一遍，想一想当时是一个怎样的社会环境。

（生齐读）

生：当时是辛亥革命以后。

师：你怎么知道的？

生：因为鲁四老爷大骂新党。新党也叫"维新党"，辛亥革命前后，用它称呼革命党人和拥护革命的新派人物。

师：注意到了课文注释，很好。

生：文中说"年年如此，家家如此""今年自然也如此"，我想是有深意的。

师：什么深意？

生：祝福是"鲁镇年终的大典"，富人们要在这一天"迎接福神，求来年一年中的好运气"，而制作"福礼"的却是像祥林嫂一样的女人，她们"臂膊都在水里浸得通红"，没日没夜地劳动。

师：很好。女人除了劳动，当时还受到"三权"的统治，这"三权"就是神权、族权、夫权。女子有"七出"，也就是说有七种被丈夫休弃的理由。无子当然是一条，生重病也是一条。你看，这是多么可怕的遭遇！这样看来，祥林嫂是"被杀"应该毫无疑问了，不知道刚才那位同学还有没有意见？

（说祥林嫂"自杀"的同学害羞地摇头）

师：可是，元凶——我是说元凶——到底是谁，却值得大家认真地思考一下。

生：是封建礼教。

师：为什么？

生：正因为有了封建礼教，鲁四老爷才会那么自私伪善，冷酷无情地逼迫祥林嫂。

生：也正是因为有了封建礼教，柳妈才会在不知不觉中用迷信思想把祥林嫂往悬崖边推了一把。

生：还是因为有了封建礼教，祥林嫂挣脱不了命运的绞索。

师：祥林嫂和命运抗争过吗？

生：抗争过。

师：请你详细说说。

生：先是逃出婆家，到了鲁镇；后是头撞香案，抗拒改嫁；再又捐了门槛，试图赎罪；最后是问"我"灵魂有无。

师：说得很好。确实是这样，这一"逃"一"撞"一"捐"一"问"构成了祥林嫂追求生活、抗争命运的发展图。可惜的是，她的追求最后是幻灭了，她的抗争当然也是徒劳。这是因为，封建礼教害人太深了。正像丁玲同志所说的那样："祥林嫂是非死不行的，同情她的人和冷酷的人、自私的人，是一样把她往死里赶，是一样使她精神上增加痛苦。"我提议，我们下一堂课公开审理"祥林嫂'被杀'"一案。届时请同学们对包括罪魁祸首封建礼教在内的凶手提起"公诉"，并下达"判决书"。

（生跃跃欲试）

师：这堂课就上到这里。下课！

【评析】袁卫星老师执教的《祝福》这节课是一节精彩的"大开大合，收放自如"的语文思维训练课。本课有很多亮点和优点，限于笔墨，这里主要定位在"思维训练"的评析上。我们认为本课至少有四个亮点。

（1）高度重视思维训练。"教师讲得再多，也是教师的；学生学得再少，也是学生的。"在这节课里，袁老师打破传统的"填鸭式""问答式""满堂灌"等旧模式，坚持"以学定教，顺学而导"，充分调动学生学习的主动性和积极性。启发、引导学生勤于思考，乐于探究和个性张扬。"祥林嫂死于封建礼教"这个结论不是教师给的，而是学生在教师启发引导下积极思考悟出来的。通过本课的学习，学生能概括提炼出鉴赏方法，运用鉴赏方法参与鉴赏活动，在鉴赏活动中进行个性化解读、多元解读，开创新阅读的空间。

由此可见，袁老师有很强的思维训练意识，且对思维训练真正做到了有意、有机、有序、有效。

（2）主问题设计得好。什么是主问题？主问题是相对于课堂上随意的连问、简单的追问和习惯性的碎问而言的。它是指课文研读教学中能"牵一发而动全身"的重要问题。"主问题"不一定是数量上的"1"个，而是要有一个相对集中的问题情境，可以由这一问引发一系列的问题。看看本课的开始：

（教师板书："祥林嫂死了！"感叹号写得很夸张，上面如一把匕首，下面似滴着鲜血。）

师：上一堂课，我们从鲁迅先生的笔下获知，沦为乞丐的祥林嫂在一片祝福声中寂然死去。一个人死，无非有这么几种情况：一是自然死亡，二是意外死亡，三是自杀，四是他杀。这堂课我们讨论一下，祥林嫂属于哪一种死亡？

……

生：这还用说，肯定是他杀。

师：是他杀？那么，谁是凶手？（板书："谁是凶手？"）

祥林嫂死了，谁是凶手？问题虽不多，但很有厚度与深度。"祥林嫂怎么死的"紧扣主题，一下子就吸引了学生的注意力。同时，这恰好也是本文的关键，学生知道了祥林嫂死于当时社会的封建礼教，自然就理解了小说主题。

（3）大开大合，收放自如。本课教师教学民主，充分尊重、信任学生，教师只是促进者，解放了学生的思想，让学生的思维在课堂上得到施展，因而取得理想的教学效果。其风格是"大开大合，收放自如"。大开，即新课一开始是发散思维，"祥林嫂属于哪一种死亡"这个问题充分解放了学生的思想，让学生广泛发表意见便是"放"的过程。大合，即收敛思维，启发引导学生进一步归纳概括，找到祥林嫂死亡的真正原因，这是"收"的过程。这样使学生既理解了课文，又训练了思维。

（4）扎实过硬的教学基本功。这节课学生的思维之所以能得到充分的训练，除了袁老师有先进的教学理念外，还与他有扎实过硬的教学基本功分不开。一个优秀的教师是一个优秀的设计师，同时也应该是一个建造者，运用于教学中，既能驾驭教材，又能将自己的设想运用于课堂实践中。

有人掉在缸里怎样救人？一般人首先想到的是从上面去捞，而司马光想的是砸缸救人。怎样来称大象？人们的固有观念是用大秤称大物，用小秤称小物；曹冲的想法是用船来分解一下体积，难题迎刃而解。周瑜限诸葛亮十天造十万支箭，这可能吗？诸葛亮说"只需要三天"。他的思路是把"造箭"改成"借箭"，这比周瑜技高一筹。田忌赛马之所以能成功，是因为孙膑的思路和外人不一样。人们的固有观念当然是上马对上马、中马对中马、下马对下马，孙膑偏偏不这样比，他建议田忌用下马对上马、用上马对中马、用中马对下马。结果，齐国的大将田忌赢了。怎么赢的？思维方式不同。

上面这些人聪明在哪里？是思维。世界科技的进步，无一不是人的创造思维的结果。所以，从本质上说，教育的根本任务是让学生的思维得到充分的发展。

思考题

1. 结合实际谈谈思维的功能与教师的教学使命。

2. 学生的思维训练都有哪些策略？

3. 请你列举一个学生思维训练的案例，包括案例描述和评析。

第 13 章

教会学习比传授知识更重要

——听评课与学习指导研究[①]

知识需要学习，方法需要学习吗？答案是肯定的：不仅需要，而且学习方法与能力是更为必要的学习。从建构主义哲学来看，一切的教育，本质上是自我教育；一切的学习，本质上是自我学习。换句话说，教是为了不教，教是为了唤醒学习者的内驱力，进而达到自学。因此，教是手段，学是目的，手段要为目的服务。当然，教育和学习并不会自动发生，需要教师的指导和引导。

在课程改革向纵深发展的当下，由传统教学中的重教师的"教"向以学习者为中心的重学生的"学"转变，教师要把课堂还给学生，并不等于不作为。那么，如何给予学生学习的引领和指导，是教师必须先行思考的问题。未来只会讲课而不会进行学习方法指导的教师，将无法适应供给学生的需要，无法驾驭课堂。如新课程标准的核心理念是以人为本。学生的学习过程是获取知识、收集信息，将所学的知识、信息进行整理加工、组合，纳入已有的认知结构的过程。这个过程，需要受教育者主动完成。在教学中，教师必须遵循学生的认知规律，从学生的实际出发，以新课标理念来指导课堂教学，使学生不仅"学会"，而且"会学、爱学"。

[①] 特约作者：朱晓秋，辽宁省锦州市第八中学。

在课堂上，教师怎样实施学习指导呢？教师可以把学习指导纳入自己的教学研究范畴，在听评课中落实行动研究。一方面，可以在听别人讲课时用心关注"学习指导"这个内容；另一方面，可在与别人评课时，专门讨论"学习指导"这一问题。如果教师能在听评课中持续关注、研究这个问题，那么一定会有不小的收获。下面，我们具体了解一下，什么是学习指导，怎样开展学习指导。

一、学习指导是教师必修的一门科学

"教是为了达到不需要教"是叶圣陶先生历经教学千锤百炼后对自己教育思想最重要的概括。他认为："教师当然须教，而尤宜致力于'导'。导者，多方设法，使学生能逐渐自求得之，卒底于不待教师教授之谓也。"

1. 学习指导的概念

什么是学习指导？学习指导是指教师通过一定的途径对学生进行学习方法的传授、引导、诊治，使学习者掌握科学的学习方法并灵活运用于学习之中，从而逐步形成较强的自学能力。学习指导也被称为学法指导。

2. 学习方法与学习能力

学习方法的知识，是学生知识体系的重要组成部分，也是能力结构的重要组成部分。掌握方法有助于形成能力，但是方法本身不等同于能力。学习指导绝不是我告诉你一种方法，你马上就有了运用这种方法的能力。指导学生学习不仅是弄懂某种方法，更主要的是形成某种学习能力；而学习能力是学生在学习实践中形成和提升的。这就需要教师在指导过程中，不仅让学生掌握方法，更引导学生运用方法。在学习和应用的过程中，学生能够逐步培养习惯，进而形成能力。

3. 学习指导体系

学生学习方法的指导体系通常包括下表中的内容（见表13-1）。

表 13-1　学习方法的指导体系

学习方法的分类	学习方法的内容
培养非智力因素的方法	培养动机、兴趣、信心、意志、习惯等。
培养智力因素的方法	培养观察力、记忆力、想象力、思维力等。
制订学习计划的方法	确定学习目标，分配学习时间和方法。
五环节的基本学习方法	预习方法、听课方法、复习方法、作业方法、小结方法。
考试应对的方法	考前复习方法、临场心理调适方法、答题方法等。
课外学习的方法	课外阅读、课外活动、课外休息等。
学科学习的方法	结合各学科教材特点的学习方法，如学习语文的方法、学习数学的方法、学习外语的方法等。

4. 学习指导与教学管理

学习指导要教、学、管结合。对于学生的学习指导，仅提供方法是不够的，教师应坚持改进教法，指导学法，加强管法，即能将学习方法转变为一种学习习惯。改进教法是把对学生的方法指导纳入具体学习活动中去，而不是脱离学习情境孤立地讲方法。指导学法是在学生学习发生困惑之时，在教学实施的潜移默化之中给予学生方法指导。加强管法是指对学生非智力因素的培养、学习技巧的获得。从知到行是一个实践过程。由于学生的自制力不足，知行合一需要一个训练过程，需要督促强化。学习指导的过程是一个把方法技巧变成习惯和能力的过程，也是把智力因素和非智力因素协调起来形成信念、形成习惯和能力的过程。相对于学科教师对学生的学习指导，班主任教师在"管"方面起的作用格外重要。

实践证明：只有教法和学法处于和谐统一的时候，其教学效果才最佳。为此，教师不仅要重视自己的教法，而且要重视对学生学法的指导。

二、教师关注学生学习指导的意义

《学会生存》一书中指出："未来的文盲，不再是不识字的人，而是没有学会怎样学习的人。""自主发展"是中国学生发展核心素养总体框架中的三大板块之一，而"学会学习"又是自主发展的基本前提。

（一）学生渴望学习指导

古语说：授之以鱼，仅供一饭之需；授之以渔，则终身受用无穷。研究表明，当前无论是小学生还是中学生，都渴望获得学习指导。

辽宁省本溪满族自治县实验小学的李敏老师讲了自己经历的一件事：

我曾教过一个姓胡的学生。据说她小时候说起话来一板一眼，背起诗来一套一套的，谁见了，都说她是个天性聪慧的孩子。可是她上学以后，这种天生的智慧非但没有表现出来，反而越落越远了。家长着急，老师补课，但并无效果。

此后，我天天都在琢磨这个事。一天，我讲完课，让学生做练习。我一边在桌间巡视，一边下意识地重复讲过的加法交换律。偶然一回头，发现她正目不转睛地盯着我，我立刻感到有些诧异。

"你在干什么？"我问她。

"我在听您讲加法交换律呢。"

"怎么不做练习呢？"

"刚才您讲的我没记住。"

我马上意识到她的学习方法有问题。

第二节课正好是数学练习课，我边讲课边观察。哦！我发现了她的眼睛总是盯着我。我叙述黑板上写的话，她也不看黑板。我初步认定她是不会听课，不会学习。

下课了，我把她叫到一边，和她进行了一番有趣的对话：

"讲课时你为什么总不看黑板呢？"

"我想把您讲的话都记住，不盯住您，怕落下。"

"当你背书上的法则时，你是想方框里的黑字怎样写的还是想老师在课堂上怎样讲、怎样算的呢？"

"我想方框里的黑字是怎样写的，哪个字挨着哪个字。"

得了，不必再问，我完全证实了自己的判断。

从此以后，我开始对她进行个别指导。这种指导不是指导怎样做题，而是指导她怎样听课，怎样看书，怎样做作业，怎样预习……她渐渐地会学习了，成绩自然而然就上来了。

这件事对我触动很大，我的教学观从此从重"教"开始向重"学"转变。我以为，教师教学中不但要注重让学生会学，同时也要注意训练学生善学。任何知识都有规律可循，学生掌握知识的过程，在一定意义上说也是一个寻找规律的过程，找到规律就能会学，会找规律，就能善学。沿着找规律的轨迹发展，学生的学习技巧就会得到培养。

长久以来，应试教育备受诟病的便是把学生作为接受知识的容器，上述案例中的学生虽然学习态度端正，但关注的是记住知识，缺乏正确的学习方法，只能事倍功半。教师给予孩子学法指导，引导着他们去领悟学习规律，自然有了成绩与能力的双向提升。

笔者曾对100名中学生进行调查。在上了初中以后，对学生学习和成长产生影响的11个因素中，有85名同学选择了"学习方法不当，缺乏自主学习能力"（见表13-2）。

表 13-2 调查结果

排　序	对你学习产生影响的因素	选项人数
1	课程增加，内容变难了	93
2	学习方法不当，缺乏自主学习能力	85
3	缺乏自信心，学习没有毅力	72
4	老师讲课听不懂	57
5	生疏的环境变化，有些恐惧害怕	54
6	老师上课方法单一枯燥，没有兴趣	53
7	经常和不爱学习的同学在一起，有影响	52

排　序	对你学习产生影响的因素	选项人数
8	痴迷上网、电子游戏	33
9	交异性朋友	27
10	老师对我不好	18
11	我爸（妈）有本事，将来找工作不愁，现在不用受那么些累	9

有位专家做了一项"关于学生对教师的意见"的调查，排在第四位的是"希望各学科的老师教我们一种切合实际、能见效的学习方法"（学生意见取前十位）。还有一项调查表明，51%的小学教师和55%的初中教师认为，部分小学生不适应初中学习方式的主要原因是，学生的学习方法不正确。调查发现，32%的小学五、六年级学生需要提供学习资料，33%的初中一年级学生需要宽松的学习环境，接近半数的学生认为最迫切的事情是在学习方法指导上获得支持。

这些调查充分说明，学生在学习中渴望给予学习指导的愿望是强烈的。他们在学习中不仅希望获得知识，更希望获取学习方法。正确的学习方法指导对学生积极学习心理的形成有重要作用。教学中，教师往往较多关注学生的知识基础，却忽视了学生学习的感情基础。兴趣和信心是学生积极投入学习的催化剂。以切合学生实际、满足学生学习需要为出发点的学习指导，以帮助学生提高发现能力、分析能力、解决问题能力为着眼点，能够让学生在初步的学习成功中体验凭能力实现目标的成功感，从而激发起学生更浓厚的学习兴趣和实现自我价值的更高期望。

（二）学习指导是培养创造性人才的需要

有这样一个报道：

到美国之初，很多中方校长认为：我们的大学也许比不过美国，但我们中小学生的"基础"却远比美国中小学生的"基础"好。证据之一，就是我们中小学生在各种国际性的学科竞赛中，获得佳绩无数，普遍比美国学生好。由此，很多人得出的结论是：中国的基础教育质量总体上比美国好。

一言以蔽之，我们"输在了终点"，但至少"赢在了起点"。

事实真是如此吗？

范德堡大学号称美国南方哈佛，吸引了大量优秀的中国留学生。活动中，我们安排中方校长与该校的中国留学生对话，让他们从留学生的感受和对比中去了解美国基础教育。

中方校长问得最多的一个问题是："你们觉得在美国，最大的挑战是什么？"

留学生的答案往往是："学习方法、自主思考和解决问题能力的欠缺。"

在和美国同学的共同学习中，留学生们发现，过去国内老师辛辛苦苦教给自己的"牢固的知识基础"，现在几乎派不上用场。美国同学自主学习能力强，思维敏捷，上手很快，而自己总要慢半拍；一些理工科的学生更郁闷，自己过去在国内是尖子生，是站在"前沿"的，但在美国的学习却让他们体会到了什么是"基础工作"——在实验室里，他们往往只能做一些基础性的工作，真正最关键、最富有创造性的环节往往被善于创新的美国同学抢了先。他们因此戏谑地说："国内学习的基础让我们成了'基础'！"

这样的对比，令人心生感慨：究竟应该为学生未来的发展奠定什么样的基础？

对于"基础"的具体内容，中美双方有着不同的理解。

按照中国教育工作者的理解，"基础"是指基础理论、基础知识、基本技能（即"三基"）。我们把人在未来"进一步学习和发展的根本"定位为扎实的"知识体系"，而美国人则认为，人在未来"进一步学习和发展的根本"的核心不在于知识体系，而在于一个人的学习兴趣、好奇心、质疑能力、探究能力等"能力体系"。

这两个体系有什么差别呢？知识体系强调的是"学会"，而"能力体系"强调的是"会学"。强调"学会"的中国基础教育体系，学生离开学校时带走的是沉甸甸的"基础知识"，而强调"会学"的美国基础教育体系，学生离校时带走的是充足、轻松的思维空间和浓厚、持续的学习探究的兴趣。

（节选自王红《对当前基础教育改革的反思——从中美教育比较获得的一些启示》，发表于《人民教育》2011 年第 9 期）

"我们为什么'冒'不出杰出人才？"从案例中可以看到，西方孩子的创造能力、表达能力和独立的思考永远是被鼓励的。美国教育重视学生学习兴趣、好奇心、质疑能力、探究能力等"能力体系"，强调的是"会学"，这是很值得中国基础教育反省的。21 世纪是以信息化为标志的科技时代，综合国力的竞争需要杰出人才，而从人才的智能要求来讲，重要的就是具有创造性思维。从这个意义上说，对学生的学习指导不仅对学生自身发展意义重大，更是时代的必然选择。

三、学习指导的原则

（一）针对性原则

学生的身心要得到最大限度的发展，只有当他们所采用的学习方法与其发展的实际水平相适应才有可能实现。进行学法指导，首先要适应学生的年龄特征、知识基础和智力水平等，以期达到最佳效果，使学生身心得到最佳发展。教师必须经常调查了解学生的学习状况，特别要对学生的学习习惯和运用的学习方法有所了解。在日常教学中，教师要针对课堂教学的全过程进行学法指导，要针对不同的课型特点进行学法指导，特别要针对学生的个性特征和学习情况确定指导层次，采取不同方法分类指导。

（二）导学辩证统一原则

学法指导要把教法与学法有机地结合起来，那种撇开教法单纯进行学法指导，或者简单生硬地向学生灌输学法的做法都是不正确的。教法和学法实际上是一个问题的两个方面，二者不可偏废。学法要受到教法的启迪和制约，教法也应依据学法的实际而选定。教师对学生进行学法指导时，要考虑教法与学法的相互制约、相互渗透作用，既要把教师好的教法转化为学生的学法，也要注意把学生的学法转化为教师的教法。

（三）自主性原则

在学法指导中要改变过去那种封闭割裂、被动听受的旧教学方法，指导学生通过尝试、探究等自主学习活动，培养独立思考的能力。教师要提高认识，从激发学生学习兴趣入手。学生是学习的主体，学生的主观能动性是学生的内部因素。要使学生学得得法、省力、高效，就必须注意发挥学生的主观能动性。学生的学习主动性、积极性发挥得怎样，直接影响并最终决定他个人的学习效果。

（四）操作性原则

学法指导要力求准确、恰当、具体、实用，便于操作。学法指导的目的是用较少的时间学有所得，改正不良方法，养成良好的学习习惯。应以常规的方法为重点，指导时多讲怎么做、少讲为什么，力求理论阐述深入浅出，通俗易懂，易于学生接受，便于操作。

四、学习指导的方法途径与评析

学习指导的方法途径有很多，这里谈主要的方面与评析。

（一）在课堂整体设计上体现学习指导

听评课研究学习指导，首先要从执教者的教学思想和课堂整体设计上考察。学习指导怎样才能发生？只有当学生成为学习主体时才能发生。这就需要在课堂整体设计上体现"教为学服务，以学定教，顺学而导"。如果课堂教学设计中教师的教学思想还是讲授为主，"注入式""满堂灌"，课堂上很少有学生参与的时间和活动的机会，这便无法体现学习指导。

宁鸿彬老师说："我中师毕业后被赶上了讲台，就像孩童在教学道路上歪歪扭扭地走着……我绕过弯，迷过路，但也使我从中吸取了教训，锻炼得步伐渐近平稳。回顾往事，我时常想起这段从学'教'到教'学'的里程。"从学"教"到教"学"，虽一字之差，却反映了宁老师教学思想的重大转变。

贾友林老师说："我把教师的成长大致分为三个阶段：第一阶段，关注教材，知道自己教什么；第二阶段，关注自己，在课堂中展现教师自己，从目前大多数公开课可以看出这一特点；第三阶段，关注学生，教师明白了教是为了学。从第一阶段到第二阶段，一般能自然过渡；从第二阶段到第三阶段，则需要教师的用心与努力。"

下面结合笔者的相关案例来评析。

在上七年级上册道德与法治学科"和朋友在一起"这一课时，我设计了下表中的教学设计（选取部分呈现）。

"和朋友在一起"教学设计

教学环节	教学内容	教师活动	学生活动
新课教学	二、友谊的力量 （一）朋友对一个人的影响很大，我们的言谈举止、兴趣爱好，甚至性格等都或多或少受到朋友的影响。	【板书】友谊的力量 【提问】生活中，对你影响最大的朋友是谁？都有什么影响？ （将学生回答的影响适当归类为言行、兴趣、性格。） 【板书】影响着我们——言行、兴趣、性格 情境再现：教材第42页探究与分享。 场景：生活中和朋友在一起的小故事。 教师观看学生表演并给予鼓励，调查一下学生的感受。 播放《朋友伴我成长》视频。 【过渡】朋友见证了我们一起走过的成长历程。	1.学生仔细听音频，思考并说出自己想到的原因。初步感受友谊的力量会使人发生变化。 2.谈论对自己影响最大的朋友，与朋友在一起自己发生的变化。学生畅所欲言。

教学环节	教学内容	教师活动	学生活动
	（二）朋友见证了我们一起走过的成长历程，我们需要真诚、友善的朋友。	【板书】见证成长历程 指导活动：小明的烦恼 小明有一个特别要好的朋友小雷，他们性格相同，爱好一致，平时有很多共同语言。在小明心中，小雷特别讲义气。当小明被高年级的大孩子欺负时，小雷总是挺身而出；当小明手里仅有的饭钱不小心丢失的时候，小雷把自己的零花钱都给了小明。但是，最近小明发现，小雷给自己的那些钱居然是偷来的，而且小雷并没有觉得这样的行为不好。小明十分烦恼，没想到对他这么好的朋友，居然是这样的人。 【提问】到底应不应该跟小雷做朋友？ 调查并组织学生小组讨论，适时引导学生，并出示损友、益友的特征。 【过渡】我们要交益友，也就是要交真诚、友善的朋友。 【板书】真诚、友善。	3. 选取两组学生表演，其余同学观看。学生结合自己的经历，谈谈看过表演之后的感受。 4. 观看视频，感受朋友陪伴自己的幸福。 5. 小组讨论，汇总观点，代表发言，说明自己小组选择的理由，在讨论中辨别清楚我们到底应该和什么样的人交朋友。

在上述教学设计中，不难看到笔者对学生学法的指导。笔者精心安排的教学活动，充分体现了学生在获取知识的过程中，不是单纯地由老师讲解，而是通过学生的生活体验自然而然得出了结论，体验式教学在教学设计中凸显出来。另外，在知识点设计中，运用了小组讨论方法，教师指导学生探究学习，从而明辨是非，得出正确的结论，这就是"授之以渔"，让学生通过探究得出结论的效果远超过教师的说教。

所以，教师整体教学设计不仅要考虑自己怎样"教"，更重要的是考虑学生怎样"学"。

（1）"学习"怎样发生？需要给学生哪些方面的指导，如教会聆听、教会合作、敢于提问、教会自主学习、指导如何运用时间等？

（2）有时是教方法而不是教知识。正如窦桂梅老师所说的："做教师的关键是自己替学生当梯子，还是学生替自己当梯子。"衡水中学对教师提出"五个要让"：能让学生观察的，要让学生自己观察；能让学生表述的，要让学生自己表述；能让学生动手的，要让学生自己动手；能让学生思考的，要让学生自己思考；能让学生自己得出结论的，要让学生自己得出结论。

（3）老师也是从学生时代走过来的，老师当时有什么样的体验，可以把这种体验传递给学生。

（4）老师指导学习的方法途径是多种多样的，如渗透、讲授、交流、点拨、示范、咨询等。

下面继续结合笔者的相关案例来评析。

在上八年级上册道德与法治"尊重他人"一课时，有个问题是"如何尊重他人"。讲这个问题时，我不是让学生简单地看看书得出结论，也不是直接给出结论，而是层层递进，深入浅出，设计各种探究活动，让学生在探究中明理。

例如，我先出示情境阅读材料：小东打算放学后去参观美术馆，放学铃声一响，他就起身准备出发。这时，同学小萌拿着数学试卷过来向他请教一个问题。在学生阅读以后，我设计了如下问题。小组探究：小东可以有哪些做法？分组展示"生活中遇到类似情况时你如何解决"的答案。学生经过讨论给出了三种选择：（1）我会在帮助小萌解决问题后，再去参观美术馆。（2）我会委婉地和小萌说清楚，先去参观美术馆，回家后第一时间打电话给她讲题。（3）我会装作没听见，铃声响起，朝着美术馆方向飞奔而去，第二天她要是再问我，等我有时间就给她讲一下。在讨论的基础上，我继续让学生进行评价，应该选择哪种方法比较好，并说明原因，从而引导学生得出正确的结论：尊重他人，要求我们积极关注、重视他人。

接着，我又出示了第二个情境材料：张爷爷80岁大寿时，儿孙们欢聚一堂。聚餐时，年轻人都抱着电子产品，发信息、拍照、打电话，没几个人好好吃饭或唠家常，张爷爷十分生气。然后我问：为什么爷爷会生气呢？因为有了前面材料的分析，学生们自然而然地得出结论：因为儿孙们没有人理会张爷爷，没有关注、重视张爷爷。

在讲"尊重他人需要我们平等待人"这个问题时，我让学生阅读教材第35页的探究与分享，讨论"你觉得什么样的人值得尊重"。学生有说钟南山的，也有说海伦·凯勒的，还有说诚信兄弟的……然后我继续追问：你尊重我吗？为什么？你的同桌值得尊重吗？你应该被尊重吗？学生争先恐后地说：我们应该尊重老师，因为老师教书育人；同桌值得尊重；我也值得尊重……

在我精心设置的问题引导下，学生们终于明白了这样一个道理：任何人都值得被尊重，尊重他人，要一视同仁。

通过上述片段，我们可以看出，笔者在讲课时并没有单纯地说教，或者直接给出结论，而是通过一个又一个情境的设计，引导学生探究，使学生自己得出结论。这里既有老师的讲授，也有学生的交流，更有老师的点拨；老师不是单纯地教知识，而是教方法，把课堂交给了学生，学生参与度很高。老师就像乐队的指挥，指导学生弹奏出一曲和谐的乐章。

（二）在学生学习过程中体现学习指导

什么是学习过程？学生学习过程通常有预习、听课、复习、练习、小结五个环节，而每个环节都能体现学习的方法与技巧。所以，在这个过程怎样来指导学生学习是教师必须做好的，如有的学生不会预习，有的学生不会听课，有的学生不会复习等。

美国学者布鲁巴克认为："最精湛的教学艺术所遵循的最高的准则就是让学生自己提出问题。"传统的教学观往往是教师依照"常态曲线"建立起对教学的期待，然后通过教师的启发评价矫正完成教学任务。这种定型化的教学模式被布卢姆称为目前教育制度中最浪费和最有危害的一种。而学生学会提问无疑是摆脱这种传统教育的一种良药。爱因斯坦说："提出一个问题往往比解决一个问题更重要。"只有把质疑的权利还给学生，才能真正使学生成为知识、情感的主体。要将问题探究法引向深入，必须教给学生一些生疑的方法。方法是开启知识大门的钥匙。知识之门的开启，将激发学生高昂的探究学习的兴趣。

下面是蔡淑卉老师在语文教学中引导学生学会质疑的几点做法。

第一，解题问，就是引导学生看到课题后，学会提出想了解的问题。好的题目往往用精彩的词语，对课文内容和主旨做富有特色的浓缩和概括，立意高妙，引人入胜。解读这样的题目往往也就成了学生读懂全文的纲要，它不仅能提挈全文，而且能聚焦文意，贯通文脉。例如，学习《尼斯湖怪被抓住啦？》时，可让学生就题目发问，学生围绕课题提出的五个问题，几乎涵盖了本课所有的重点内容，教师以此作为教学的突破口，既能调动学生的兴趣，又能使教学思路明晰。

第二，疑惑问，就是要求学生预习后，针对不理解的地方发问。"学起于思，思源于疑。"疑惑是点燃学生思维的火种，学生在认知活动中经常遇到一些难以解决、疑惑的问题，并产生一种怀疑、困惑、探究的心理状态。这种状态又驱使学生积极思维，不断提出疑问和解决疑问，所以教师要鼓励学生针对疑惑的地方提出问题，聚焦自己的思维指向。

第三，诱导问，就是深入学习教材时，诱导学生质疑。起始阶段，学生往往在提问时抓不住要领，这就需要教师在关键处"扶一把"，由浅入深地设置一个梯度，教会学生提问，渐渐达到会问的目的。《礼记·学记》云："故君子之教喻也，道而弗牵，强而弗抑，开而弗达。"就是强调教学重在启发诱导学生敢于提问，善于发问，擅长会问。例如，针对一篇课文，整体感知课文时，教师应引导学生充分利用每课课后练习来帮助学生提问；具体研读课文时，可以利用课后练习，结合考试热点题型来设计问题。

第四，模仿问，就是根据教师的提示，模仿性提问。培养学生的提问能力是一个循序渐进、逐步提高的过程。起始阶段，教师要根据学生的实际水平和教材本身的特点，精心设计提问，吸引学生的兴趣，进行热烈讨论和积极思考，培养学生想要自己提问供大家讨论的欲望。例如，教学《鲁提辖拳打镇关西》一课时，教师应诱导学生解题，从而产生疑惑：鲁提辖为什么要拳打镇关西？怎样拳打镇关西？打死镇关西后怎么办？学生通过解题，产生这三个疑惑问题。这些问题不仅勾画出小说的情节，而且明白了课文的重点、难点所在，从而有效地直奔教学目标，达成教学任务。

第五，拓展问。教师应多多鼓励学生发表独创性的见解，要求学生不是被动地掌握现成的知识、结论，而是积极地参与到对知识的内容和形式的构建中，培养对文章的质疑能力，唤起学生个性的、独特的体验。

（三）在学生学习遇到困难与障碍时体现学习指导

我们知道，学生学习需要借助必要的手段、条件来完成。尤其课改以后，学为主体让课堂教学由重"教"向重"学"转变，学生自主学习的时间和机会越来越多。这更需要教师给学生自主学习提供必要的平台和支架。

如果将学生学习比作上楼，教师背着学生上楼，不仅方法笨，而且效果不好。正确的方法是，教师给学生搭建好楼梯，让学生自己拾级而上。如果教师不搭建或不会搭建楼梯，让学生"自主、合作"上楼，搞不好就是"费力不讨好"，甚至会劳而无功、原地打转。要想让学生真正能"自主、合作"，前提是搭建"学习支架"，提供路径支持与资源支持。新课程下的"改课"之所以被"异化"，问题就出在这里。因此，找到问题所在，把教师的精力和心智引向学习设计，为学生学习提供"楼梯"，搭建问题、活动、评价（源于目标，指向目标）等学习支架，才是当前教改的重点，也是让真正的课程改革"到民间（教师）"。教师由此成为真正的课程开发者。

学习支架可以由教师提供，也可以是学生自己准备或相互提供。比如，现在课堂常用的导学案、学习单、教师制作的各种课件等。例如，教师可以利用导学案引导学生自主学习。传统教案的特点是以教为主，教师是主体，忽视了学生自主学习能力的培养，忽视了学法的指导。传统的学案则强调以学为主，学生是主体，但这种学案在学生学习时并没有起到很好的指导作用。导学案不同于传统的教案或者学案，而是二者的有机结合。导学案是一个学习的方案，它给予学生学习方向上的指引、学习方法上的提示，帮助学生梳理学习过程，完成知识体系的构建，形成学习能力，是培养学生独立自主学习能力、习惯的一种有效手段。导学案还应体现教师的指导和要求，如学生自主学习时，教师要明确学哪些内容、用多长时间、达到什么要求，对学生遇到的难题用什么方法去解决等。导学案应逐渐渗透各种方法，如阅读的技巧、做笔记的方法、小组合作技巧等。导学案中学习目标的设计、疑难问题的提示、解题思路、方法、技巧等指导性内容，最好能构成一条明晰的学法线。

下面结合笔者的相关案例来评析。

在上九年级上册道德与法治"坚持改革开放"一课时，我设计了指导学生阅读教材的环节。

首先出示导学提纲，指导学生带着问题看书。导学提纲如下：（1）一百多年来中华民族矢志不渝的奋斗目标是什么？（2）在中华民族从站起来、富起来到强起来的过程中，中国共产党带领中国人民进行了哪三次革命？（3）中国改革开放的时间、地点及标志分别是什么？（4）做出改革开放抉择的历史事件是什么？（5）改革开放的重要意义有哪些？

在给出导学提纲以后，我进一步要求学生把阅读过程中不明白的观点画出来，把不明白的问题做个记号，等老师和同学们一起解决。在学生看书的基础上，我开始带领他们逐个解决问题。问题（1）到问题（4），学生通过看书基本上能够解决，而且比较准确。问题（5）有一定的难度，通过阅读，一部分学生不敢确定自己的想法，还有大部分学生不太理解。在这种情况下，我指导他们进一步分析教材，从而使他们明确了观点。

然后，我补充问道："同学们在阅读的过程中，还有哪些不明白的问题吗？"一个学生举手问道："改革开放为什么会激发广大人民群众的创造性呢？"我并不急着回答，而是反过来问其他学生："哪个同学能解答这个问题？"见没有人回答，我继续引导："大家以小组为单位讨论一下吧。"经过小组讨论后，有几个学生举起手来，我让他们发表了各自的看法。有的学生从农村的"家庭联产承包责任制"的实行，分析如何激发农民的创造性；有的学生从打破"大锅饭、平均主义"实行"按劳分配"的角度分析如何激发广大劳动者生产的积极性。然后，我对几位学生的发言进行了评价，在此基础上，还不忘问提出问题的那个学生是否明白了这个问题。

在讲课过程中，我发现有位学生的教材上干干净净，于是就走到这位学生身边及时提醒她要学会在教材空白处的相应位置上做好批注，告诉她这也是记课堂笔记的一种方法。

在新课结束的时候，我问："哪个同学能给大家归纳一下，这节课上我们学了哪些知识？"学生们争先恐后地发言。这时我又进一步提出要求："同学们能不能画个思维导图把这节课的知识点呈现出来呢？"这是一个更高的要求，学生开始设计起来，我也会走到学生中间适时予以指导。最后，我请两个学生到教室前面给大家进行了展示，并给予了指导和评价。

在巩固练习环节，我精选了几道习题进行练习，练习的过程中还及时地教给学生解题的方法，如找关键词、用排除法做选择题等。

在这堂课上，笔者运用导学提纲指导学生预习，在预习过程中还不失时机地予以指导，培养学生自主学习的能力，引导学生发现问题；在学生发现问题以后，笔者并未急于解答，而是让学生自主探究，培养了学生合作学习、探究学习的能力；在课堂小结环节，笔者让学生自己归纳，并画出思维导图，这其实也是在指导学生复习的方法；在练习环节教给学生答题技巧，也体现了一种学习方法上的指导。

（四）在培养习惯督促检查上体现学习指导

思想决定行为，行为决定习惯，习惯决定性格，性格决定命运。真正改变人生的不是道理，而是习惯。叶圣陶先生说："凡是好的学习态度和好的方法，都要使它化为习惯。只有熟练得成了习惯，好的态度才能随时随地表现，好的方法才能随时随地运用。好像出于本能，一辈子受用不尽。"要使学生形成良好习惯，就要帮助学生拟定一些学习常规，如上课常规、阅读常规、作业常规、复习常规、课外学习常规等，让学生按常规学习，以便养成良好的学习习惯。只有按一定规范形成的习惯，才是良好的习惯，这便是人们常说的"大匠诲人,必以规矩"。课堂是学生学习的主阵地,也是培养学习习惯的主战场,课堂上如果能养成良好的学习习惯,学生掌握知识时就会较为简单,教学质量就会明显提升。学生良好的习惯主要包括良好的行为习惯、良好的学习习惯和良好的生活习惯三大方面。

首先,我们要培养学生形成课前准备的好习惯。要上好一堂课,学生需要从两个方面做准备:物质与精神。物质准备包括教科书、笔记本、练习本及其他与学科有关的学习用具。精神准备,也称"心理准备"。教师可以指导学生抓住课前几分钟的预备时间,想一想上节课讲的内容,以"温故"为"知新"做准备;查一查上节课教师布置的任务自己完成得怎么样,再看一看学具落实情况,这样就可以为上好新课奠定良好的心理基础。

笔者听过这样一堂七年级的数学课:老师让学生课前用土豆或萝卜制作正方体,并准备一把壁纸刀。课堂上大部分学生都按要求准备了,但还是有个别学生没有准备,说是忘了。老师没有责备这些没有准备教具的学生,而是让他们与其他学生合成一组进行学习。课堂上,老师不断指导学生:用刀削去正方体的一个角,看看还剩几个角。这节课所学的知识点,在学生动手实践的过程中得到了验证,也加深了学生对所学知识的理解和掌握。那些没带教具的学生只能观看别人动手操作,效果肯定是不一样的。我想这些学生以后会牢记课前准备的重要性,从而在老师的引导下养成良好的预习准备习惯。

其次,教师要重点培养学生认真听讲的习惯。《礼记·学记》云:"学无当于五官。五官弗得不治。"听课要教给学生做到"五到"(即眼到、耳到、脑到、口到、手到),才能提高听讲效率,这里重点强调的是听的习惯。认真听讲是学生积极主动参与学习活动的基础,也是提高课堂学习效率的前提。我们常看到这样的课堂现象:课堂上当一个学生的发言还没完,旁边的学生却高高地举起了手,一直嚷嚷着:"我来,我来……"当教师请一名学生回答时,其他举手的学生就叹起气来,甚至说"怎么一直都不叫我",根本不听讲。这样一来,学生的学习效率就大大降低了。

最后,培养良好的思考习惯和合作交流习惯也很重要。赞科夫曾说:

"教会学生思考，对学生来说是一生中最有价值的本钱。"认真思考的学习习惯，不但有利于提高学习效率，培养学生的能力，增强学生的创新意识，还有利于学生在思考过程中不断理解有疑惑的问题，并激发学生的学习兴趣。

良好的学习习惯能使学习方法自然而然地得到运用，从而提高学习效率。可以说，学法对学习的重要意义要通过学习习惯才能真正体现，学习习惯标志着学习方法的最终形成。好习惯的养成不是一蹴而就的，还需要教师不断地提醒、监督、检查。从课堂的一点一滴去培养，并长期坚持，才会让学生养成良好的学习习惯。

方法总比问题多。良好的方法能使我们更好地运用天赋的才能，而拙劣的方法可能阻碍才能的发挥。所以，今天的老师要做有家国情怀的老师：我不是科学家，但我的学生有可能是科学家；我不是国家政要，但我的学生有可能成为国家政要。一句话，我不是未来，但我的孩子们一定是未来；我不是栋梁，但我的孩子们很可能是栋梁。教师要立足课堂，展望学生的未来，不仅要教知识，更重要的是教方法、教智慧，让学生真正能成为适应新时代的创造性人才。

思考题

1. 通过本章学习和自己多年的工作体会，你怎样理解学习指导的内涵和它的重大意义？

2. 根据你的体会，说说学习指导为什么要首先体现在一节课的整体设计上？

3. 教师在学生学习过程中怎样来体现学习指导？

第 14 章

让学生在真实教学情境中体验感悟

——听评课与情境教学研究

师生一般会存在这样的困惑：

师：我都讲很多遍了，你怎么还不会？

生：老师，你一讲，我就明白，但自己做，就不会。

为什么会出现这种情况呢？原因可能是多方面的，但是学生缺乏在真实的教学情境中体验和感悟是一个重要原因。学习的过程不只是被动地接收信息，更是理解信息、加工信息、主动建构知识的过程。适宜的情境架起了一座从直观到抽象、从感性到理性、从教材到生活的桥梁。这座桥梁不但可以提供生动、丰富的学习材料，还给学生提供了在实践中应用知识去解决实际问题的机会。2022 年版的语文课程标准在"课程内容"的设置上提出"学习任务群"。

如果说以往的文选型单元设计的语文教材内容注重的是学习知识和技能取向，那么"语文学习任务群"注重的是在真实情境中解决问题的学习实践取向。学习任务群让课程内容不再是静态的教材及教材所呈现的知识系统，而是动态的基于学习材料设计的系列学习活动。它强调创设真实的学习情境，是各学科新课标的共性要求。创设"情境"吸引学生，激发他们的求知欲，提供攀爬支架，课堂会更充满生气，也能大大提高教学效率。

另外，2022 年颁布的课程标准和"双减"后的中高考命题都加大了创设"真实教学情境"、赋能导向素养的内容，如试题情境即生活化的学习场景。中考试题应侧重考查学生在陌生情境中综合运用所学知识解决问题的能力。创设试题情境应基于真实生活世界，强调学以致用；基于已知到未知的探索，指向思维发展。那么，什么是真实教学情境？教师在教学中怎样创设真实的教学情境让学生去体验、去感悟？我们在听评课中应该把这一课题列为重要的研究项目。

一、教学情境的诠释

于永正老师教古诗《草》时，学生不理解"一岁一枯荣"是什么意思，他不急着解释，而是让学生画一画——画春天的草、夏天的草、秋天的草、冬天的草。画完了，让学生比较：哪个季节的草长得最茂盛？哪个季节的草都枯萎了？学生一下子就明白了诗句中的意思：小草在一年当中，茂盛一次，枯萎一次。为何"画一画"就明白了？这是于老师巧用学生动手操作实践活动创设的教学情境所取得的教学艺术效果。

（一）什么是教学情境

什么是教学情境？先看一个故事。传说伯牙拜成连学琴，三年后，成连编成一部《高山流水》的乐曲。伯牙演奏此曲，虽然音调很准，但始终表现不出高山流水的气魄。于是成连把他带到海岛上，眼前所见的是"海水汹涌""山林杳冥"，耳边只有大自然深邃美妙的音响。伯牙面对大海，鼓琴而歌。十天后，成连再听伯牙弹奏《高山流水》，那真的是"耸高而激荡"，如江水奔腾无羁。

伯牙学琴之所以能悟于景、动于心，激发出艺术的灵感，对音乐的感悟有质的飞跃，源于实性教学情境。它不仅指一个真实的环境，如教室、教学设备和其他各种软件（教师和学生的素质等），更包括为实现教学目标所预设的一切内容与方法，以及最重要的情感基础等。比如，教师为了让学生明白一个概念，试图启发学生去思考自己生活中的经历，这与成连的做法类似，都巧妙地运用了情境。同理，如果教师能巧用教学情境，一定能走进教学艺术的殿堂，不仅能极大地激发学生学习的兴趣和灵感，也会取得高效课堂教学效果。

所谓教学情境，是指教师为了增强教学效果，借助一定的表现形式，如音乐、图像、语言、实物、自然环境等，创设一种带有问题性质的场景，吸引学生积极参与，并伴有一定的经历和体验，从而更好地达成教学目标。所谓真实性情境，就是现实中真实存在的情境和环境，并以此作为教学实例。当然，这里的"真"也是在预设一个教学情境，并不是真的让学生到所创造的那个环境中，而是让学生想象那个环境。所以，这里的"情境"需要更广义地去理解。

提到"情境"，教师会想到"情景"。"情景"和"情境"，虽然意思相近，但是二者在应用上有完全不同的方式，许多教育者并不能十分准确地进行区分。"情景"一词指感情与景色，重在解释情形、情况，例如，久别的情景、过去相遇时的情景；"情境"一词指在一定时间内各种情况相对的或结合的境况。

情境教学在中外教育史上可谓源远流长。早在1000多年前，刘勰的《文心雕龙》中就有"情以物迁，辞以情发"的提法；王国维在《人间词话七则》中也留下"境非独谓景物也，喜怒哀乐，亦人心中之一境界"的论述；现代教育家叶圣陶的《语文教学二十韵》中也有"作者胸有境，入境始与亲"的名言。1978年，李吉林老师提出情境教学的设想，并结合小学语文教学进行了大量的研究与实践，产生了很大的影响。

（二）创设教学情境的误区

教学情境是一把双刃剑，创设好了，能够提高教学效率，设计不好，则会适得其反。当前教学情境创设误区主要有以下方面的表现。

（1）忽略目标，追求形式。有的教师对于情境创设的目的不够明确，为创设情境而创设情境，过多、过度追求形式和热闹，教学情境价值不大。

（2）情境虚假，探究低效。有的教师创设的情境简单化，随意发挥想象，创造出不存在的场景，或是严重脱离学生生活，无法唤起学生探究的兴趣，无法唤醒学生的情感体验。

（3）牵强附会，缺乏真情。真实教学情境的核心在于激发学生的情感。动人心者，莫先乎情。情不深则无以惊心而动魄。但是有的教师教学情境设计缺乏感情投入，甚至牵强附会，缺乏真情，这自然会失去其教学功能。

（4）难度失当，偏离教学。有的教师创设的教学情境脱离教学目标和所学习的内容；有的教师创设的教学情境过于复杂、有趣，导致学生沉湎于情境之中；有的教师创设的情境却是兜圈子、猜谜语，让学生不知所云，反倒影响和干扰学生的学习。

（5）"电灌"情境，眼花缭乱。多媒体课件用得好，对创设教学情境有利，但用得不好，会有负面效应。现在"电灌"的情境多，严重影响了教学效果。

（三）有效教学情境的特点

（1）生活性。该特点强调情境创设的生活性，其实质是要解决生活世界与科学世界的关系，新课标呼唤科学世界向生活世界的回归。

（2）形象性。通过心理学理论，我们知道了学生的思维一般是"经验型"，而不是"理论型"，即在进行抽象思维时，需要具体、直观的感性经验做支持。

（3）学科性。学科性是教学情境的本质属性。情境创设要体现学科特色，紧扣教学内容，凸显学习重点。

（4）问题性。问题不仅是激发学生求知和创造冲动的前提，而且是学生吸收知识、锻炼思维能力的前提。

（5）情感性。情感性指教学情境具有激发学生情感的功效。赞科夫指出："教学法一旦触及学生的情绪及意志领域，触及学生的精神需要，这种教学法就能发挥高度有效的作用。"

二、教学情境的功能

创设真实的教学情境之所以能大大提高课堂有效性，是因为它有很多功能。

（一）生动具体，激情有趣

单纯的知识学习往往非常抽象，不但让学生学习起来很费劲，而且缺乏激情，还难以在生活中灵活运用。大凡教学情境的创设，都会借助一定的表现形式，如音乐、图像、语言、实物、自然环境等，创设一种带有问题性质的场景，能使抽象、枯燥的内容变得生动、具体且有趣。

北京师范大学的王珏老师对教学情境有独特的理解和阐释。他认为，教学情境通过借鉴原有经验的类比，有可视化、体验式、故事化、具体化的重要功能；对于学生所陌生的知识，"可视化""体验式""故事化"等能够引起学生心理上的兴趣和学习的需要，是联系知识与现实世界的纽带、沟通课内知识与生活的桥梁。例如，于永正老师执教的《小稻秧脱险记》，课文中出现了"气势汹汹、蛮不讲理、不由分说、一拥而上、警觉、有气无力"等一连串抽象的词语，他没有简单讲解，而是一会儿扮演小稻秧，一会儿扮演杂草，一会儿扮演喷雾器，和孩子们一起读、一起演，读完了、演完了，这些词语也深深地印在了孩子们的心里。

（二）强调过程，重视体验

学生为什么常常在课堂上出现"听不懂、学不会、记不住"的现象？原因可能是多方面的，但一定与教师教学时"重结果、轻过程"有直接关系。比如初中化学，初中生刚开始接触化学这门学科，一旦跨度太大，概念性知识点太多，学生不能深入了解，就会学不懂，学得吃力了就会厌恶这门学科，最后造成恶性循环。现在有的教师不关注引导学生探究知识从哪里来、到哪里去，而是一味地注重技能的掌握。这种去头掐尾式的教学必然会造成学生的学习浮于表面，达不到深度学习的效果。尤其是教学一些原理、概念时，孤立地就概念教概念，尽管课堂讲解十分细致，但依然摆脱不了教师主动教、学生被动学的实质。不要以为教师"讲了"学生就"听了"，"听了"就等于"会了"，"会了"就等于"懂了"，让学生经历、体验、感悟后，他们才能理解和记住。

沈阳师范大学景敏院长认为：现在许多教师教学设计的最大问题，就是忽视学习本身的复杂性、过程性和意义性，而简单地直奔目的地（结论与答案）。他们用于新知识生成过程（体验、观察、抽象、概括、表达、反思）的时间较少，多数时间用在练习题的训练上（对新知识的记忆、应用）。这样不考虑学生的接受性，忽视知识生成发展的过程，效果自然事倍功半。另外，如果重结果轻过程，学生便失去了试错的机会，失去了对知识的经历、体验、感受，学到的东西是表面的、感性的、孤立的。

学生学习新知识，需要一个复杂的思维过程。只有亲历知识的发生与发展，它才能与学生原有的思维框架融为一体，真正转变成自己的知识，才可能真正理解，记得住，用得上。那么，怎样才能改变这种低效的课堂现象呢？这就需要教师根据教材、学生和课堂具体情况去创设真实的教学情境。因为创设教学情境是重视学生的认识过程，还原事物原型，反映知识形成的真实性与完整性，贯穿学习的整个过程。真实探究，是以问题为依托、以原有的学习经验为基础进行探究。情境所提供的线索起到一种唤醒或启迪智慧的作用，能大大提高学生的学习效果。

（三）多感官参与，提升学习力

创设真实的教学情境之所以能够明显提高学习效率，是因为它能调动多种感官活动，唤起真情实感，吸引学生乐于探索，促进深度学习的发生。

让学生动口、动手、动脑，多种感官参加活动，会大大提高学习效率。富兰克林说过一句常常被后世教育者引用的话，大意是：告诉我，我会忘记；教给我、我会记住；让我参与，我才能学会。荀子所言"不闻不若闻之，闻之不若见之，见之不若知之，知之不若行之。学至于行而止矣"，表达的亦是同样的道理。

（四）拓展思路，助推项目化学习

随着 2022 年新课标的颁布和"双减"政策的出台，中高考命题还有一个突出变化，即强调项目化学习，所以听评课活动一定要关注这个新内容。

什么是项目化学习？项目化学习强调对真实问题的解决，追求知识与能力在新情境下的迁移运用。而要实现这一目的，需要依托真实情境的创设。学者夏雪梅提出："项目化学习是在一段时间内，学生对与学科或跨学科有关的驱动性问题进行深入持续的探究，调动所有知识、能力、品质等创造性地解决新问题，形成公开成果，对核心知识和学习历程产生深刻理解，并能在新情境中进行迁移。"

近年来，随着全球范围内对学科素养研究和实践的深入，项目化学习作为一种教学方式，在发展思维、培育素养方面具有独到功用，受到国内各学科的普遍关注并获得了快速发展。如我国高中新修订的语文、数学、地理等学科的课程标准里，都提出了项目化学习的概念和建议。项目化学习也是重要的核心要素内容，近年来，我国的中高考改革也逐步增加了项目化学习的内容。

怎样开展项目化学习？教师精心创设教学情境，就可以拓展思路，助推项目式学习。如香港大学学习科学硕士石晶在教学《盗火者》时介绍了这样一个"真实情境"的案例。

如果要带学生探究"磁性"，教师们会设计一堂什么样的课？

课堂A：

老师拿出几块磁铁，在讲台上展示其中一块，讲解它的性质，然后演示吸引金属，再尝试吸引非金属物质。随后，老师分发给同学们，让他们尝试吸引教室里的金属，了解何为"磁性"。

同学们认识了"磁铁"，也知道了它能够吸引金属，因此感到很新奇，不仅掌握了"磁性"，还学会了一个知识点。但是，"磁铁"这个物品，到底在我们的生活中被用来解决什么问题，没有人说得出来，似乎也没有人关心。

课堂B：

老师带着学生一起来到操场，抛给学生一个问题："暑期我们学校的操场做了翻新，留下大量建筑垃圾，如果不及时清理会影响到我们正常的运动和玩耍，同学们能否想出好的方法帮忙清理？"

学生们的好奇心被激发了。"啊，这可是我们每天玩游戏的地方，我们要想出好点子来！"

于是，老师开始带着学生在操场上收集了一些建筑垃圾，例如钉子、金属碎片、木头、石头。大家带着这些东西回到教室里，开始七嘴八舌地讨论起来。老师也给出一些提示，比如"磁铁"可以用来吸附钉子等。学生们的小脑袋一下子就想到了："我们能不能使用'磁铁'来清理垃圾呢？"

在石晶看来，这两门课程都以培养学生的探究能力为导向，但是这里却有一个极关键的区别：课堂是否解决生活中的真实问题。

同样是"磁铁"课，在课堂 B 上，学生们在面对一个与自身息息相关的"真实情境"的问题时，产生了好奇心和学习兴趣，继而转化为进行研究的内驱力，开始主动独立探究这个问题。而且，在解决问题的过程中，他们对更多问题的解决产生了兴趣。他们关注身边的现象，为自己能够运用知识和能力解决问题、改变生活的环境感到自信和自豪。

我们知道，科学探究的过程基本不外乎五个步骤：提出问题、做出假设、制订计划、实施计划、得出结论。通过这个案例我们可以看出，课堂 B 的教学情境设计完全可以拓展为一项项目研究课程，即让学生在解决比较小的问题之后，开始逐渐尝试解决更多、更大的问题，不断学习和运用各领域的新知识，掌握探究问题的方法，潜移默化地培养科学素养，也认识到自己的能力和价值。

三、创设教学情境的方法与策略

李吉林老师用毕生的精力来研究"情境教育"，她认为教学情境具有形真、情深、意运、寓理其中的特点。情境教育顺应儿童天性，突出"真、美、情、思"四大元素，以"美"为突破口，以"思"为核心，以"情"为纽带，以"儿童活动"为途径，以"周围世界"为源泉，让儿童在学习的过程中获得探究的乐趣、审美的乐趣、认识的乐趣、创造的乐趣，从而使教学真正成为生动活泼、满足自我需求的活动。

教学情境创设的方式方法多种多样，这里主要谈教师创设教学情境常见的几种方法和策略。

（一）联系生活创设情境

创设教学情境要利用学生已有的知识和生活经验，这是一条重要原理，其实质是要处理生活世界与科学世界的关系。在创设生活教学情境时，一要选取现实生活的情境。教师可直接选取教材中提供的学生熟悉的日常生活情境进行加工或选用学生感兴趣的现实生活素材创设课堂情境。二要构建开放的生活情境。教师要对课内知识进行延伸与拓展，将抽象知识学习过程转变为实践性、开放性的学习过程，引导学生发现问题，大胆提出猜想，不断积累、拓展新的生活经验。

例如，在学习"分数的初步认识"这一内容时，教师可以拿出一块蛋糕，用刀平均分成三分，引导学生思考对于其中的一份用什么来表示。这种简单的情境设置，可激发学生学习的兴趣，调动学生的积极性。当然，创设任何关联生活的情境都不要忽略教学目标的达成，不要因追求形式而丢掉实质。在教学"平均分"时，我们可以创设一个"春游"的现实情境，让学生准备分发各种食品和水果，但教学重点应该是尽快地落到"总数是多少""怎么分""分成几分，每份是多少""还有没有多余的""不同食物的分法中有什么共同的特色"等数学问题上来，而不是把大量的时间花在讨论"春游应该准备什么食物和水果""春游应该注意什么"等与数学内容无关的生活问题上。[①]

（二）运用教具创设情境

300 多年前，捷克教育家夸美纽斯在《大教学论》中写道："一切知识都是从感官开始的。"情境教学通过向学生展示鲜明、具体的形象（包括直接

---

① 丁国忠. 让情境拥有"数学"的脊梁 [J]. 人民教育，2006（8）: 25–27.

形象和间接形象），使学生如身临其境，一则使学生从形象的感知达到抽象的、理性的顿悟，二则可以激发学生的学习情绪和学习兴趣，使学习活动成为学生主动的、自觉的求知过程。

1. 音乐创设情境

音乐的语言是微妙的，也是强烈的，给人以丰富的美感，往往使人心驰而神往。为什么电影中往往在情节关键处配以音乐或插曲？这是因为它增强了艺术感染力，调动了人的情感因素。同样道理，教师设置教学情境，如果有恰到好处的音乐渲染，能以特有的旋律、节奏把学生带到特有的意境中，取得理想的教学效果。

在教学《赞美》一诗时，语文特级教师李镇西就较好地利用了"九一八"这一特殊的日子，并恰当地利用了钢琴协奏曲《黄河》，通过激情朗诵，在课堂上营造出一种凝重而又庄严的氛围，收到了震撼人心的效果。

用音乐渲染情境，并不局限于放现成的乐曲、歌曲，教师的演奏、清唱以及学生的表演唱、哼唱都是行之有效的方法，关键是选取的曲子与教材在基调、意境以及情境的发展上要对应、协调。

2. 图片创设情境

有学者言："千言万语不及一张图。"这句话充分强调了形象的重要性。图画是展示形象的主要手段，用图画再现教学内容情境，实际就是把教学内容形象化。课文插图，特意绘制的挂图、剪贴图、简笔画，都可以用来再现教学内容情境。其中，剪贴画、简笔画简便易行。一位美术教师在教学"明度推移"时，开课便出示一组图片让学生欣赏，图案色彩艳丽，不同的图片变化多样，配以优美的音乐，给学生以视觉、听觉以及美的享受，使课堂教学进入轻松、愉悦的氛围。图片中图案的色彩逐步渐变出现，使学生对课题有了更深的理解，奠定了明度推移绘制的基础。

3. 实物演示创设情境

俗话说："百闻不如一见。"这是人们认识客观事物的一条规律，运用实物演示情境正是从这一认识规律出发的。教师根据教学内容，以实物为中心，略设必要背景，构成整体，以演示某一特定的情境。教学中的"实物"主要指一些实物、模型、标本以及实验、现场参观等。一般知识性课文中涉及的物体，对学生来讲是陌生的，如果能出示实物，学生便能直观感受、豁然领悟。例如，郝又明老师在上一节英语课时，背着一个大包走上讲台，然后从中掏出印有外文商标的商品，让学生读一读。当学生读不出时，她趁机开展学习外语目的性教育。这就是一种运用实物演示创设的情境。

运用现代教育技术创设情境，更容易调动学生的多种感官体验。从中小学生的心理及思维特点看，直观、形象的教学容易引起他们的兴趣，吸引他们的注意。例如，一位英语教师教学五年级英语下册"My favourite season"时，先播放了一段《冰雪奇缘》原版原声动画片让学生观看，带领学生感受冰雪世界的美轮美奂，唤起学生学习的兴趣，然后自然导入新课程内容。

（三）用语言描述情境

1. 以故事引发情境

学生一般都愿意听故事，如果把知识融入故事中，有时再配上生动、新颖、色彩鲜明、感染力强的投影片，就更能激发学生的学习兴趣。以故事激起学习兴趣，对各学段、各学科的学习都有价值。例如，学习抗日战争历史，一个经典小故事能够唤起学生的民族自豪感；一个有趣的数学故事，不仅能加深学生对数学知识的理解，还可以揭示数学学科中的人文精神。以故事创设情境是教师在日常教学中常用的方式。

2. 用语言描绘情境

著名教育家夸美纽斯这样说："教师的嘴，就是一个源泉，从那里可以发出知识的溪流。"这句话隐含了教师语言的重要性。教师的课堂语言是学生重要的学习资源。教学语言是创设教学情境的基础，形象、富有情感的语言往往能强化情境，渲染情境的氛围，使情境展示的形象更加鲜明，激起学生的情绪，使学生主动进入情境中，产生情感体验。于漪老师说："语言不是蜜，但是可以粘住学生。"于漪老师在设计导语时，喜欢以耳熟能详的精美的古诗文入题，使学生一下子就进入充满诗情画意的课堂气氛中。在设计教学环节的衔接语言时，于老师的语言有时很是抒情，有时富含哲理，有时委婉含蓄，有时直抒胸臆，令人如痴如醉，不禁浮想联翩。

（四）巧用问题创设情境

教育心理学研究表明，当人处在困惑情境时，被引发的动机最强烈。教师运用问题引领是调动学生学习积极性和把课上好的有效方法之一。教师在教学中精心设计有一定难度的问题，让学生在学习中面临困难，碰碰钉子，更能激起学生积极寻找解题方法的欲望。

以问题为中心，教师要尽可能地变知识的讲授为学生的问题探究。也就是说，教师在设计教学时，不应仅仅是直接以感知教材为出发点，而应把教材上的例题、问题公式和定理等知识，改编成需要学生探究的问题，唤起学生解决问题的欲望，激发学生的探究兴趣，从而培养学生解决问题的能力。

例如，吴正宪老师执教小学数学"平均数"（统计初步知识）一课时设置了这样的问题情境：有一条小河平均水深 110 厘米，小明身高 135 厘米。小明在河里洗澡有可能遇到危险吗？表面上看，小明身高 135 厘米，小河平均水深 110 厘米，没有危险，但其实暗含玄机。小河平均水深 110 厘米，意思是小河的水深不一定都是 110 厘米，说明还是有危险的。所以这个情境设计十分巧妙，既激发了学生的探索兴趣，也让学生在探索交流中更好地理解了平均数。

（五）重视创设活动情境

1. 表演体会情境

课堂教学过程中，让学生按一定的要求扮演文中的角色，可以将课文情境真切地再现在学生面前。让学生（或者师生共同）扮演角色的方法多种多样，其中教师用得最多的，也最简便易行的是分角色朗读。比如教学《皇帝的新装》时，可以先让学生分析讨论后再进入角色进行阅读，然后请学生分别扮演皇帝、大臣、骗子以及小孩，并安排一人以故事陈述者的身份朗读，可以极大地激发学生的学习兴趣。如果教师能够恰当地引导学生对同学的朗读效果加以点评，更能加深学生对文中人物形象及寓意的理解。

扮演角色的方法很多，有些教师根据课文故事性强、情节紧凑的特点让学生扮演其中的角色，进行片段表演，收到了很好的效果。有些教师让学生将故事改编成课本剧的方法，也可以有效地进行角色训练。由于学生自己进入角色、扮演角色，课文中的角色不再是在书本上，而是自己或自己班级中的同学，这样学生对课文中的角色必然产生亲切感，很自然地加深了内心体验。

2. 以游戏创设情境

现代教育家斯宾塞说："教育要使人愉快，要让一切的教育带有乐趣。"游戏是儿童喜爱的活动形式，根据学生活泼、好动、好奇心强的特点，教师可以设计各种新颖有趣的游戏或进行一些别出心裁的小竞赛，融知识、趣味、思想于一体，寓教于乐，让学生在轻松、愉快的教学氛围中提高参与意识，增强学习兴趣。比如，一位教师在教学"树状图"时，设置了一个掷硬币的游戏：任意掷一枚均匀的硬币两次，若两次朝上的面相同则同学们胜，若两次朝上的面不同则教师胜，问这个游戏对教师和学生是否公平。学生经过分析，说法不一。为了统一学生的意见，老师把学生两人分成一个小组，一人掷硬币，一人记录，每组做 30 次，统计结果，进行全面分析。由于游戏简单、工具方便、可操作性强，所以学生的参与度和行动均表现积极，在快乐的游戏中理解了复杂的统计和概率问题。

3. 创设实践活动情境

在实践智慧的视角下，学习知识是鲜活的过程。正如德鲁克所言，在知识社会里，最重要的不是死记硬背知识，而是判断正确知识的能力。实践活动情境的创设有利于教师引导学生将知识有效地进行实际应用，有利于学生将所学知识进行整合和延伸拓展，也有利于学生创新意识和探究意识的培养与形成。当这些知识被包裹在有趣又有探索性的情境中时，学生与这些知识的互动是自然发生的，是有意义的。这些知识并不需要学生反复地进行脱离情境的纸面操练，而是需要学生理解，即通过创设真实的任务情境让学生知道如何用概念来解决问题，并在情境运用中举一反三，达到对概念的深度理解。

笔者曾看到一位化学老师在课堂教学中加入了趣味化学实验，收到了很好的教学效果。这位老师在上课前提出问题："手帕为什么没有被烧坏？"然后现场进行实验。实验开始前，老师准备好95%的乙醇，把它与水按照1：1的比例调匀，把手帕浸透在调匀的溶液中，然后用手慢慢地挤压手帕，并将手帕的两角用夹子固定，在火苗的上方点燃，待火苗变小时，快速摇动手帕，熄灭火苗。这时，学生会发现，燃烧后的手帕并没有任何损坏。作为化学老师，利用实验，基于生动形象、鲜明的实验现象对学生的认知情感、认知意志产生影响，引起了学生的兴趣，让学生由被动接受变为主动探索，揭开科学知识的奥秘。

（六）走近自然融入情境

人类是大自然之子，大自然是人类生活的根基、智慧的源泉，也是学生最广阔的课堂。法国教育家卢梭在其教育论著《爱弥尔》中就记载了情境教学的实例：爱弥尔不会辨别方向，有一次老师把他带到大森林里，由他自己辨别方向。在森林里，爱弥尔又累又饿，找不到回家的路。这时，老师教育他："中午的树影朝北，应根据树影辨别方向，寻找回家的路。"这便是利用大自然的情境，指导学生解决问题。

苏霍姆林斯基曾表达："我力求做到在整个童年时期内，使周围世界和大自然始终都以鲜明的形象、画面、概念和印象来给学生的思想意识提供养料……"学科内容的教学与社会实践活动相结合，是有效利用情境教学的重要途径。校外社会实践活动为教学提供了更广阔的空间、更丰富的资源、更真实的情境，是实施活动性学科课程的社会大课堂。

四、教学情境运用案例评析

怎样评析教学情境？这里列举两个案例。

（一）充满童趣的轻喜剧

在情境出现时，教师的语言描绘能对学生的认识活动起到一定的指向作用，提高感知效果。学生因感官的兴奋，感知得到强化，从而激起情感，促使进入特定的情境之中。

下面是于永正老师教学《草》一课时的一段课堂实录：

师：小朋友，回到家里，谁愿意把新学的《草》背给妈妈听听？（生纷纷举手，师找一学生到前边。）好，现在我当你的妈妈，你背给我听好吗？想想到家该怎么说。

生：妈妈，我今天学了一首古诗，背给您听好吗？（生背）

师：啊，我女儿真棒，老师刚教完就会背了？（众生笑）

师：谁愿意回家背给哥哥听听？（师指一学生到前面来）现在，我当你哥哥，你该怎么说？

生：哥哥，我背首古诗给你听好吗？

师：哪一首？

生：《草》。

师：噢，这首诗我也学过。这是唐朝大诗人李白写的。

生：哥哥，你记错了！是白居易写的！

师：白居易？都有个"白"字，我搞错了，还是弟弟记性好。（众生笑）

师：谁愿意背给奶奶听？（师指一学生到前面）现在我当你的奶奶，奶奶没文化，耳朵有点聋，请你注意。

生：奶奶！我背首古诗给您听好吗？

师：好。背什么古诗？

生：背《草》。

师：那么多的花不写，干吗写草啊？

生：（一愣）嗯，因为……因为草有一种顽强的精神，野火把它的叶子烧死，可第二年它又长出了新芽！（生背）

师："离离原上草"是什么意思，我怎么听不懂？

生：这句诗是说，草原上的草长得很茂盛。

师：还有什么"一岁一窟窿"？

生：不是！是"一岁一枯荣"。枯就是干枯，荣就是茂盛。

师：你看俺孙女有多能耐！小小年纪就会背古诗！奶奶像你这么大的时候，哪有钱上学啊！（众生皆忍俊不禁）

不是戏剧小品，酷似戏剧小品，这正是于老师用语言创设的一种教学情境，也可以说是一幕充满童趣的轻喜剧。这个教学情境设计有这样几个特点：

（1）学生熟悉，符合学生的年龄特点。"小朋友，回到家里，谁愿意把新学的《草》背给妈妈听听？"家庭、妈妈、哥哥、奶奶，学生太熟悉了，贴近学生生活，容易理解，容易被感染。

（2）角色互换，巧妙幽默。在这个教学情境中，于老师巧妙地在妈妈、哥哥、奶奶三种不同的角色间互换，让学生如身临其境，就像一幕充满童趣的轻喜剧一样，他们容易接受和参与。

（3）欲擒故纵，润物无声。为了避免学生弄混《草》这首诗的作者是李白还是白居易，于老师欲擒故纵地有意将白居易说成李白，让学生去纠正和引起注意，这样能强化学生的记忆。

（4）恰当评价，及时鼓励。学生每次朗读后，于老师都及时给予评价鼓励，而且运用家庭人员的角色，让学生既感到亲切，又感到有趣。

（二）学生浓厚的学习兴趣是这样被激发出来的

这节课的教学内容是高二物理"楞次定律"，陈霞老师创设了互动游戏的情境作为课堂引入。

课堂展示实物：一只布老鼠和一个小仓库。

问题：老鼠想进仓库偷食物，仓库有2个洞口，若用纸板挡住观察视线，老鼠从哪个洞口进去呢？

这个问题引起了很多同学的兴趣。但是老师说："如果是同学们操作我来猜，我能知道。"学生觉得很惊讶，老师请了两位同学帮助做实验，请一位同学任选洞口将布老鼠放进去，另一位同学观察老师的判断是否与事实吻合，然后自己就转过身去，背对实验装置。经过几轮猜测，老师问这两位同学，我猜对了没有，学生佩服地说："对了。"于是他问全班同学："你知道为什么我能这么准确无误地猜对吗？"同学对此做了很多议论和猜想，老师解释说："原来，仓库里边有一个线圈，布老鼠的内部安装了一块磁铁，线圈通过导线与一个放在远处的电流表相连，老鼠进出洞时，磁铁使线圈中的磁通量发生变化，产生了感应电流。同时，感应电流在不同的情况下有不同的方向，我就是利用放在黑板上电流表的指针偏转来确定的。"学生欣喜而又疑惑地表现出强大的学习兴趣，老师趁势引出了本节课的教学内容，研究感应电流方向有哪些规律。

这节课创设的教学情境有以下几个特点：

这是一个"真"的情境，"真"意味着摆在学生面前的问题是真实的，不是虚构的，体现了问题研究的价值。

这是一个"有关"的情境。有关是指创设的情境是为教学内容服务的。曾听一位老师说，他为了在公开课上营造气氛，一上课就给全班同学唱了一首歌，还是一首流行歌曲，学生听了非常高兴，掌声如雷，在场的老师也深受感染，但是一节课下来，整个教学内容与这首歌完全没有关系，这让听课老师哭笑不得。这种情境的创设，就是为了调动学生积极性而创设的一种典型的无关情境。

这是一个"有趣"的情境。有趣的情境能激发学生学习兴趣。创设与学生生活环境、知识背景密切相关的，学生感兴趣的情境，使学生在观察、操作、猜测、交流、反思等活动中逐步提升，以便更好地体验教学内容中的情感，使原本枯燥的、抽象的知识变得生动形象，饶有兴趣，获得积极的情感体验，感受知识的魅力。

这是一个"有疑"的情境。创设出对学习者来讲充满质疑的问题，能充分调动学生的情感、欲望，激发学生求知的欲望。

动人心者，莫先乎情。情不深则无以惊心而动魄。教师在教学中，巧妙创设真实的教学情境，可以融目标、问题、活动、评价为一体，从而发挥"以问题为主线，以活动为载体，以体验为收获，以情趣为动力"的综合作用。这将大大提高课堂的效果，这就是一种奇妙的教学智慧！

思考题

1. 你怎样理解教学情境的概念、原理和功能？

2. 创设教学情境有哪些方法和策略？

3. 请列举一个运用教学情境方法与策略的案例，包括案例描述和评析。

附录1 ▶

2022 年部级精品课评价指标

一级指标	二级指标	指标描述	权重	优秀	良好	一般	差
目标内容	教学目标科学合理	落实立德树人根本任务，培育与践行社会主义核心价值观，体现核心素养导向；教学目标明确具体、可检测，重难点突出。	10分	9~10分	7~8分	5~6分	0~4分
	教学内容组织科学	教学内容符合课程标准要求和学生认知规律，注重培养学生能力；覆盖该课所含知识，课时安排合理。	10分	9~10分	7~8分	5~6分	0~4分
教学过程	教学环节流畅紧凑	教学过程包含必要的教学环节，层次清晰，过程流畅；课堂容量适当，时间分配合理。	15分	13~15分	10~12分	7~9分	0~6分
	教学方法策略适切	体现以学习者为中心的课程理念注重学生亲身体验、情境感知；教学组织严谨，教学方法得当，策略有效。	15分	13~15分	10~12分	7~9分	0~6分
	信息技术融合有效	熟练运用信息技术，依据教学目标选择、整合和应用数字教育资源，促进知识理解和问题解决，培养学生的创新能力，提升教学的精准性和实效性。如有实验内容，实验技术应运用合理。	15分	13~15分	10~12分	7~9分	0~6分

一级指标	二级指标	指标描述	权重	优秀	良好	一般	差
教学资源	教学设计明确恰当	教学设计（及学习任务单）与教学目标一致，符合学生的认知水平，体现导学功能，有效激发学生的积极性和创造性。	15分	13~15分	10~12分	7~9分	0~6分
	作业练习规范科学	课上练习、课后作业、实验活动（如有）紧扣教学目标，总量适中，难易适度，形式多样，促进学生发展。	10分	9~10分	7~8分	5~6分	0~4分
技术规范	资源完整提交规范	教师讲解、实验与多媒体演示切换适当，布局美观，声画同步；课件、学习任务单、作业练习信息完整、格式规范；资源引用注明出处。	10分	9~10分	7~8分	5~6分	0~4分

附录2▶

"课堂教学质量月"活动上课评价表

学校：　　　　学科：　　　　课题：　　　　教师姓名：　　　　总分：

评价项目	评价内容	分　值	评　分	备　注
教学目标	1.体现课程标准理念，切合教材要求和学生实际； 2.体现学科核心素养的要求，表述准确、具体、恰当。	10分		
教学内容	1.重点突出，难点突破； 2.密切联系生活实际，注重渗透学科思想方法； 3.教学环节安排合理，情境创设有效，问题设计合理，设问体现教学生成的内在逻辑性、层次性，有利于学生主动进行合作交流。	20分		
教学方法	1.教学灵活，能调动学生的学习积极性和主动性，重视知识的发生、发展和应用过程，深入浅出，生动活泼； 2.教学过程中能恰当地融入学法指导。	20分		
教学观念	1.注重平等对待每一个学生，让学生主动积极地参与，着眼于学生全面素质，尤其是学科素养的提高； 2.注重创新精神和实践能力的培养，调动学生思考问题，激发学生提出问题。	10分		
教学素养	1.具有扎实的学科功底，能充分挖掘教材蕴含的学科思想方法，教学用语规范； 2.具有良好的教学基本功； 3.有自觉调控课堂的能力。	10分		

评价项目	评价内容	分　值	评　分	备　注
教学手段	1.充分利用教育云平台、人教社数字校园等优质教学资源； 2.熟练使用交互式电子白板、移动终端等新媒体、新技术，营造信息化环境下的互动教学氛围； 3.技术运用合理，过度自然，层次清晰。	10分		
教学效果	1.学生充分动口、动手、动脑，主动处理学习信息，做到独立思考，大胆实践，掌握方法； 2.学生能够发现并提出问题，并就解决问题提出思路和方案。	20分		

评委：_____　　_____　　_____　　_____

（签名）

2023 年____月____日

▌后 记 ▶

　　人要有三个头脑：天生得来一个头脑，书中得来一个头脑，生活中得来一个头脑。教师通过听评课"以课研课，以课改课"的方式学习、研修，恰好是三个头脑并用的过程。教师在听评课中耳听、眼看、脑思、手写，是一种能够提升教学能力的有效学习方法。这种方法既可以借鉴别人的研究成果，从而拓展自己的思路，又可以反思改进自己的课堂，这也是改造自己头脑的过程。

　　2001年暑期，我随本溪市部分中小学校长到北京国家教育行政学院培训学习。休息期间，大家来到二楼校长书廊，一个图书销售排行榜映入大家的眼帘，排在第一名的竟是我的《怎样听课评课》一书。营业员表示，这本书经常位居月畅销书榜首。其实，我自知不是因为书写得有多好，而是因为中小学教师、校长和教研员对这个选题下的相关内容有学习需求。

　　20多年来，从辽宁到北京，我从未间断过对这个课题的深入研究。尤其是这些年，我国基础教育的教学理念、教学方式和教研方式都发生了很大的变化，我们的课堂教学已经进入核心素养时代。为了让听评课教研活动更加顺应课改变化，这次我与蔡淑卉老师对"教师怎样听评课"进行了更深入、系统的研究。

多年来，在教师培养上存在两个致命软肋：一是专家唱独角戏的"满堂灌"，教师成为被动的"受训者"；二是缺乏专家专业引领的粗放式培训和低效的校本研修。怎样克服两个致命软肋呢？从辽宁本溪到北京华师院，我在一些中小学基地校开发了"新课标下听评课体验式培训项目计划"。它以围绕听评一节课的课例为载体，以专家专业引领与教师实际操作相结合为研修形式，以课研课，以课改课，从而大大提高了研训效果。

一位哲人说：走别人的路，虽然省力，却很难留下自己的足迹；走自己开辟的路，虽然艰辛，却充满着奋斗的欢乐和笑声。我们正是带着这种心理来做这项课题研究。当然，我们对"听评课"这门科学的研究仍然很肤浅，还很不成熟，仅是一家之言，权当"听评课"研究"引玉"之"砖"吧！

路漫漫其修远兮，吾将上下而求索。尽管我们做了最大的努力，但囿于眼界和能力，书中肯定会有很多问题和不足，乃至错误。诚恳希望广大专家、学者和教育同仁不吝批评斧正。在本书撰写过程中，我们参考了一些专家、研究人员以及一线优秀校长和老师的研究成果，在此表示最诚挚的谢意！

徐世贵

2023 年 5 月 20 日

图书在版编目（CIP）数据

教师听评课实用技巧／徐世贵，蔡淑卉著.
—上海：华东师范大学出版社，2022
ISBN 978-7-5760-3541-4

I.①教 …　Ⅱ.①徐 …　②蔡 …　Ⅲ.①课堂教学—教学研究—中小学　Ⅳ.① G632.421

中国版本图书馆 CIP 数据核字（2022）第 251762 号

大夏书系 ┃ 教师专业发展

教师听评课实用技巧

著　　者	徐世贵　蔡淑卉
策划编辑	卢风保
责任编辑	薛菲菲
责任校对	杨　坤
封面设计	奇文云海 · 设计顾问

出版发行　华东师范大学出版社
社　　址　上海市中山北路 3663 号　邮编 200062
网　　址　www.ecnupress.com.cn
电　　话　021-60821666　行政传真 021-62572105
客服电话　021-62865537
邮购电话　021-62869887
地　　址　上海市中山北路 3663 号华东师范大学校内先锋路口
网　　店　http://hdsdcbs.tmall.com/

印 刷 者　三河市龙林印务有限公司
开　　本　700×1000　16 开
印　　张　18
字　　数　266 千字
版　　次　2023 年 9 月第一版
印　　次　2025 年 5 月第十一次
印　　数　31 101-34 100
书　　号　ISBN 978-7-5760-3541-4
定　　价　68.00 元

出 版 人　王　焰
（如发现本版图书有印订质量问题，请寄回本社市场部调换或电话 021-62865537 联系）